U1074502

西湖区古荡镇

镇党委书记　张洪新

古荡镇隶属杭州市西湖区，辖9个行政村，13个居民区，总面积12平方公里，总人口23158人，其中农业人口3380人。

古荡镇地理位置优越，投资环境良好。一九九二年，经国务院批准，杭州高新技术产业开发区在古荡境内成立。目前，辖区内天目山路、文三路、文二路贯通南北，教工路、教三路、教四路穿越东西，水、电、通讯、电网等基础设施与大市政接轨，生产、生活以及文化设施一应齐全，交通四通八达。

近年来，古荡镇充分发挥杭州高新技术产业开发区优势，大力发展农村集体经济，乡镇工业迅猛发展，第三产业蓬勃兴起。现有镇村两级企业115家，中外合资企业12家，兴办装饰材料、汽配物资等各类市场8家，拥有新世界娱乐城、花园大酒家、西苑大酒店、香园饭店等设施高档，功能较全，并享有一定声誉的服务性企业20家。古荡镇工业规模越来越大，2000万元产值以上规模型企业12家，5000万元以上的9家，亿元企业2家。全镇9个行政村，村村产值超亿元，其中5个村为双亿元以上村。镇村集体经济日益壮大。1996年，实现工农业总产值20.19亿元，利润4246万元，农村经济总收入15.6亿元；全镇人均上交国家税收11461元，人均拥有集体固定资产11.7万元，农民人均纯收入5760元，连续两次被国家民政部授予“中国乡镇之星”称号。

党委书记：张洪新　　电话：5123237
镇长：俞掌宝　　电话：5123238
地址：古荡小区内　邮编：3100013

上海市市长徐匡迪、浙江省副省长龙安定、杭州市市长王永明在参观古星实业公司产品。

专家考察西湖离合器厂

西湖区留下镇

中共杭州市留下镇委员会书记邵选民

杭州市留下镇人民政府镇长李国强

留下镇地处杭州市西湖区的西北部，距市中心7.5公里，总面积36.1平方公里，现辖10个行政村，7个居民区，总人口16753人，其中农业人口6756人。

留下镇是一座千年古镇，既有悠久灿烂的文化历史，又有水陆并举的发达交通，自古为杭州的西出咽喉和入城要塞，地理位置十分优越且重要。自东向西的杭徽公路和新天目山路并驾齐驱，自南向北的留泗公路和新建成的杭州绕城高速公路齐头并进，与通向镇西的小和山公路和各村平坦宽敞的村级道路相连接，与镇中心西溪河和镇西荆山河一起，在全镇构成了一张纵横交错、四通八达的水陆交通网。

杭州市留下镇人民政府暨留下工贸集团综合办公大楼

留下镇各行政村都在主要公路沿线建立了规划整齐统一、基础设施完善的工业园区。这是留下镇东岳村的工业园区外景。

留下镇西部地区青山蜿延，绿水长流，自然风光秀丽，已被杭州市定为西湖风景区外围的西溪文化旅游开发区，规模宏大的杭州小和山森林公园度假村已在这一地区率先建成开放。该镇东部、中部地区地势平坦，工商发达，每条重要公路沿线的各行政村都已建成了自己颇具规模的工业园区和商贸园区，一片片已纳入规划的开发性用地，一幢幢宽敞明亮、基础设施完备的标准厂房、商业用房，正敞开胸怀迎接八方有识之士前来投资创业。

这些年来，留下镇对外以优惠的政策、优厚的条件、优质的服务，引进人才、引进技术、引进资金；对内抓改革活经营机制，抓投入促经济上规模，抓重点以龙头带全面。使全镇经济保持了持续、快速、健康的发展势头。1996年全镇企业总产值达到9.32亿元，实现利润1560万元。95年成为杭州市第一批小康乡镇；96年被评定为浙江省 百强乡镇（名列第53位），杭州市社会经济综合实力十强乡镇（名列第8位）。

留下镇的文化、科技、教育、卫生等各项事业兴旺发达，社会稳定，秩序优良。千年古镇正以崭新的风貌，蓬勃向上的气势，迎接着新世纪的到来。

留下镇镇村企业发展迅速，已成为占全镇经济总量95%以上的经济支柱。这是西湖区特级企业、留下镇杨家牌楼村村办企业——杭州天堂伞厂外景。该厂生产的"天堂"牌雨伞，荣获全国最畅销产品第一名，誉满全国。

中共杭州市留下镇委员会书记：邵选民
地址：杭州市西湖区留下镇大街
邮编：310023 电话：5229035
杭州市留下镇人民政府镇长：李国强
地址：杭州市西湖区留下镇大街
邮编：310023　电话：5228400

拱墅区上塘镇

镇党委书记 杨秀龙

镇长 周连根

浙江海外海集团公司

浙江建华集团公司

浙江昌盛集团有限公司

上塘镇座落于杭州市的北端，面积12平方公里余，有11个行政村，6个居民区，常住人口为11845人，流动人口2万余人。境内104、320两条国道穿镇而过，10条城市道络纵横交错，京杭大运河依镇而流。此外，火车北站、市内最大的货运码头，以及10 万门程控电话交换中心均落户境内。交通便利，信息灵通，人流广泛。

近年来，上塘镇得益于党的改革开放政策，解放思想，抓住机遇，充分的发挥地处市郊的地域优势，不断开拓创新，全镇两个文明建设取得了令人瞩目的成就。1996年，全镇实现企业总产值8.8亿元，企业销售收入10.5亿元，村民人均收入达4600元。曾先后被评为：浙江省经济百强乡镇、杭州市首批小康乡镇、杭州市社会经济综合实力十强乡镇。

积极发挥优越的地理优势，大力发展第三产业。该镇确立了以工业为主体，"三产三资"为两翼的飞鸟型经济结构模式，先后建起了了海外海宾馆、天堂大酒店、明珠大厦等一批三星级宾馆、饭店；创办了通信器材市场、灯具市场、钱江服装小商品市场等一批在全省颇具影响的专业市场。全镇沿上塘路、沈半路两侧形成了远近闻名的新兴的商业中心。到2000年，努力形成沿路三个区域经济带，即：沈半路建成灯具一条路，上塘路形成通信器材、服装小商品一条街，在上塘路延伸段利用北端铁路北站、水运码头建成建材一条道。

增强工业发展后劲，促进主体产业上规模、上层次、上水平。先后组建了浙江海外海集团公司、浙江建华集团公司和浙江昌盛集团公司三家省级集团公司。逐步形成了机械加工、塑料加工、造纸包装、装饰建材、电器、电子等五大工业支柱行业。该镇还将坚持扶优扶强抓龙头，着力培育以浙江滚动轴承厂为龙头的机械加工行业，以瓜山造纸厂为龙头的纸品包装行业，以亚太塑料厂为龙头的塑料化工行业，以卷闸厂为龙头的建筑建材行业，以三星灯泡厂为龙头的电器电子行业。

在大力发展经济的同时，该镇始终坚持"两手抓、两手硬方针"，把精神文明建设放到突出的位置。运用多种有效载体开展各种活动，不断提高镇民的"三德"意识，推进全镇社会各项事业与精神文明建设的全面进步。

上塘镇党委书记：杨秀龙
地址：沈半路3号　电话：8014608　邮编：310015
上塘镇政府镇长：周连根
地址：沈半路3号　电话：8011025　邮编：310015

拱墅区半山镇

半山镇书记　林宝星

半山镇镇长　管森祖

半山镇位于杭城北郊，面积21.36平方公里。320国道横贯全镇南北，铁路、运河依镇而过。距市中心10公里，距览桥机场仅4公里，地理位置比较优越，交通十分便捷。全镇有4个行政村，13个居民区，常住人口2700人，其中农业人口3300人，暂住人口10000余人。辖区内有杭钢、杭玻等数十家国有大中型企事业单位，是浙江省的工业基地。

近几年来，半山镇在上级的领导和关怀下，依靠全镇广大干部和群众，紧紧围绕经济建设这个中心，发扬“团结务实，开拓争先”的半山精神，充分发挥地理、交通和环境的优势，通过内联外引，招商引资，大力发展集体企业，全镇出现了经济繁荣、政治稳定、社会安定、生活小康、人民安居乐业的良好局面。

装修一新的半山镇政府大楼

1996年全镇实现企业产值6.01亿元，完成销售收入7.21亿元，完成企业利润1138万元，完成出口交货值5467万元，上缴国家税金1752万元。全镇经济投入和发展势头良好，96投入新建、扩建、技改项目资金5155万元，完成18只项目，为全镇的发展打下一定的基础。企业的改革进一步深入，镇村企业转换了经营机制，管理进一步规范，科技工作取得新成绩，科技推动经济增长的作用在明显增强。通过扶优扶强抓龙头，全镇产业产品结构趋向合理，重点骨干企业不断壮大，经济质量和效益有所提高。

农业基础地位得到巩固，基础设施逐步加强，服务体系进一步完善，农业生产稳定发展。连续四年被评为杭州市“吨、优、千”示范乡镇。96年农民人均纯收入达到4583元，四个村全部实现了小康村，农民生活水平有了较大的提高。

近年来，半山镇先后被评为浙江省百强乡镇、浙江省城镇环境治理先进乡镇、杭州市十强乡镇、杭州市先进乡镇、杭州市首批小康镇、杭州市社会治安综合治理先进单位、杭州市体育先进乡镇和拱墅区优秀党政领导班子等荣誉称号。

投资5000万元的杭州中佳制药厂外景

镇党委书记：林宝星
镇长：管森祖
电话：8144180、8144740
电话（党政办）：8144670
地址：杭州市半山路131号
邮编：310022

下城区石桥乡

石桥乡党委书记顾文友

石桥乡人民政府乡长楼春荣

对口帮扶签字仪式

石桥乡地处杭城北郊，于1997年元月划归杭州市下城区管辖。全乡总面积22平方公里，下属11个行政村，总人口18227人（其中农业人口12271人），外来暂住人口28713人。现各村已全部跨入亿元村行列，达到小康村标准，已连续四年被评“杭州市综合实力十强乡镇”、“浙江省百强乡镇”、“95年浙江省首批小康示范乡镇”、“杭州市先进乡镇”等荣誉称号。

乡村企业是石桥经济的主体，主要有机械加工、轻纺服装、金属制品、精细化工、造纸制品、装饰材料、家具等行业，随后又形成了杭州灯塔防火材料有限公司、华翔链条厂、华洲家具有限公司、杭州净水剂厂、福华人造革基布有限公司、杭州焊管厂等一批知名度较高的重点骨干企业，经过近几年的发展，杭州天堂私营开发区、华丰涉外开发区均已初具规模。全乡有省级集团公司4家，乡村企业158家，“三资”企业37家。96年全乡工业总产值15.8亿元，销售收入14亿，利税8071万元，工业企业的发展，促进了第三产业的迅速崛起，兴建专业市场12家，拥有华东地区规模最大的物资城、家私市场、食品市场等，96年市场成交额达30多亿元，农副生产有了较大发展，96年农业总产值2400万元，粮食生产稳中有升，产量达5047吨，农民人均收入达到4876元。

石桥乡经济开发区

石桥乡的各项事业全面发展，教育、卫生事业成绩显著，计生、民兵、民政、综治等各条战线被评为先进单位。全乡的两个文明建设取得可喜成绩，走在了全市前列。

目前石桥乡正抓住“二次创业”的契机，开展“讲三德，树形象，再创业”的活动，进一步倡导“团结务实，开拓创新”的石桥精神，使石桥成为农业优良化、企业规模化、农村城市化、生活小康化的“四化”示范乡，为建设社会稳定、经济繁荣、人民富裕的社会主义新农村而努力。

石桥乡被评为小康乡镇

地址：杭州市东新路127号
电话：5372122 5365328
传真：(0571) 5364653
邮编：310004

滨 江 区 浦 沿 镇

镇党委书记　邬宝根

镇长　朱校木

杭州东冠通信集团公司（原萧山市特级企业）

浦沿镇位于钱塘江的南岸，与杭州市的风景名胜六和塔、九溪以及杭州外滩市场隔江相望。浙赣铁路、104国道、萧（山）闸（堰）公路穿境而过，杭州市区315路、322路公交也直连镇中心，交通极为便利。

工业是浦沿经济发展的支柱产业，到96年止，全镇已拥有工业企业95家，行业涉及邮电通信、机械五金、塑料化工、建筑建材、交通运输五大门类，现有萧山市特一、二级企业15家，96年全镇实现工业产值14.68亿元，实现利税7900万元，完成出口交货值1.3亿元，人均收入4488元。

传统农业以种植粮、棉为主，新兴蔬菜、花卉苗木、高档水产养殖等商品化城郊农业发展迅猛。房地产、金融、商贸、邮电等第三产业成为经济发展的新增长点。

近年来，浦沿的各项社会事业日新月异。仅96年一年，总投资8000万元，完成了3.5万伏变电所；投资450万元，完成了东冠路拓宽工程；投资600万元新建了信用社大楼等五大工程。与杭州市区联网的有线电视工程已经启动，耗资2000万元的兴浦路拓宽工程正在筹建中。

科教文卫事业蓬勃发展。基本形成了幼教、普教、成教相配套发展的体系，并朝着现代化教育的方向迈进。群众性的文化体育活动蓬勃发展。96年4月被列为“省东海文化明珠”，在保持原有“省科技星火示范镇”的基础上，加速了科技与经济结合的进程。初级卫生保健提前达到了“人人享有的标准”。如今的浦沿已是全国小城镇建设试点镇之一，“省级综合实力百强乡镇”、“省级科技星火示范镇”、“省级卫生城镇”、“杭州市经济二十优乡镇”，展现在我们面前的是经济建设蒸蒸日上，各项事业蓬勃发展，社会生活安定团结的喜人局面。浦沿人民在镇党委、人大、政府的领导下，艰苦创业，开拓奋进，为实现经济发达，科教领先，文化繁荣，社会文明，环境优美的现代化滨江城镇而努力奋斗。

杭州浦沿中学

小城镇建设一角

地址：杭州市滨江区浦沿镇大浦路
邮编：310053 电话（党政办）：(0571) 6616166

滨江区长河镇

镇政府办公大楼

长河镇中心小学

茶山

长河镇地处我国东南沿海经济发达的钱塘江湾，著名风景旅游城市杭州市滨江区。全镇面积29.18平方公里，人口35500人，下辖12个行政村，一个街道居委会。

96年全镇工农业总产值12.02亿元，其中工业总产值11.01亿元，农业总产值1.01亿元，工业利税4500万元，农村人均纯收入5048元，是浙江省“小康镇”、“百强乡镇”和杭州市“二十优”乡镇，全镇拥有企业职工11000人，固定资产3.76亿元，总资产9.62亿元。工业门类以机械、建筑、建材、装饰、印染、橡胶、化工等行业为主。1996年全镇排名前十位企业完成产值7亿元，利税3300万元，占全镇比重的63%和74%。主要企业有浙江中南建筑装饰集团、杭州市长河水泥股份有限公司。全镇拥有自营进出口公司1家，出口创汇企业16家，1996年出口商品交货值1.56亿元。浙江万利工具集团主要生产出口产品工具木钻、锯片，96年创汇6000万元。其它出口产品还有农药、缝纫机零件、电声器材、工艺木雕等。全镇已建办三资企业15家，主要有与台商合资的杭州久利机械有限公司，浙江中泽摩托车有限公司，台商独资的杭州富山工艺有限公司。

农业生产以粮食为主，棉麻油多种经营，全镇粮食总产量11000吨，是“浙江龙井”的生产区，“冠山芽峰”、“冠山杨梅”闻名远近。

长河镇注重精神文明建设协调发展，曾被评为杭州市综合治理先进单位，杭州市体育先进乡镇、杭州市军警共建先进单位、初级卫生先进达标乡镇、九年制义务教育普及乡镇等称号。

境内有良好的投资环境和充沛的自然资源，区位优势明显，北有钱江投资区，西有之江开发区，南涉湘湖旅游开发区，铁路、公路、水路纵横交错，距钱江一桥、三桥，沪杭甬高速公路、在建的杭州国际机场不足十公里，供水、通信、供电条件配套齐全。全镇有耕地20952亩，山林4183亩，水面1331亩。2000多米长的钱塘江大堤一带开阔土地和里片沿山湘湖地段是旅游度假开发的最佳去处。已征地200亩的工业园地和集镇1号区块正待投资开发。全镇经济发展与整个长江三角洲经济的发展融成一体，成为海内外投资者的天堂。

长河水泥股份有限公司

村民住宅

萧山市宁围镇

宁围镇位于萧山市城北，濒临钱塘江，与美丽的杭州隔江相望，全镇总面积36.62平方公里，下辖21个行政村，总人口46733人。

宁围镇在浙江省百强乡镇中列第17位，杭州市十强乡镇中列第7位，萧山市十强乡镇中列首位。是中国乡镇投资环境100强。是全国著名企业家鲁冠球及其所在的国家级企业集团－－万向集团和全国民营企业家徐冠巨及其所在的市级集团－－传化集团的所在镇。是国家级萧山经济技术开发区和钱江外商台商投资区桥南区块的座落地。地理位置优越，自然条件良好，交通通讯便捷，被誉为“江南明珠”。

宁围镇具有殷实的工业基础，拥有以万向集团、传化集团为龙头的萧山市级重点骨干企业22家，强村5个，三资企业12家，形成了机械钢材、轻纺服装、建筑建材、化工染料、皮塑装潢等五大行业。产品多达3500余种，拥有“钱潮牌十字轴万向节”、“传化牌超级洗衣粉”等一批名牌产品，销售覆盖全球。

宁围镇农业基础稳固，已形成“万亩粮食、万亩棉花、万亩蔬菜、万亩花木”的近郊型农业新格局。建有萧山市最大的蔬菜交易市场和市级蔬菜基地。

至一九九六年，全镇实现工农业产值22.87亿元，利润1.73亿元，出口创汇5.43亿元，农民人均收入7232元。宁围镇的基础设施建设日臻完善，境内铁路、公路、水路连接成网、四通八达。通讯程控化，电视有线化，饮水清澈洁净化，合作医疗保健化，主干道路油面化。是年被命名为杭州市卫生城镇。雄姿初露的现代化新兴城镇和那幢幢堪称洋房别墅式住宅衬托着宁围的富裕。

宁围镇党委书记：蒋建国　　镇长：汪观良

地址：宁围镇文明路　　邮编：311215　　电话：（0571）2602172

镇党委、人大、政府领导在研究工作

宁围镇老年活动中心

萧山市衙前镇

镇党委书记徐伟法（前排中）、镇长洪关良（前排左）和班子成员一起研究镇的发展规划

衙前镇地处萧山市境中部，东临绍兴中国轻纺城，西接萧山市府所在地（城厢镇），北濒正在建设中的杭州萧山国际机场，104国道横穿全镇，交通十分便利。全镇占地面积19.44平方公里，耕地1.71万亩，人口23000人。全镇下辖23个行政村、83家镇村企业。衙前镇又是历史文化名镇，是中国当代第一个农民运动——衙前农民运动的发源地。

近几年来，衙前镇的经济建设取得了突飞猛进的发展，特别是工业经济，更是以超常规、跳跃式地向前发展。从92年撤、扩、并以后，衙前镇的工业经济连续多年以翻番的速度发展。至去年底，全镇实现工业总产值30.83亿元，实现工业利润5002万元，无论是工业经济总量，还是经济增长速度均列全市前茅。衙前镇也多年被评为浙江省综合经济实力百强乡镇，萧山市级综合先进集体。

轻纺行业是该镇工业的“顶梁柱”，其产值已占全镇工业总产值的70%，建筑、机械、五金、化工等行业也是该镇工业的“重头戏”。到96年底，全镇有国家级集团型企业1家，省级集团型企业1家。有6家企业被评为全市80强工业企业，有7个村被评为全市50强村，镇内有两家较大市场，即萧山市重点衙前轻纺原料市场和萧山市联托运中心市场。

建设十八里经济长廊是镇发展经济的总目标，“中心突破、个私并进，集团领先、全面发展”是“九五”时期的发展思路，“骨干企业集团型，村级经济实业型，发展经济横向型，经济成分混全型”是发展经济的总要求。

党委书记：徐伟法
镇　　长：洪关良
邮　　编：311209
电　　话：2648054

萧山市瓜沥镇

瓜沥镇党委书记 沈章新

瓜沥镇镇长 高松泉

瓜沥镇位于钱塘江南岸，距萧山东郊23公里的航坞山麓，离杭州市区36公里，建镇至今已有1000多年历史，全镇总面积42.5平方公里，辖27个行政村、8个居民村、6.1万人口。现有耕地4.2万亩，山林5500亩、水面6000多亩，是萧山市的第二大中心城镇和市东郊地区的商品贸易集散中心。

改革开放以来，瓜沥镇党委、政府积极发挥地理优势、紧抓发展机遇、明确发展重点、不断深化改革、加快开发建设、

瓜沥镇变电所

瓜沥镇一角

狠抓综合治理，使全镇经济和社会各项事业一直保持快速、健康的发展势头。到1996年，全镇工农业总产值已达到16.14亿元，农村经济总收入16.8亿元，镇财政税收收入达到3700万元，年人均收入达到5204元。首批进入 了杭州市级小康乡镇、被命名为浙江省和全国的“百强乡镇”、浙江省级卫生城镇、萧山市级文明镇。96年底还被列入了浙江省级小城镇综合改革试点镇。闻名全国的首富村－－航民村在镇境内。

瓜沥镇地理位置优越，投资环境独特。为改善投资环境，增强招商引资、隆市兴镇力度，该镇城区开发面积已从原来的4.83平方公里扩大到10.8平方公里，新辟了工业区、商业区、住宅区三大区域。并依靠绍兴柯桥－－中国轻纺城的辐射，全镇65%以上的企业以轻纺印染为主，其中有规模型的印染企业14家。该镇区域北侧是经国务院批准的萧山50万亩现代农业开发区；距镇所在地3公里处是在连中的杭州萧山国际机场；距镇所在地的1.5公里处是杭甬高速公路瓜沥出口处；镇内还有“衙党”、“青莲”、“新东”三条过境公路。同时，还建有22万伏、11万伏、3.5万伏变电所各一个，年发电量1亿千瓦/时的火力发电厂一个。这为来瓜沥投资的各地企业家和社会各界人士提供了宽广的回旋余地。

萧山瓜沥镇党委书记：沈章新 电话：2551115
萧山瓜沥镇镇长：高松泉 电话：2553353

联系地址：萧山瓜沥镇航坞路220号
邮编：311241

航民实业公司

村民住宅

富阳市新登镇

世界银行及瑞士专家组来新登考察小城镇建设(前排左二为党委书记潘建平，前排右一为镇长戚哮虎)

文字撰稿：何贤坤、项开鹏
摄影：岳志云、胡更生

富阳市新登中医骨伤科医院

新登镇位于浙江省西北部，距杭州48公里，千岛湖88公里，320国道和05省道在镇区交汇，交通便捷，地理位置、自然条件优越。全镇总面积180平方公里，人口6.65万。1993年以来，先后被列入浙江省工业卫星城镇、省级星火示范镇、全国小城镇建设试点镇、全国小城镇综合改革试点镇和联合国计划开发署“中国小城镇可持续发展项目”试点镇。

1996年，新登镇广大干部群众深入贯彻党的十四届五中、六中全会精神，坚持以经济建设为中心，坚持两个文明一起抓，全镇经济建设和社会各项事业取得可喜成绩。全镇实现工农业总产值17.5亿元，比上年增长16.8%，其中工业产值16亿元，年外贸出口额4.04亿元，财政总收入3388万元，农民年人均收入3618元。被杭州市委、市政府授予“杭州市先进乡镇”和“杭州市乡镇企业综合经济效益十强乡镇”称号。

农业基础地位进一步加强。粮食生产在遭受罕见的“6.30”洪灾的情况下仍获得好收成，全年粮食总产量达2.92万吨，实现产值1.5亿元。工业加快结构调整，提高运行质量，全面实施“科技兴镇”战略，全年累计投入8100万元，共实施“星火”、“金桥”等计划项目9项，“神龙电池”等4个高科技产品获全国星火计划十周年暨星火产品博览会“优秀项目奖”。精神文明建设和社会各项事业再上新台阶，荣获“杭州市卫生镇”和“浙江省东海文化明珠”称号。全面落实社会治安综合治理责任制，连续四年被杭州市委、市政府授予“杭州市社会治安综合治理示范单位”。

在新的历史时期，新登镇将紧紧抓住全国小城镇综合改革试点的大好机遇，团结奋进，励精图治，加快发展，艰苦创业，向现代化城镇的目标迈进。勤劳、朴实、热情好客的新登人们将敞开胸怀，笑迎四方宾客，共创新登美好的明天。

镇党委书记：潘建平　　电话：3252889　9023186
镇长：戚哮虎　　电话：3251899　9023237
地址：新登镇共和街55号　　邮编：311404

城区新貌

新登镇新兴街新貌

农民新居

桐庐县桐庐镇

镇党委书记　王德寿

镇长　潘松萍

"钱塘江尽到桐庐，水碧山青画不如"。桐庐镇景色秀丽，历史悠久，作为县的政治、经济、文化中心，至今已历1250余年，素为鱼米之乡，旅游胜地，交通要津，人文荟萃。

桐庐镇位于富春江、分水江交汇处，是一个两面临水，一面靠山的县级城镇。全镇幅员面积144平方公里，辖城关、城北、城南、新区4个办事处，43个行政村，271个村民小组，12个居委会，总人口为97277人，其中城区面积4.48平方公里，常住人口（包括暂住）4.51万元。1996年，全镇工农业总产值12.65亿元，农民人均收入为3500元。1995年荣获省"绿化小城镇"称号，1996年达到省级卫生县城标准，连续3年被评为杭州市社会治安综合治理先进单位，是杭州市级综合实力优秀乡镇。

全镇经济门类有工业、农业、建筑施工、交通运输、商品流通、饮食和旅游服务业等。工业企业为镇经济的主体，达863家，其中镇属51家，村办37家，村以下经营775家。主要产品有针纺织品、服装、皮革制品、食品糖果、建材矿产、电缆、五金机械等，其中羊毛衫、丝绸服装、皮革制品和围巾等产品远销欧美、日本等十几个国家和地区。1996年，全镇投入技改资金4135万元，工业总产值达11.45亿元。经县对乡镇考评，成绩优异。

桐庐镇人民政府

农村小康村、镇建设迈出了新的步伐。到1996年底，全镇已有27个村步入了小康村的行列。我镇经各项指标考核验收，被杭州市人民政府授予"小康镇"的光荣称号。镇党委政府班子获县班子综合考核优胜奖。

城镇建设、城市品位有了明显提高。作为国家对外开放的风景城镇，近年来治理"脏、乱、差"，使城区的市容市貌、环境卫生发生了明显变化，1993年获得市级卫生城镇称号。1996年，围绕创建省级卫生县城这一总体目标，对县城进行了全方位的整治，采取"教育、管理、打击"同上的方法，加大了环卫设施的投入，建立健全了市容环卫管理体制，重视做好县城垃圾、粪便的清运和无害处理，开展了声势浩大的"楼道革命"，使县城管理逐步纳入了法制化、规范化、城市化、科学化的轨道。1996年，通过了杭州市灭鼠先进城镇考核验收，实现了创建省级卫生县城的目标。

镇党委书记：王德寿　　电话：4622352（办）手机：9025580
镇人民政府镇长：潘松萍　　电话：4635059（办）手机：9075018

桐庐镇风貌

杭州统计年鉴

HANGZHOU STATISTICAL YEARBOOK

1997

杭 州 市 统 计 局 编

中国统计出版社

(京)新登字 041 号

版权所有。未经许可，本书的任何部分均不得以任何形式重印、复制、拷贝、翻译。

图书在版编目(CIP)数据
杭州统计年鉴 1997／杭州市统计局编
北京：中国统计出版社，1997.7
ISBN 7-5037-2511-7

Ⅰ.杭…
Ⅱ.杭…
Ⅲ.统计资料-年鉴-中国-杭州-1997
Ⅳ.C832.551-54

杭州统计年鉴
HANGZHOU STATISTICAL YEARBOOK
1997
杭州市统计局编
*
中国统计出版社出版
(北京市西城区三里河月坛南街 75 号 100826)
浙江银行学校印刷厂印刷
*
787×1092 毫米 16 开本 24.38 印张 12 彩页 61 万字
1997 年 7 月第一版 1997 年 7 月 第一次印刷
印数:1-1500 册
*
定价:100.00 元

编 辑 说 明

一、《杭州统计年鉴-1997》是一部信息密集的资料工具书。本书通过大量统计数据，真实地记录了在改革开放中杭州的经济、科技、社会发展的进程和发生的巨大变化。本年鉴在前几年出版年鉴的基础上作了进一步的调整和改进，充实了数据信息量，并与前几年版本内容，指标数据等方面基本保持连贯性。

二、本年鉴内容包括：综合、人口和劳动力、农业、工业、运输邮电、固定资产投资、国内商业、对外经济贸易和旅游、财政金融和保险、能源物资、城市建设、科技教育和文化体育卫生、人民生活和民政事业、社会发展情况等十三部分。

三、本年鉴辑人的统计数字，以 1996 年为主，为方便读者使用，主要指标还列入了建国或 1978 年以来有关年度的主要统计数字。

四、本年鉴对过去发表的统计资料，部分指标重新予以核实，对有的数字作了调整。读者在使用资料时，凡与本年鉴有出人的均以本年鉴为准。

五、本年鉴表中符号使用说明："-"表示这一栏没有数字："…"表示该数字极小，不足计量单位："#"表示其中的主要项：空白栏表示未掌握该资料；"*"表示表下有注解。

《杭州统计年鉴》编委会

1997 年 7 月

《杭州统计年鉴-1997》编辑委员会

主　编：孙景淼

副主编：顾晓奋　　宋冬儿

编委（以姓氏笔划为序）：

王宝英	方建杭	朱亚芬	孙　琳	陆祖唐
杜国忠	沈根旺	周建华	林思铭	郑智伟
施纯杰	张立飞	徐宏金	郭维本	高德良
黄之镛	蒋廷芳	蒋荣华	童宁辅	裘民军
潘秀华				

编务人员（以姓氏笔划为序）：

王科军	王彩英	王莉君	王建军	左祺湘
刘　海	刘晓梅	陈江龙	陈国勇	陈学超
李国君	沈　佳	张　奕	张丽华	周　静
金建群	赵　燕	顾定贤	徐　螺	徐国伟
郝齐军	席端芳	黄设等	黄宏瞻	楼文龙

目　录

四、工业

五、交通运输、邮电

六、固定资产投资

七、国内商业

八、物资、能源

九、对外经济贸易、旅游

十、财政、金融、保险

十一、城市建设、环境保护

十二、教育、科技、文化、体育、卫生

十三、人民生活、物价、民政

杭州市统计局关于1996年
国民经济和社会发展的统计公报

1996年是实施“九五”计划和2010年远景目标的第一年。一年来，全市人民在邓小平建设有中国特色社会主义理论的指引下，在中共杭州市委、市人民政府的领导下，认真贯彻党的基本路线和基本方针，落实十四届五中、六中全会精神，正确把握改革、发展、稳定的大局，着力推进经济体制和经济增长方式两个根本性转变，坚持经济和社会的协调发展，各方面都取得了新的进展，实施“九五”计划有了一个良好的开局。全市经济保持稳步增长，全年实现国内生产总值906.6亿元，按可比价计算比上年增长13%。经济运行中存在的主要问题是部分企业生产经营困难，经济运行质量有待提高；改革与发展在一些领域还需迈出更大的步子；农业抗御自然灾害的能力尚须进一步强化。

一、第一产业

1996年，全市农村经济在遭受严重自然灾害的情况下，仍保持稳定增长。“一优两高”农业和林牧渔业全面发展，“米袋子”、“菜篮子”工程取得良好进展，农副产品有效供给增加。第一产业实现增加值84亿元，比上年增长5.4%，占国内生产总值的比重为9.3%。

农业生产取得较好收成。各级政府加强对农业生产的领导，把抓好粮食生产放在经济工作的首位，增加对农业的投人。全年财政投人支农资金比上年增长17.5%，金融系统短期贷款中用于农业达15.77亿元，新增5.3亿元。1996年粮食播种面积360.56千公顷(540.84万亩)，比上年增长0.8%。粮食生产获得丰收，总产量达到178.4万吨，比上年增长2.2%。油菜籽产量6.47万吨，比上年增长5.3%，创历史最好水平。蔬菜生产取得较好收成，全市蔬菜总产量160万吨(其中市区蔬菜产量44.8万吨)，比上年增长3.3%，有效地确保了市场的供应。络麻产量比上年增加，棉花、水果、茶叶产量比上年有所下降。全市农业产值(现价)74.02亿元，按可比价计算比上年增长7.8%。

林业产业化进程加快。基地建设得到加强，森林资源日趋丰富，规模化经营迈出新步子。全市已建成商品林基地325万亩，其中商品材基地129万亩，速丰林基地56万亩，经济林基地72万亩，笋竹基地68万亩。林种结构趋向合理。森林覆盖率达到61.9%，林业生态环境进一步改善。全市林业产值9.57亿元，比上年增长2.4%。

牧业生产平稳发展。肉类总产量19.30万吨，比上年略有增长；禽蛋产量5.33万吨，与上年基本持平；家禽年末存栏1628万羽，比上年增长5.7%；牛奶产量4.1万吨，比上年增长3.1%；生猪、牛、羊年末存栏分别138.11万头、5.1万头、21.7万只，分别比上年末下降6.4%、1.7%、4.4%；蚕茧减产，全年产量7436吨，比上年下降43.8%。生猪和蛋鸡基地生产态势良好，市级基地全年出栏生猪12万头，比计划增长50%；市级4个蛋鸡场蛋鸡存栏21万羽，超计划5%。全市牧业产值27.17亿元，比上年下降1.7%。

渔业生产取得新进展。在巩固水产养殖面积的同时，进一步推进“三江”水产资源的开发利用，养殖方式、品种结构、饲料结构和生产经营结构的调整取得成效。全市七大养殖基地生产形势趋好，水产养殖的科技含量进一步扩大，中高档水产品比重上升。全市水产品产量6.58万吨，比上年增长4%。渔业产值6.57亿元，比上年增长7.5%。

农业生产条件继续得到改善。农业机械化程度进一步提高，全市年末拥有农业机械总动力230.84万千瓦，比上年末增长4.2%；大中型拖拉机983台，小型拖拉机36754台，农用载重汽车8632辆，增长12.6%，其他新式农机具也比上年增多；农村用电量34.29亿千瓦小时，比上年增长1.5%；年末有效灌溉面积175.43千公顷(263.15万亩)，占全部耕地面积的92.1%。

二、第二产业

1996年，全市第二产业增加值477.6亿元，比上年增长14.6%，占国内生产总值的比重为52.7%。

工业：在国内外市场发生很大变化，工业生产面临诸多新问题、新困难的情况下，全市工业战线广大干部、群众振奋精神，克服困难，加大结构调整力度，积极推进经济增长方式的转变，大部分企业保持了适度增长的势头。全年完成工业增加值424亿元，比上年增长14.1%。实现工业销售产值1407亿元，比上年增长14.6%，其中乡及乡以上为842亿元，增长10.3%。市属工业销售产值345.37亿元，比上年增长9.6%。轻重工业发展基本协调，轻工业生产发展快于重工业。轻工业销售产值440.05亿元，比上年增长14.2%；重工业销售产值401.95亿元，增长6.3%。产销衔接趋向改善，全部工业产品销售率为95.1%，其中乡及乡以上独立核算工业产品销售率为95.3%。乡村工业发展势头良好，全市乡村工业销售产值占全部工业的56.6%。

技术开发取得明显成效。全市开发新产品1227项，新产品产值率达13.5%，新产品创利税18亿元。高新技术产业不断发展，成为经济发展新的增长点。

受市场需求变化的影响，主要工业产品产量有升有降。微型电子计算机比上年增长88.9%，洗衣机增长80.2%，平板玻璃、浓硝酸、纯碱分别增长20%、24.6%、9%，生铁、钢分别增长9.7%、7.1%。装备类、轻纺类中的一些产品因市场需求减弱，生产有所放慢。

以搞好国有企业为中心的各项改革进展顺利。扶植支柱产业和优势企业取得成效。全市有70家工业企业列入省“五个一批”重点骨干企业，18家工业企业成为市“九五”期间扶优扶强重点，一批重大工业建设项目和50个国家“双加”项目进展良好。现代企业制度建设有新进展。列入国家和省、市建立现代企业制度试点的28家企业中有25家进入了实施阶段。企业组织结构调整力度进一步加大。市经委系统有27家困难企业和亏损企业被兼并，安置职工3万余人，盘活资产存量2.3亿元，落实债务1亿多元。全市新组建以工业为主导产业的企业集团14家，注册资本达8.5亿元。至1996年末，全市共有工业企业集团131家，拥有控股和参股企业1343家。生产要素的合理流动和存量资产的优化配置，较好地促进了规模经济效益的提高。全市工业经济效益下滑势头在下半年得到遏制，但总体经济效益有待进一步提高。

建筑业：生产经营稳定增长，全市完成建筑业增加值51亿元，比上年增长6%。建筑施工企业施工面积1759万平方米，比上年增加359万平方米。竣工面积683万平方米，比上年增加83万平方米。按照总产值计算的全员劳动生产率58520元／人，比上年提高16.3%。

三、第三产业

1996年，全市第三产业增加值345亿元，比上年增长12.2%，占国内生产总值的比重为38%，比上年提高0.9个百分点。

运输邮电业：运输设施的建设进一步加强，交通运输有较大发展。1996年完成了三堡二线船闸、绕城快速公路一期、钱江三桥、104国道马头关至彭公段改建一级公路、杭昱公路余杭段二期工程改建一级公路、09省道一期工程临平至塘栖改建二级加宽公路等重大交通建设项目，明显地改善了杭州地区的交通状况，运输能力不足对国民经济发展的“瓶颈”制约开始有所缓解。全市完成社会货物运输量10963万吨(其中铁路445.4万吨，公路7735万吨，水运2780万吨，民航2.34万吨)，比上年增长6%。社会旅客发运量1.67亿人次，比上年增长0.6%。

邮电通讯事业发展迅速。全市邮电业务总量19.55亿元，比上年增长35.4%，其中特快专递111万件，增长30.9%。通讯设施建设步伐加快，年末全市电话交换机总容量121.48万门，比上年末增长18.3%；年末市话用户总数达60.23万户，比上年末新增6.13万户。市区平均每百人拥有电话已增至39.1部，每百住户拥有电话70部。年末全市有移动电话9.77万部，比上年末增长73.8%；无线寻呼37.37万户，增长32%。公用电话普及率达到每千人7部，比上年增加2部。

国内贸易和物价：消费品市场平稳增长，市场货足价稳。全市社会消费品零售总额272.73亿元，比上年增长16.2%，扣除零售物价上升的因素，实际增长8.4%。其中市区158.62亿元，增长20.9%；七县(市)114.11亿元，增长10.2%。市场继续呈多元化发展。社会消费品零售总额中，国有经济零售额58.80亿元，占21.6%；集体经济零售额50.79亿元，占18.6%；个体、私营、股份制等其他经济零售额163.14亿元，占59.8%。市场建设进一步加快，新(扩)建市场不断增多，一些露天农贸市场相继改建为室内市场，部分室内农贸市场改善了硬件设施，人民群众购物环境进一步得到改观。全市新建和扩建市场56个，年末累计各类市场 578 个，年成交额 441.8 亿元，比上年增长 1.5%。成交额超 10 亿元的市场已达 13 个。生产要素市场也得到新的发展。

市场物价涨幅明显回落。1996 年把抑制通货膨胀，稳定市场物价作为宏观调控的首要任务，以控制“米袋子”、“菜篮子”等居民生活必需品价格为重点，切实抓好生产、供应和市场价格管理，同时抓好其他重要商品价格和服务收费的管理工作，控制物价上涨的调控措施得到有效的贯彻落实，市区零售物价总水平比上年上升 7.2%，实现了计划控制目标。各类价格比上年上涨的幅度为：食品类 10.3%、服装鞋帽类 11.8%、纺织品类 15.8%、中西药品类 9.7%、化妆品类 5.6%、书报杂志类 31.1%、文化体育用品类 6.5%、日用品类 8.3%、燃料类 6%、建筑装潢材料类 6.7%，饮料烟酒类、家用电器类、首饰类、机电产品类分别比上年下降 0.4%、1.3%、2.9%、3%。市区居民消费价格上升 10.5%，其中服务项目类上升 11.9%。

金融保险：金融运行呈稳步发展态势。年末全市金融机构各项存款余额 961.9 亿元，比年初增加 233.4 亿元，增长 32%；贷款余额 743.4 亿元，比年初增加 137 亿元，增长 22.6%。各金融机构优化信贷投向，支持了农副产品收购、大中型企业和重点项目的资金需要，较好地促进经济的发展。货币回笼大幅度增加，当年货币净回笼 116.09 亿元，创历史最高水平，同比多回笼 32.59 亿元，货币回笼额居全省首位。

保险事业持续发展。投保种类和范围有新的扩大，全市企业承保金额 1789.46 亿元，比上年增长 24%，其中国内业务、人身险、国外业务分别占 61.6%、10.8%、27.6%。全年保险费收入 11.32 亿元，比上年增长 36.6%；保险赔款 5.08 亿元。

旅游业：旅游促销和旅游产品开发得到加强，全市接待境外游客 46.2 万人次，比上年增长 4.8%；旅游创汇 1.67 亿美元，比上年增长 15.3%。

科技、教育、文化：“科教兴市”战略得到进一步贯彻实施，合力启动“钱江科技潮”综合工程取得明显成效。全市获国家级科技进步奖 1 项，省级科技进步奖 39 项，省星火奖 8 项；市级科技进步奖 90 项，市星火奖 12 项。全面开展创建全国科技工作先进县(市)区活动，萧山市、西湖区通过省科委科技“创先”验收。科技队伍进一步扩大，年末全市独立核算的自然科学研究机构 82 个，国有企、事业单位各类专业技术人员 24.1 万人，其中市、县(市)属企、事业单位有各类科技人员 13.13 万人。《杭州市科学技术进步条例》颁布施行，知识产权保护继续加强，科技中介服务体系逐趋完善，技术市场发展迅速，技术贸易活跃。全市技术合同认定登记 8411 项，合同额 6.5 亿元，其中技术成交额 6.02 亿元，分别比上年增长 7.5%、1.5%、14.8%。年末民营科技机构已增至 1121 家。全年授权专利 463 件。

教育事业得到加强，发展进一步加快。高等教育有新的发展，全市普通高校在校学生数 6.6 万人，比上年增长 4.6%。中等教育结构改革取得成效。全市中等专业学校在校学生 4.96 万人，比上年增长 15.9%；高中招生 14803 人。初中毕业生升学率 61.5%(其中市区达到 90.4%)，初中毕业升人各类职业技术学校学生 21440 人，占高中阶段招生数的 59.1%。教育设施建设的步伐加快，仅市区就新建了大关北区、江心岛小区、古荡小区、三里亭小区 4 个配套中学并交付使用，加上通过挖掘现有中学潜力及改建部分现有中学校舍，不仅使杭州市区新增加的 7000 余名小学毕业生全部升人初中，安然渡过了市区第三个初中人学高峰，而且也不同程度地改善了一批学校办学条件。全市初中在校学生 22.95 万人，高中在校学生 4.37 万人，中等职业技术学校在校学生 3.48 万人，分别比上年增长 6.1%、7.2%、2.1%。成人教育成果显著，全市成人高校在校学生 5.17 万人，比上年增长 12.5%；成人中等学校在校学生 45.92 万人，增长 12.1%。小学在校学生 52.57 万人。特殊教育、幼儿教育继续得到重视和加强，全市幼儿园在园儿童 15.06 万人。教师队伍得到加强，教师素质有了明显提高。

文化事业日趋繁荣，文艺创作和演出硕果累累。市属文艺团体的一批戏剧、舞蹈、杂技、魔术、曲艺等剧种参加全国文艺演出获一等奖 1 项、二等奖 2 项，获省"五个一工程"人选作品奖 2 项。群众文化活动蓬勃开展，文化设施建设得到加强，杭州市群艺馆综合楼等一批文化设施已建成并投人使用。文化市场管理制度进一步完善，管理力度明显加大。

新闻、出版、广播、电视事业有新的进展。杭州电视台 2 套节目平均每周播出 247 小时，杭州市属广播电台 2 座 3 套节目每天播音 61 小时。杭州市区有线电视终端已发展至 20.64 万个。电视覆盖率达 95.8%，广播覆盖率为 98.3%。全年出版报纸 9.08 亿份，各类杂志 8377.9 万册，图书 2.19 亿册。

卫生、体育：城乡医疗卫生条件进一步改善。持续开展以防病为中心的爱国卫生运动，各种传染病特别是灾后疫情流行和夏季急性肠道传染病得到严格控制。年末全市共有各类医疗机构 1712 个，医疗病床 2.71 万张，专业卫生技术人员 3.49 万人，其中医生 1.68 万人，比上年增长 2%；护士(师)0.98 万人，增长 3.2%。

体育事业取得新成绩。1996 年杭州运动员在国际比赛中，获金牌 3 枚、银牌 3 枚、铜牌 3 枚。参加全国比赛获金牌 19 枚、银牌 16 枚、铜牌 15 枚。群众性体育活动广泛开展，自实施全民健身计划以来，经常参加体育锻炼的人约占全市人口的 51%。《国家体育锻炼标准》在杭州中小学普遍实施。全年承办县(市)以上群众体育竞赛活动 1011 次，参赛人数达 43.3 万人次，比上年增长 46.2%。

四、城市建设

城市建设继续推进，基础设施建设得到加强。全市基本建设和更新改造投资中用于道路、供排水、电力及公用事业等基础设施建设的投资额 43.24 亿元，比上年增长 22.8%。年初市人代会确定的杭州市区"10 路"(上塘路、天目山路延伸，之江路、莫干山路拓宽等)、"2 桥"(德胜路运河桥、中山北路桥)"1 隧"(玉皇山隧道)重点工程都已竣工，体育场路高架延伸工程建成，有效地提高了市区道路的通行能力，增强了分流功能，市区的交通状况得到改善。城镇建设取得新进展，临安撤县建市。

城市公用事业发展迅速。年末市区公共交通营运线路已增至98条，比上年末增加7条，营运路线总长974公里，增加61公里；营运公共汽车和电车1087辆，增加24辆；公共汽车和电车客运量4.27亿人次。自来水供水能力进一步增强。钱江水厂于4月中旬建成投入运行，加上建成5万吨的加压泵站，新增日供水量15万吨，市区日制水能力已达90万吨，日最高供水105.5万吨。市区全年供水总量33016万吨，比上年增长1.4%，供水质量有明显提高。抗咸一期工程5月5日正式投入使用，抵御了10次大咸潮的侵袭，使夏、秋季城区供水受钱塘江的咸潮影响明显减轻，发挥了很好的社会效益和经济效益。电网建设有长足进展，发电量增加，确保了生产和生活的需要。全市工业用电76.11亿千瓦时，比上年增长6%。市区新增5个变电所投入运行，配网改造完成低压台区195个，净增变电容量10.6千伏安，安装一户一表用户4.9万余户，故障率明显下降，用电情况好于上年。市区居民生活用电5.26亿千瓦时，比上年增长29.4%。市区居民使用液化气和管道煤气住户年末已达33.64万户，比上年末增长7.5%，气化率达到84%。

环境保护取得新进展。在经济快速发展的同时，重视三废处理，环境污染基本得到控制。1996年杭州再度荣获国家环境综合整治"十佳城市"称号。西湖风景区进一步得到保护，园林绿地面积继续扩大，年末市区绿地面积已扩大到5474公顷，比上年增加42公顷。杭州被评为国家园林城市、全国绿化先进城市。

五、对外经济和开发区建设

外贸出口和利用外资继续保持良好的发展势头。全市外贸出口商品供货总值278.92亿元，比上年增长20.1%。外贸自营出口12.05亿美元，增长24.4%。出口商品结构不断优化，高附加值的产品进一步增加，机电产品比重有新的提高，由上年的28%上升到36.4%，商品出口的国家和地区进一步扩大。

招商引资工作取得良好进展。利用外资的项目水平、质量进一步提高。全年新批外商直接投资项目221个，项目总投资10.82亿美元，协议外资7.1亿美元，实际吸收外资5.37亿美元，比上年增长25.8%。引进外资中单项规模增大，国际著名大公司投资的高技术项目增多，全年平均每个项目投资额489万美元，比上年增加52.8%。新批1000万美元以上项目共达26个，投资额8.56亿美元，占全部项目总投资额比重达79.1%，比上年提高21.3个百分点。外商投资领域更趋合理，投资结构有明显改善。

对外经济技术合作持续发展。1996年新办境外企业机构20家，年末累计已增至68家。全市对外派出的各类劳务人员比上年增长18.1%。

杭州经济技术开发区、萧山经济技术开发区、杭州高新技术产业开发区和杭州之江国家旅游度假区发展迅速。区内基础设施日趋完善，投资环境进一步改善，招商引资工作取得较大进展。四个开发区全年新批准三资项目39个，总投资5.12亿美元，协议外资4.06亿美元，总投资和协议外资分别比上年增长89.2%和73.4%，占全市当年批准总量的47.3%、57.1%，平均单项投资额和外资额达1313万美元和1041万美元，比市内其他外资单项规模高3.2倍、5.2倍。杭州、萧山经济技术开发区年末累计批准进区企业427家，其中已投产230家，生产呈现较快的发展势头，全年实现销售收入达28亿元。开发区经济的迅速发展，已成为推动杭州经济发展的生力军。

六、固定资产投资

受国家宏观调控措施的影响，固定资产投资增幅回落。全年完成全社会固定资产投资261.17亿元，比上年增长12.4%，其中基本建设投资完成68.88亿元，增长27.1%；更新改造投资完成25.45亿元，下降8.9%；房地产开发投资完成57.27亿元，增长8.5%。市属固定资产投资完成67.87亿元，比上年增长22.9%。

按经济类型分，全社会固定资产投资中，国有单位投资108.91亿元，比上年增长9.9%；城镇集体单位投资11.12亿元，下降17.1%；农村集体投资45.37亿元，与上年持平；农村个人投资33.97亿元，增长12%

固定资产投资结构趋向合理。用于交通、邮电、水电煤气等基础设施和基础产业的项目得到加强，投资完成额占基本建设、更新改造投资完成额的45.8%，所占比重比上年提高2.9个百分点。

重点项目完成进度较快，市定1996年30个重点项目已开工26个，全年完成投资额27.56亿元，完成当年计划的102.6%，有14个项目年内已全部建成或基本建成。

投资效益进一步提高，全市城镇以上单位新增固定资产148.96亿元，比上年增长62.4%。

全市城镇以上各类房屋竣工面积582.71万平方米。

七、人口与人民生活

1996年全市人口出生率10.6‰，死亡率5.9‰，自然增长率4.7‰。年末全市总人口603.22万人，比上年末增加5.26万人，市区人口166.73万人。在全市总人口中，农业人口406.54万人，增加0.01万人；非农业人口196.68万人，增加5.25万人。市区总人口中，农业人口37.97万人，非农业人口128.76万人。

城乡人民收入继续增加，生活质量进一步提高。据抽样调查，全年市区居民人均生活费收入6869元，比上年增长12.7%，扣除物价上涨因素实际增长2%；农民人均年纯收入3482元(生产经营性纯收入3261元)，扣除价格上涨因素，实际增长5.1%。由于收入的不平衡，城乡部分居民实际收入有所下降。全市城乡居民年末储蓄存款余额463.85亿元，比年初新增存款119.75亿元，其中城镇储蓄存款345.94亿元，比年初增加99.31亿元。

劳动就业工作平稳发展。年末全市有各级职业介绍所122个，通过实施再就业工程，为3.42万失业人员解决了就业和再就业，安置人数比上年增长33.1%。年末城镇登记失业率为2.5%，其中市区为2.3%。年末全市城镇以上各种经济类型单位从业人员125.1万人。

社会保险工作稳步推进，社会保障功能得到进一步发挥。实施企业职工养老保险金统筹办法，基本缓解了基本养老金多年"收不抵付"状况。全市新增参保企业901家，年末累计参加基本养老保险的企业8999家，职工人数达88.09万人，基本养老金历年滚存积累4.83亿元，收缴率和拨付率分别达到97.2%和100%。

城乡人民居住条件继续改善。全市城镇新建住宅354.55万平方米(其中商品房291.43万平方米)，比上年新增35.14万平方米。市区人均居住面积为8.97平方米。农民人均住房面积42.22平方米，比上年增加1.73平方米。

社会福利事业发展良好。年末全市拥有各类社会福利院、儿童福利院、敬老院297个，床位5006张，收养人员3919人。全市乡镇、街道敬老院覆盖率90%，有52个乡镇建立农村民政社会保障体系，占全部乡镇数的22.6%。残疾人保障事业得到进一步加强。

杭州市1996年经济体制改革取得新进展

1996年，杭州市认真贯彻落实党的十四届五中全会精神和江泽民总书记关于国有企业改革的两次重要讲话，紧紧围绕实现“两个根本性转变”，正确贯彻“抓大放小，资产重组，整体优化”的方针，重点推进国有企业改革，同时推进各项配套改革，取得了新进展，促进了我市国民经济持续、快速、健康地发展。

我市1996年经济体制改革有以下几个特点：

一、领导更加重视

96年以来，各级领导更加重视改革，加大了抓改革的精力投入。省委常委、市委书记李金明多次到企业调查研究，指导企业改革工作。市长王永明除深入企业外，还多次主持召开企业改革领导小组会议、工作会、座谈会，研究改革工作。常务副市长以及分管工业、分管流通等各位副市长分工合作，直接召集会议协调解决现代企业制度试点、企业兼并、破产、加强市场建设管理、深化社会保障制度改革等方面出现的问题。3月，市政府分别召开了杭州市建立现代企业制度试点和优化资本结构试点工作会议，对试点工作分别作了部署。8月份，召开了全市扶优扶强工作会议，进一步推进大中型企业的改革与发展。10月市政府召开扭亏增盈工作会议，把企业改革与企业解困有机结合。由于思想统一，领导有力，使我市各项改革工作进一步落到了实处。

各县（市）、区领导也把抓改革作为推进区域经济发展的重要手段。萧山市委书记亲自抓企业改革工作，市委要求各部门自觉成为企业转制责任主体，党政一把手负总责。国有、二轻的转制工作，除由各系统自己负责外，市委抽调力量，组成工作组，由指定行政正职为组长，具体帮助、指导转制工作。临安市成立了以市委书记为组长，市长为副组长的企业改革领导小组，加强对企业改革的领导。由于领导的重视，我市县（市）、区经济体制改革步伐明显加快。

二、现代企业制度试点进入方案实施阶段

我市列入国家和省、市建立现代企业制度试点的28家企业，已有25家的试点方案分别经国家经贸委和省市政府批准，进入了实施阶段。各试点企业的试点方案都较好地体现了“三改一加强”相结合的原则，不仅确定了企业的改革形式，而且结合实际提出了“九五”发展规划，明确了发展方向，修改完善了内部各项改革措施和管理制度，并把发挥党组织的政治核心作用，加强和完善职工民主管理作为试点的重要内容，并采取多种形式，在降低企业资产负债率、探索分离企业承担的社会服务职能的途径、寻求分流企业富余人员的渠道等一些重点、难点问题上有所突破，为全面推进现代企业制度建设积累了有益经验。

市丝绸工业总公司作为专业经济管理部门转体改制的试点，试点方案的实施正在进一步

深化，重点围绕企业组织结构调整做了一些实质性工作。杭州磁带厂的债务重组的试点，经省、市有关部门和建设银行多次磋商，提出了解决杭州磁带厂过度负债问题的方案，并经国家和省、市有关部门以及银行等债权人的论证，并着手实施锁住债务和部分债权转股权等项工作。

三、“抓大放小”的思想进一步落实

一是实施大集团大公司战略，以改革促企业发展壮大。根据我市“九五”产业结构调整导向和扶持重点，我市确定了大集团大公司发展的总体思路。选择了70家工业企业列入省“五个一批”重点骨干企业，根据省政府《关于“九五”期间培育重点骨干企业若干扶持政策的通知》，结合本市实际，市政府制定了《关于加快我市工业经济发展若干意见》的政策规定。根据国家体改委哈尔滨会议精神，为进一步推进我市大中型企业的改革与发展，加快产业结构调整的步伐，使扶优扶强工作进一步落到实处，在调查研究的基础上，市政府决定将杭州汽轮动力集团有限公司等18家企业集团作为我市“九五”期间培育的重点，使之成为新的经济增长点和带动一批中小企业发展的龙头。为此，市政府提出了《杭州市扶优扶强发展优势企业的若干意见》，明确在技改立项、规划用地、增资减债、税收返还，信贷支持、富余人员分流、产品促销、对外开放等方面给予重点扶持。

积极倡导名厂、名人、名牌结合，推进强强联合。杭州胡庆余堂制药厂是百年名厂，有名牌产品，但资金困难，企业内部管理不善，发展后劲不足。中国青春宝集团公司有资金、管理、人才和产品优势，加上这两个企业本来就有“血缘”关系，因此，在市政府的积极引导下，杭州胡庆余堂制药厂加入中国青春宝集团，对发展我市中药工业将起到有效促进作用。

继续选择符合我市产业导向，具有一定规模和良好发展前景的企业，以资本为纽带组建企业集团，建立和完善母子公司体制，带动一批中小企业的发展。全年共组建企业集团21家，注册资本合计达12.3亿元，共有子企业156家。到目前为止，全市企业集团累计已达169家，集团母公司注册资本为84.8亿元，拥有控股和参股企业1930多家。

为增强本市的中心城市辐射功能，吸引外地大集团、大公司来杭落户，以促进本市的产业结构调整和经济发展，市级有关部门制定了《关于鼓励外地大企业集团公司总部迁址杭州经营的若干意见》，为大集团进杭发展提供优良服务。到目前为止，市区外的企业集团已有7家总部迁至杭州。

二是采取多种形式，加快放开放活小企业。在年初组织县（市）、区体改委（办）领导赴山东诸城等地学习考察和调研的基础上，结合本市实际，市政府下发了《关于加快我市国有小企业改革意见的通知》，提出了国有小企业改革的指导思想、基本原则和采取公司制改造、嫁接改造、股份合作制、联合、租赁、承包、托管经营、兼并、出售、破产等十种改革形式，并进一步明确了资产界定、评估和处置、职工安置、债务处理、土地使用、劳动用工制度等方面的政策规定，争取用两年时间全面实施国有小企业的改革。

各县（市）小企业改革特别是乡镇企业改革扭转了一度停顿的状况，进展明显加快。萧山市被省里确定为小型企业改革试点县（市）后，拟就了综合试点方案，实行分类指导，企业转制工作扎扎实实向前推进。到年底，该市国有、城镇集体企业转制面达87.7%，乡镇集体企业转制面已达95%以上。桐庐县乡镇企业转制面已达98%。全市乡镇企业转制面已达60%以上，并对原已转制企业普遍进行了回头看，对一些不规范的做法进行了完善。各县（市）下半年以来，普遍重视把困难企业的解困与改革有机地结合起来，通过深化改革的途径去解困，萧山、余杭等还建立转制解困基金，通过公司制改造、股份制合作、兼并、租赁、承包、出售、破产等改革措施，使一批困难企业逐步走出困境。

四、存量资产流动和重组步伐加快

我市被列为国家优化资本结构试点城市后，制定了《杭州市优化资本结构增强企业实力试点方案》，已获省政府批准，正在组织实施。积极鼓励企业兼并，优化国有资产存量，加大了企业兼并和破产力度。市政府发出了《关于企业兼并审批等有关问题的通知》，对企业兼并中的有关问题作了进一步明确。全年仅市属工业企业被兼并的有27家，安置职工和离退休人员3万余人，盘活存量资产2.3亿元，1亿多债务得到了落实。其中，浙江新昌制药股份有限公司（属绍兴市）兼并杭州利民制药厂（杭州市属集体企业），杭州金龙集团公司（市属商业企业）兼并杭州毛巾被单厂（市属国有工业企业）等实现了跨地区、跨行业、跨隶属关系、跨所有制的兼并。另外，非银行金融机构兼并物资企业，在我市也属首例。这些对推动全市存量资产流动重组影响较大。同时，积极稳妥地做好企业破产工作，目前已选定了9家企业进入破产程序，逐一实施破产。对杭州第三针织厂，试行了将有效益的资产进行剥离，以有限责任公司的形式组成新企业，并安置全部职工。剥离后剩余部分实施破产、拍卖，偿还债务。

各县（市）区也加大了破产、兼并等调整力度，积极盘活存量资产。桐庐县采取了因企制宜、一厂一策的改革措施，挖掘资产潜力，放活资产经营形式。1—10月，共盘活存量资产8120万元，使17家陷于困境的企业生产得以启动。

五、公司制改造注重规范

市政府制定了《关于国有企业实行公司改制的若干意见》，有步骤、有重点、规范地推进企业公司制改造，确保国有资产的安全增值。96年，浙江钱江啤酒集团公司经批准已整体改建为“浙江钱啤集团股份有限公司”；一批国有、集体工业、流通企业和杭州浮山实业总公司、萧山红垦农场、萧山粮油总公司等农业、粮食企业按《公司法》改建为有限责任公司；经国家证监会批准，杭州凯地丝绸股份有限公司的股票已于6月26日在深圳证券交易所上网发行成功并已上市。到年底,全市公司制企业已达1万余家,其中股份有限公司37家,内有上市公司5家。根据国务院和国家体改委有关文件精神，市政府办公厅转发了市体改委等部门

《关于按<中华人民共和国公司法>做好原有股份有限公司规范工作的意见》，到年底，原有36家股份有限公司已有30家企业完成了规范工作,占80%以上。

为推进老企业公司制改组，规范企业职工持股协会行为，市体改委会同市民政局制订了《关于加强职工持股协会管理的若干意见》，对我市职工持股协会规范运作提出了明确的要求，从而促进了职工持股协会的健康发展。目前市属企业在改制中已组建职工持股协会27家，全市累计已有职工持股协会160多家。

六、社会保障制度改革有所深化

进一步改进了市区企业职工基本养老保险金统筹办法。6月，市政府第97号令发布了《杭州市企业职工基本养老保险金统筹办法》，自7月1日起施行。根据新办法，统一了各类企业的缴费标准，均按职工工资总额的23%为职工缴纳基本养老保险费；职工个人缴费由个人缴费工资的3%提高到4%，以后每两年提高一个百分点，最终达到8%；企业另按不同行业以其销售（营业）收入的一定比例缴纳地方养老保险费；建立地方政府企业职工基本养老保险基金预算制度，市、区地方财政每年安排年度预算支出的5‰作为基本养老保险后备基金。

机关事业单位干部职工基本养老保险范围进一步扩大。目前已有市区和萧山、余杭、富阳、临安，桐庐5个县（市）实施了机关事业单位基本养老保险。余杭市成立了统一的社会保障机构（社会保障委员会），逐步对社会保障实行统一管理，并在2家现代企业制度试点企业进行了离退休职工社会化管理的试点。

1月，结合杭州实际制定了《杭州市贯彻<浙江省职工失业保险条例>的补充意见》。将失业保险范围扩大到乡村办企业和国家机关、社会团体，不实行企业化管理的事业单位中的劳动合同制职工和实行企业化管理的事业单位中的全部职工。调整了失业保险基金收缴标准，单位按全部职工工资总额的1%缴纳；同时实行了职工个人按本单位职工平均工资的0.5%缴纳失业保险费。7月1日又进一步对国家机关事业单位工作人员实行失业保险。

加快推进医疗制度改革。市区医改在前两年工作的基础上，对市属25个系统及5个城区的124家企业近20万职工进行了医改抽样调查，并根据《国务院办公厅转发国家体改委等四部关于职工医疗保障制度改革扩大试点意见的通知》（国办发[1996]6号）精神，提出了《杭州市市区职工医疗保障制度改革实施方案》（讨论稿）。根据市政府领导确定的我市医改实行“总体设计，分步到位”的工作思路，在调查研究的基础上，提出了《杭州市城镇企业职工大病住院基本医疗社会保险暂行办法》（讨论稿），已经市医改领导小组讨论并原则通过，将提交市政府讨论。全市已有萧山、富阳、临安、淳安四县（市）和下城区实行了职工大病统筹，并产生了明显效果。7月1日起，对市级公费医疗进一步加大了改革力度，门诊个人自费比例从10%提高到了20%。

再就业工程初见成效。从95年7月开始，我市全面实施再就业工程。一年多来，通过加强职业介绍服务、提供择业指导、强化就业培训、鼓励自谋职业、支持劳服企业等措施，截止96年10月，已有12365名失业职工重新走上了工作岗位，为585家企业6.2万名富余职工发放生活补助费376.58万元，并拨出71万元专项经费，资助兼并企业开展转岗培训，为富余职工重新上岗创造了条件。

住房制度改革继续深化。96年出台了《杭州市市区住房制度改革职工住房政策性抵押贷款暂行规定》和《杭州市市区房改换购公有住房的实施细则》，鼓励职工购房。从11月1日起调整了公房租金标准，执行每平方使用面积平均0.90元的新租金标准。7月1日，重新按职工上年度的工资总额核定了职工的公积金缴交额。10月1日起又调整了住房公积金的存贷利率。

"安居工程"进展顺利。市房改领导小组颁布了《杭州市安居工程住房出售和管理的实施意见》，对住房困难户进行了认真的调查和认定工作。对购房付款有困难的职工，提供职工政策性住房抵押贷款。首期总建筑面积5万平方米的安居工程已于年底交付使用。

调整了职工最低生活保障标准，建立了市区居民最低生活保障制度。从5月1日起，提高了职工最低生活保障标准。10月1日，市政府建立了市区城镇居民最低生活保障制度。市区居民最低生活保障线标准为月人均150元，以切实保障家庭经济困难群众的基本生活。

七、市场发展突出建管有序

商品市场建设纳入了规范管理和健康发展的轨道。年初，市体改委根据市政府主要领导的指示，对杭州市市场的建设、管理情况进行了全面调查，针对商品市场发展存在的重复建设、盲目发展、多头审批、管理松弛等问题，提出了加强市场建设和管理的意见和建议。为进一步加强商品市场建设的规划和管理，市政府成立了分管副市长为组长的杭州市商品市场建设领导小组及办公室，制订了我市商品市场的发展规划和调整意见。首批确定了应调整的市场27个，需扶持培育的龙头市场10个。为加强对农副产品集贸市场的建设和管理，市政府制订了《关于印发杭州市区农副产品集贸市场建设规划（1996年—2000年）的通知》，96年全市已有10多个农贸市场相继进行了新建和改建，有5个马路市场已搬进了宽敞舒适的室内市场，脏、乱、差的状况得到改观。加强了对各类市场建设的宏观调控。市商品市场建设领导小组制订了《杭州市商品交易市场开办审批暂行办法》，对在市区兴办商品市场必须经领导小组审批作了具体规定，从而保证了市区商品市场在统一规划、合理布局的前提下得到健康有序的发展。

进一步加强期货市场监管，促进期货市场规范运作。根据国务院批转国务院证券委、中国证监会《关于进一步加强期货市场监管工作的请示》精神，加大监管力度，在原来对期货市场清理整顿的基础上，对国有集体企事业单位参与期货交易的情况又进行了一次"回头看"，从八个方面进行了清理检查。现在国有集体企事业单位盲目参与期货交易的势头已基本得到遏制。同时还按照国务院文件精神，清退了金融机构客户；停止了各期货经纪机构的自营业务；各期货经纪机构也都加强了规范管理，建立健全有关规章制度。通过清理整顿和规范交易行为，我市期货市场已出现了健康发展的好势头。

制订有关政策措施，推进商业连锁经营稳步发展。为扶持我市商业连锁经营的发展，市政府专门下发了杭政[1996]7号文件《关于加快发展杭州连锁商业的通知》，明确了发展连锁商业的重点和有关配套政策措施。市有关部门也制订了贯彻杭政[1996]7号文件的实施意见。有力地促进了我市商业连锁经营发展。现在已初步形成了以国合商业为主导、多种经济成份参与、多种业务同步发展连锁经营的局面。据统计，全市连锁经营企业已达到31家，到年底连锁店铺达到200家，销售额达到8亿元。经市发展连锁商业领导小组批准的金龙集团公司、解百超市发展中心等6家连锁经营试点企业，在开发网点、开拓市场、发展商品配送等方面都取得了积极进展。现在试点企业连锁网点已经开到了长兴、桐庐、萧山、新登、塘栖、三墩等地，成为连锁经营中的龙头企业，显示了良好的发展前景和示范作用。

八、农村改革向纵深发展

建立以“两田制”为主要形式的土地使用权流转机制，积极稳妥地推进粮田适度规模经营。根据“稳制活田，三权分离”的原则，96年我市在多数乡镇建立了以“两田制”为主要形式的土地使用权流转机制，在一部分乡镇推进了粮田适度规模经营。据统计，现有经营面积10亩以上的种粮大户9749户，经营面积达45万亩左右。农村集体资产管理体制改革试点工作取得较好的进展。95年桐乡会议后，我市确定了10个乡镇为首批农村集体资产管理体制改革试点单位，并严格按“清产核资、建立班子、理顺体制、建章立制、探索路子”的要求进行试点。目前，这些试点已取得一定的成效，不仅根据政企分开、政社分设的原则，按三个层次组建了乡镇一级的集体经济组织，还建立了一整套规范的管理制度，强化了资产经营公司的职能。在总结经验的基础上，各地还进一步扩大了试点，目前全市已完成集体资产管理体制改革试点的乡镇20个。萧山市对乡村集体资产全面进行清产核资，摸清了家底，强化了管理，保证了集体资产的安全、增值。拱墅区村级集体资产以土地为中心，以股份合作制为主要形式，推进村级经济综合改革。在推进改革中，注意做到三个结合，即与加强集体资产管理、制定实施村级经济发展规划、加强精神文明建设结合起来。到年底已有29个村初步完成了改革，占全区村总数的80%。

积极、稳妥地推进小城镇综合改革试点工作。列为全国小城镇综合改革试点的新登镇，按照国家体改委等11个部委批准实施的《新登镇综合改革试点实施方案》，在户籍制度改革上首先取得一定的突破。到11月底，该镇已向建成区6个行政村6546个“户改”对象发放城镇居民户口簿、粮食证，户改率达到100%。同时，积极做好省小城镇综合改革试点推荐工作，并已有瓜沥等6个镇经省小城镇综合改革试点领导小组批准列为省级试点。

（市体改委供稿）

一、综　　合

1-01 土地面积和人口密度

(1996年)

县区名称	土地面积 (平方公里)	年末总人口 (万 人)	人口密度 (人/平方公里)
总计	**16 596**	**603.22**	**364**
市区	683	166.73	2 441
上城区	6.74	21.03	31 200
下城区	8.94	26.10	29 195
江干区	221.58	39.92	1 802
拱墅区	85.77	27.05	3 153
西湖区	359.82	52.63	1 463
萧山市	1 163	112.05	963
桐庐县	1 780	39.30	221
富阳市	1 808	61.21	339
临安市	3 124	50.73	162
余杭市	1 222	78.23	640
建德市	2 364	50.17	212
淳安县	4 452	44.80	101

1-02 国民经济

指 标	计量单位	1978年	1980年	1985年
年末总人口	万人	505.55	515.13	543.05
其中:非农业人口	万人	116.06	128.88	153.46
年末社会劳动者人数	万人	276.18	293.98	330.37
国民经济各部门职工人数	万人	78.80	90.53	105.15
国内生产总值(现行价格)	亿元	28.40	40.65	90.49
第一产业	亿元	6.34	8.15	15.97
第二产业	亿元	16.93	25.36	52.08
第三产业	亿元	5.13	7.14	22.44
国内生产总值指数(以1978年为100)	%	100.00	135.65	268.85
人均国内生产总值(现行价格)	元	565	791	1 675
人均国内生产总值指数(以1978年为100)	%	100.00	132.73	250.00
主要农产品产量				
粮 食	万吨	168.90	151.74	180.00
棉 花	吨	7 190	8 007	6 704
络 麻	万吨	12.27	10.28	17.03
油 菜 籽	吨	35 018	46 621	51 849
茶 叶	吨	15 914	18 880	22 742
蚕 茧	吨	4 585	6 165	7 980
猪年末存栏	万头	185.75	190.16	166.10
猪牛羊兔禽肉	万吨	4.83	9.53	11.16
淡水产品产量	吨	11 620	14 080	30 400
全部工业总产值指数(以1978年为100)	%	100.00	146.69	332.92
乡及乡以上独立核算工业企业利税总额	亿元	8.90	13.60	24.81
交通系统客运量	万人次	2 878	3 905	6 724
交通系统货运量	万吨	1 706	2 070	2 488
全社会固定资产投资	亿元	4.83	7.09	22.97
其中:基本建设投资	亿元	2.39	3.33	8.57
更新改造投资	亿元	0.53	0.92	3.32
社会消费品零售总额	亿元	9.36	16.08	37.45
市区来杭的外国人.华侨.港澳台同胞人数	万人	5.35	12.50	23.84

主 要 指 标

1990 年	1991 年	1992 年	1993 年	1994 年	1995 年	1996 年
574.78	578.73	582.40	587.10	592.93	597.96	603.22
169.00	171.25	174.03	179.11	186.50	191.43	196.68
363.49	382.29	385.44	393.24	421.14	422.55	420.32
118.24	123.24	124.03	128.28	126.98	124.48	122.03
189.62	227.95	290.07	424.71	585.52	762.01	906.61
30.94	33.40	34.90	41.94	57.51	69.25	84.00
96.17	113.11	148.78	226.44	314.34	410.00	477.62
62.51	81.44	106.38	156.33	213.67	282.76	344.99
372.37	439.77	540.48	703.16	888.09	1 064.82	1 203.25
3 310	3 952	4 996	7 263	9 924	12 797	15 095
326.61	383.11	467.78	603.90	756.09	898.23	1 006.02
189.56	194.97	190.10	177.14	175.68	174.50	178.42
6 693	7 462	7 145	5 849	651	8 038	6 537
10.66	10.40	8.62	5.98	3.17	1.61	1.67
60 683	54 867	59 312	54 508	43 628	61 446	64 702
26 429	25 403	27 406	26 926	21 857	19 824	19 058
11 085	12 547	14 779	14 172	14 852	13 240	7 436
159.00	155.48	159.33	154.90	148.87	147.58	138.11
14.93	15.50	18.08	18.03	18.34	19.21	19.30
47 588	50 230	53 385	57 104	60 099	63 294	65 760
636.51	766.26	981.23	1 337.84	1 773.92	2 147.59	2 368.79
31.54	32.24	44.20	64.47	63.47	63.05	69.22
5 972	6 377	6 207	4 569	4 056	4 184.11	4 388
1 768	1 814	1 948	1 923	1 753	1 556.10	1 549
36.80	44.11	65.78	131.09	162.03	232.34	261.18
9.98	9.66	11.92	27.40	39.77	54.19	68.88
7.39	9.21	13.69	20.44	20.51	27.94	25.45
77.00	90.61	110.47	149.11	205.19	262.04	272.73
38.83	39.02	48.96	45.96	33.74	36.03	38.05

续表一

指标	计量单位	1978年	1980年	1985年
财政收入	亿元	9.41	11.85	18.65
财政支出(预算内)	亿元	1.62	2.17	5.77
银行存款余额	亿元	8.68	18.10	48.50
银行贷款余额	亿元	13.67	17.34	58.01
城乡居民储蓄余额	亿元	2.07	4.04	15.96
艹城镇居民储蓄	亿元	1.71	3.09	11.56
全部职工工资总额	亿元	4.38	6.79	13.01
全部职工平均工资	元	597	777	1 266
职工生活费用价格指数(以1978年为100)	%	100.00	109.24	140.21
零售物价指数(以1978年为100)	%	100.00	110.28	142.61
城市住户人均生活费收入	元	313	483	970
农村住户农民年人均纯收入	元			624
高等学校在校学生数	人	13 319	23 545	36 996
中等专业学校在校学生数	人	8 711	9 453	16 257
普通中学在校学生数	人	350 024	247 734	244 399
小学在校学生数	人	605 137	560 244	414 839
卫生机构数	个	1 361	1 381	1 582
艹医院	个	421	425	404
卫生技术人员	人	19 059	21 110	25 593
艹医生	人	7 375	8 311	11 503
床位数	个	14 042	16 317	19 637
艹医院	个	11 704	13 478	15 010

主要指标

1990年	1991年	1992年	1993年	1994年	1995年	1996年
25.25	26.76	28.64	39.49	48.46	55.13	63.53
11.82	12.31	13.28	18.52	21.54	24.91	30.24
133.77	172.00	217.22	273.90	359.87	500.27	698.58
162.27	187.38	221.66	274.07	337.92	411.78	557.51
69.75	90.45	114.39	156.26	239.44	342.34	463.85
47.90	61.63	76.24	104.76	164.25	244.88	345.94
27.79	31.39	37.76	53.45	77.22	89.05	97.36
2 382	2 586	3 071	4 351	6 118	7 156	7 966
246.68	265.18	292.75	355.40	431.81	503.06	555.88
256.45	274.15	302.11	354.38	421.00	476.99	511.33
1 885	2 016	2 487	3 391	5 007	6 096	6 869
1 171	1 308	1 493	1 748	2 267	3 012	3 482
39 866	39 572	40 938	47 737	55 134	63 124	66 023
23 564	23 331	26 373	30 336	36 079	42 784	49 593
199 940	223 399	246 642	236 379	241 108	257 071	273 158
460 514	453 055	450 496	477 026	504 867	513 988	525 674
1 738	1 789	1 767	1 730	1 717	1 712	1 712
440	441	436	403	416	414	416
30 990	32 169	32 628	33 172	33 964	34 245	34 946
14 483	14 716	14 669	15 029	15 277	16 465	16 789
24 121	24 966	25 606	25 653	25 984	26 684	27 141
18 879	19 444	20 243	20 884	20 870	21 360	22 217

1-03 全市和市区

(1996 年,按当年价

行　业	全	
	本　年	为上年(%)
国内生产总值	9 066 133	113.0
第一产业(农业)	839 985	105.4
第二产业	4 776 225	114.6
工　业	4 240 155	114.1
建筑业	536 070	119.3
第三产业	3 449 923	112.2
交通运输、仓储及邮电通信业	534 693	115.1
批发和零售贸易、餐饮业	1 151 189	111.1
金融、保险业	712 181	125.0
房地产业	141 701	106.5
社会服务业	334 289	109.2
卫生、体育和社会福利业	102 660	114.2
教育文化艺术和广播电视业	186 493	105.7
科学研究业和综合技术服务	52 306	108.2
国家机关、政党机关和社会团体	164 526	104.1

注：为上年%按可比价格计算。

国内生产总值

格计算) 单位:万元

市		其中:市区			
比重(%)		本年	为上年(%)	比重(%)	
本年	上年			本年	上年
100.0	100.0	4 565 711	114.5	100.0	100.0
9.3	9.1	110 881	106.1	2.4	2.5
52.6	53.8	2 248 774	116.8	49.3	50.5
46.7	48.0	1 934 271	115.5	42.4	44.1
5.9	5.8	314 503	127.4	6.9	6.4
38.1	37.1	2 206 056	112.4	48.3	47.0
5.9	5.7	254 817	113.8	5.6	5.5
12.7	12.9	777 101	109.4	17.0	17.8
7.9	7.0	495 261	140.7	10.8	9.6
1.6	1.6	59 830	105.2	1.3	1.2
3.7	3.5	234 864	107.5	5.1	5.4
1.1	1.1	69 460	112.8	1.5	1.5
2.1	2.1	135 442	105.1	3.0	3.2
0.6	0.6	46 679	108.7	1.0	1.1
1.8	1.8	88 369	102.6	1.9	2.1

1-04 全市历年国内生产总值及发展指数

单位:万元

年份	国内生产总值(按当年价计算)				国内生产总值发展指数(%)			
	总计	第一产业	第二产业	第三产业	总计	第一产业	第二产业	第三产业
1978	284 046	63 372	169 344	51 330	100.00	100.00	100.00	100.00
1979	335 285	83 852	194 132	57 301	113.33	114.23	114.00	110.01
1980	406 508	81 524	253 545	71 439	135.65	105.63	151.06	130.71
1981	468 206	90 955	287 632	89 616	154.04	108.74	172.17	162.30
1982	501 854	108 769	294 725	98 360	165.12	129.80	177.73	176.31
1983	558 947	101 106	334 413	123 428	183.63	115.62	203.10	219.86
1984	694 690	126 443	405 535	162 712	225.25	140.10	245.38	283.68
1985	904 897	159 684	520 853	224 360	268.85	139.90	300.80	352.81
1986	1 053 589	177 589	601 277	274 723	299.88	145.01	335.28	409.85
1987	1 260 162	204 366	718 892	336 904	338.38	148.69	382.23	471.62
1988	1 525 427	256 838	855 305	413 284	363.26	145.46	419.82	497.15
1989	1 662 945	282 746	896 736	483 463	352.06	145.10	396.51	508.97
1990	1 896 216	309 404	961 673	625 139	372.37	154.40	422.20	528.01
1991	2 279 545	334 024	1 131 088	814 433	439.77	161.12	492.38	669.52
1992	2 900 690	349 033	1 487 838	1 063 819	540.48	161.61	637.53	814.80
1993	4 247 094	419 364	2 264 440	1 563 290	703.16	171.15	878.66	1 004.65
1994	5 855 239	575 131	3 143 430	2 136 678	888.09	185.01	1 161.59	1 225.67
1995	7 620 055	692 510	4 100 008	2 827 537	1 064.82	198.15	1 434.56	1 445.06
1996	9 066 133	839 985	4 776 225	3 449 923	1 203.25	208.85	1 644.01	1 621.36

1-05 全市历年工农业总产值发展指数

(以 1978 年为 100)　　单位:%

年　份	全　市		
	工农业总产值	工 业总产值	农 业总产值
1978	100.0	100.0	100.0
1979	115.6	115.8	115.0
1980	138.8	146.7	106.1
1981	155.0	165.4	112.4
1982	167.7	176.6	130.9
1983	186.0	200.7	125.3
1984	231.1	252.6	142.2
1985	295.1	332.9	139.8
1986	342.9	390.4	147.9
1987	410.1	472.4	154.4
1988	491.0	572.7	156.0
1989	504.1	588.8	156.4
1990	543.5	636.5	161.6
1991	646.0	766.3	168.6
1992	814.6	981.2	176.6
1993	1 093.8	1 337.8	188.4
1994	1 434.6	1 773.9	200.8
1995	1 726.5	2 147.6	211.1
1996	2 073.4	2 594.3	221.1

1-06 工农业总产值

(1996 年,按当年价格计算) 单位:亿元

县区名称	总计		工业总产值	农业总产值
	本年	为上年(%)		
总计	**1 596.55**	**120.1**	**1 479.22**	**117.33**
市区	634.61	115.2	617.69	16.92
萧山市	299.62	136.6	277.70	21.92
桐庐县	74.57	147.7	66.72	7.85
富阳市	151.98	117.1	135.96	16.02
临安市	126.53	102.8	113.19	13.34
余杭市	195.55	120.7	175.32	20.23
建德市	84.27	119.7	72.86	11.41
淳安县	29.42	130.6	19.78	9.64

注:为上年%按 90 年不变价计算。

1-07 市区分月气象概况

(1996 年)

月　　份	平均气温(度)	日照时数(小时)	降雨天数(天)	降水量(毫米)
全　年	**16.5**	**1 701.8**	**151**	**1 481.7**
1 月	4.3	104.8	14	105.9
2 月	4.7	119.4	9	41.5
3 月	8.4	97.8	21	247.3
4 月	14.1	155.9	15	74.1
5 月	20.8	159.4	8	33.0
6 月	25.5	102.3	18	338.8
7 月	27.6	186.3	15	281.6
8 月	28.4	206.4	13	135.9
9 月	24.8	175.0	8	339
10 月	19.2	143.3	12	94.8
11 月	12.8	83.4	13	79.5
12 月	7.6	167.8	5	15.4

1-08 气　　象

(1996年)

指　　标	计量单位	市　区	萧山市
一、气　温			
全年平均气温	度	16.5	16.5
极端最高气温	度	36.8	37.9
出现日期	日/月	7 /8	7 /8
极端最低气温	度	-4.2	-4.4
出现日期	日/月	18 /2	18 /2
二、降　雨			
全年降雨日数	日	151	153
全年降雨总量	毫米	1 481.7	1 353.0
最长连续降雨日数	日	16	16
最长连续降雨总量	毫米	223.1	214.0
最长连续降雨起止日期	日/月	14/3 -29/3	14/3 -29/3
日最大降雨量	毫米	136.4	117.9
出现日期	日/月	30 /6	30 /6
三、全年日照总时数	**小时**	**17 018**	**1 791.6**
四、霜　雪			
全年降霜日数	日	43	28
初霜日期	日/月	11 /8	8/11
终霜日期	日/月	4 /4	2 /3

桐庐县	富阳市	临安市	建德市	淳安县
16.4	16.3	15.9	16.5	16.9
38.0	37.3	40.5	38.6	37.7
10 /8	6 /8	7 /8	10 /8	10 /8
−4.4	−5.0	−5.4	−4.2	−2.7
10 /2	10 /2	3 /2	10 /2	18 /2
160	154	151	160	153
1 687.6	1 503.5	1 690.5	1 687.6	1 690.0
18	16	18	18	18
253.1	229.5	220.5	253.1	269.8
12/3 −29/3	14/3 −29/3	12/3 −29/3	12/3 −29/3	12/3 −29/3
127.6	130.8	72.1	127.6	115.9
1 /7	1 /7	23 /8	1 /7	5 /6
1 605.7	**1 517.1**	**1 635.1**	**1 699.2**	**1 942.8**
40	43	44	27	28
9/11	23/11	2/11	9/11	24/11
2 /3	4 /3	4 /4	2 /3	2 /3

1-09　主要指标占全省比重

(1996 年)

指　　标	计量单位	全　省	杭州市	杭州市占全省(%)
年末总人口	万人	4 400.09	603.22	13.7
#非农业人口	万人	829.92	196.68	23.7
年末社会劳动者人数	万人	3 247.11	420.32	12.9
国民经济各部门职工人数	万人	495.35	122.03	24.6
国内生产总值(现行价格)	亿元	4 146.06	906.61	21.9
第一产业	亿元	609.18	84.00	13.8
第二产业	亿元	2 200.19	477.62	21.7
第三产业	亿元	1 336.69	344.99	25.8
人均国内生产总值(现行价格)	元	9 455	15 095	-
工农业总产值(现行价格)	亿元	9 782.50	1 596.55	16.3
农业总产值(现行价格)	亿元	961.97	117.33	12.2
主要农产品产量				
粮　　食	万吨	1 516.77	178.42	11.8
棉　　花	万吨	6.84	0.65	9.5
络　　麻	万吨	2.68	1.67	62.3
油 菜 籽	万吨	49.40	6.47	13.1
茶　　叶	万吨	9.9	1.91	19.3
蚕　　茧	万吨	8.37	0.74	8.8
生猪年末存栏	万头	1 231.57	138.11	11.2
猪牛羊肉产量	万吨	119.62	19.30	16.1
淡水产品产量	万吨	42.91	6.58	15.3
全部工业总产值(现行价格)	亿元	8 820.53	1 479.22	16.8
乡及乡以上工业总产值(现行价格)	亿元	4 009.40	883.12	22.0
乡及乡以上工业总产值(1990 年不变价)	亿元	3 765.40	829.39	22.0
乡及乡以上独立核算工业企业利税总额	亿元	287.20	69.22	24.1

1-09 主要指标占全省比重

(1996年)

指　　标	计量单位	全　省	杭州市	杭州市占全省(%)
主要工业产品产量				
发电量	亿千瓦时	448.36	77.40	17.3
硫　酸	万吨	41.21	5.45	13.2
氢氧化钠	万吨	26.21	7.72	29.5
无水碳酸钠	万吨	14.95	10.89	72.8
合成氨	万吨	93.57	7.25	7.7
水　泥	万吨	3 546.83	820.90	23.1
平板玻璃	万重量箱	450.41	443.08	98.4
内燃机(商品量)	万千瓦	493.61	188.51	38.2
成品钢材	万吨	234.46	143.41	61.2
化学纤维	万吨	43.34	6.74	15.6
纱	万吨	28.14	6.18	22.0
丝	吨	28 456	2 632	9.2
丝织品	亿米	30.74	7.45	24.2
自行车	万辆	499.27	183.69	36.8
缝纫机	万架	102.47	14.09	13.8
手表	万只	123.96	75.24	60.7
电视机	万台	368.40	211.76	57.5
电冰箱	万台	62.14	56.27	90.6
洗衣机	万台	121.16	109.45	90.3
机制纸及纸板	万吨	218.79	90.96	41.6
卷　烟	万箱	85.78	49.11	57.2
交通系统客运量	万人	32 983	4 388	13.3
交通系统货运量	万吨	8 849	1 549	17.5
全社会固定资产投资	亿元	1 617.53	261.18	16.1

1-09 主要指标占全省比重

(1996 年)

指标	计量单位	全省	杭州市	杭州市占全省(%)
#基本建设投资	亿元	424.24	68.88	16.2
更新改造投资	亿元	110.34	25.45	23.1
社会消费品零售总额	亿元	1 599.37	272.73	17.1
入境的外国人、华侨、港澳台同胞人数	万人	72.90	46.23	63.4
财政总收入	亿元	291.75	63.53	21.8
地方预算内财政收入	亿元	139.63	26.84	19.2
地方预算内财政支出	亿元	213.77	30.24	14.1
金融机构存款余额	亿元	3 394.04	698.58	20.6
金融机构贷款余额	亿元	2 580.61	557.51	21.6
城乡居民储蓄余额	亿元	1 844.74	463.85	25.1
#城镇居民储蓄	亿元	1 268.84	345.94	27.3
全部职工工资总额	亿元	361.84	97.36	26.9
全部职工平均工资	元	7 413	7 966	-
城市住户人均生活费收入	元	6 345	6 869	-
农村住户农民年人均纯收入	元	3 463	3 482	-
电力消费量	亿千瓦时	188.18	50.88	27.0
煤炭消费量	万吨	2 755.40	615.38	22.3
钢材消费量	万吨	336.66	74.97	22.3
原木消费量	万立方米	92.45	7.42	8.0
锯材消费量	万立方米	38.14	2.37	6.2
在校学生人数				
大学	人	101 498	66 023	65.0
中等专业学校	人	140 925	49 593	35.2
普通中学	人	2 236 452	273 158	12.2
小学	人	3 637 987	525 674	14.4

1-10　平均每天主要社会经济活动

指　标	单　位	1990年	1995年	1996年
国内生产总值(现行价格)	万元	5 195	20 877	24 839
工业增加值	万元	2 408	10 023	11 617
工业总产值(现行价格)	万元	7 966	33 556	40 527
工业企业创利税	万元	864	1 728	1 896
农业总产值(现行价格)	万元	1 154	2 730	3 215
全社会固定资产投资完成额	万元	1 108	6 365	7 156
住宅竣工面积	平方米	3 090	8 751	9 714
社会消费品零售额	万元	2 110	7 179	7 472
城乡居民储蓄新增额	万元	537	2 819	3 329
财政收入	万元	692	1 510	1 741

二、人口、劳动力

1996年杭州市人口与就业概况

1996年，全市年末总人口数为603.22万人，比上年末净增5.26万人，增长8.8‰，增长水平低于前三年的年平均增长速度。由于区域调整，6个乡镇划入杭州市区，使市区人口增加到166.73万人，比上年增加了23.21万人。

在全市5.26万净增人口中，净迁入人口数为2.38万人，机械增长因素占了45.2%，人口机械增长幅度基本与上年持平。1996年全市劳动力资源总量为494.57万人，比上年增加4.18万人，当年新增劳动力资源7.25万人，加上外来劳动力大量涌入，我市劳动力资源充裕。

1996年全市新出生人口6.37万人，人口自然增长率为4.7‰，两指标均低于上年。1996年我市计划生育工作成绩显著，计划生育率达99%以上，为历史最好水平，晚婚率等指标均保持在较好水平。

全市人口老龄化问题日趋突出。据人口普查资料推算，我市65岁以上人口已达总人口数的11.06%，按照国际通用的10%这一衡量标准，我市已跨入老年型地区行列。

随着产业结构调整和企业经济体制改革的深入进行，就业渠道不断拓宽，我市从业人员在第一、二、三产业中的比重渐趋合理，第一、二产业从业人员减少至134.30万人和154.43万人，第三产业从业人员已增至131.90万人，三者之间所占比重分别为31.88%、36.74%、31.38%。三次产业从业人员与上年对比，第一、二产业减少4.56万人、3.92万人，第三产业增加6.26万人。另外，国有、集体经济从业人员比上年减少1.68万人和1.71万人，分别为79.11万人和287.34万人，私营、个体经济从业人员已达39.64万人，较上年增加了2.4万人，形成多种经济并存，共同发展的就业格局。

与此同时，我市职工下岗这一现象也较为突出，受到社会各界的广泛关注。1996年劳动统计年报显示，全市年末下岗职工有43326人，占年末职工总数的3.6%，主要集中在制造业、批发零售贸易和餐饮业、交通运输业、建筑业以及社会服务业，这几个行业的下岗职工占全市下岗职工总数的96%以上。

1996年末全市城镇失业人员3.49万人，比上年减少0.1万人，失业率为2.5%，其中市区为2.3%。通过再就业工程的实施，全市安置失业人员3.42万人，安置人数比上年增长33.1%。

2-01 历年总户数与总人口数

年 份	全市			市区		
	总户数（户）	总人口数（万人）	非农业人口（万人）	总户数（万户）	总人口数（万人）	非农业人口（万人）
1949	67.71	288.08	68.67	12.88	62.48	47.38
1952	76.68	312.12	75.18	14.47	68.89	52.71
1957	83.59	365.64	99.49	16.75	82.82	65.74
1962	87.71	403.74	108.96	18.08	94.28	73.67
1965	90.18	435.66	107.29	18.83	96.47	74.30
1970	97.48	458.82	101.94	21.16	94.55	70.71
1975	107.00	491.68	110.87	23.57	100.86	75.67
1976	111.47	495.91	112.05	24.34	101.00	75.61
1977	114.63	499.96	112.14	24.92	101.46	75.99
1978	117.89	505.55	116.06	25.52	104.53	78.73
1979	116.61	511.83	124.60	26.23	110.50	85.05
1980	119.11	515.53	128.88	27.23	113.08	87.93
1981	125.96	520.73	134.56	29.88	115.59	90.53
1982	131.53	528.06	139.94	31.24	118.05	92.72
1983	135.55	533.05	143.34	32.67	120.13	94.94
1984	139.24	537.49	147.46	34.07	122.29	97.34
1985	145.23	543.05	153.46	35.36	124.67	100.01
1986	151.59	549.53	157.19	37.02	127.07	102.59
1987	157.66	557.63	161.12	38.70	129.16	104.90
1988	164.41	565.04	164.87	40.05	131.26	107.30
1989	169.09	570.98	167.28	41.19	132.84	108.88
1990	171.94	574.78	169.00	42.26	133.89	109.97
1991	174.78	578.73	171.25	42.98	134.97	111.20
1992	177.68	582.40	174.03	43.63	136.30	112.72
1993	179.17	587.10	179.11	44.55	138.33	115.13
1994	180.65	592.93	186.50	45.04	141.27	118.48
1995	182.55	597.96	191.43	46.06	143.52	121.38
1996	184.33	603.22	196.68	52.39	166.73	128.76

2-02 年末户数、人口数

(1996 年)

指 标	单位	全市	市区	上城区	下城区	江干区
一、年末总户数	**万户**	**184.33**	**52.39**	**7.42**	**8.90**	**12.66**
二、年末总人口(本年)	**万人**	**603.22**	**166.73**	**21.03**	**26.10**	**39.92**
按性别分						
男	万人	310.76	87.15	10.59	13.42	21.20
女	万人	292.46	79.58	10.44	12.69	18.72
按农业、非农业分						
农业人口	万人	406.54	37.96	0.09	0.13	12.81
非农业人口	万人	196.68	128.75	20.94	25.97	27.11
三、人口自然变动情况						
自然增长人数	人	28 263	3 877	−71	103	825
其中:出生人数(本年)	人	63 680	12 098	1 304	1 408	2 972
死亡人数	人	35 417	8 221	1 375	1 305	2 147
自然增长率(本年)	‰	4.70	2.50	−0.34	0.40	2.26
其中:出生率(本年)	‰	10.60	7.80	6.16	5.40	8.14
死亡率(本年)	‰	5.90	5.30	6.50	5.00	5.88
四、人口机械变动情况						
(一)本年迁入人口合计	人	111 099	47 473	2 473	4 640	10 356
其中:省内	人	87 503	34 518	1 658	3 640	8 510
省外	人	23 596	12 955	8 151	1 000	1 846
上年迁入人口合计	人	99 695	42 458	2 481	4 636	5 517
(二)本年迁出人口合计	人	8 734	28 231	1 244	2 434	6 221
其中:省内	人	74 527	20 417	900	1 906	5 303
省外	人	12 777	7 814	344	528	918
上年迁出人口合计	人	77 053	21 203	1 203	2 118	2 040
(三)本年人口净迁入	人	23 795	19 242	1 229	2 206	4 135

及人口变动情况

拱墅区	西湖区	萧山市	桐庐县	富阳市	临安市	余杭市	建德市	淳安县
9.07	**14.34**	**35.02**	**12.37**	**18.94**	**15.41**	**21.56**	**15.61**	**13.03**
27.05	**52.63**	**112.05**	**39.30**	**61.21**	**50.73**	**78.23**	**50.17**	**44.80**
14.32	27.62	56.16	20.20	31.52	25.98	40.19	26.32	23.24
12.72	25.01	55.89	19.10	29.69	24.74	38.05	23.85	21.56
3.17	21.77	92.53	33.18	52.71	44.77	63.74	41.37	40.28
23.87	30.86	19.53	6.12	8.50	5.96	14.50	8.80	4.52
478	2 542	8 144	2 783	3 846	1 710	2 772	3 205	1 926
1 787	4 627	15 110	4 865	7 538	4 973	8 094	5 978	5 024
1 309	2 085	6 966	2 082	3 692	3 263	5 322	2 773	3 098
1.80	5.68	7.01	7.11	6.30	3.37	3.31	6.41	4.31
6.71	10.34	13.01	12.43	12.36	9.81	9.66	11.95	11.23
4.91	4.66	6.00	5.32	6.05	6.44	6.35	5.54	6.92
7 058	22 946	20 186	7 553	8 995	4 784	12 422	5 034	4 652
5 897	14 813	16 252	6 853	8 159	4 249	9 384	4 057	4 031
1 161	8 133	3 934	700	836	535	3 038	977	621
6 664	23 160	11 988	3 415	7 934	5 218	20 258	4 797	3 627
3 601	14 731	15 292	7 311	8 794	5 749	10 934	5 584	5 409
3 059	9 249	14 241	6 943	8 227	5 398	9 358	5 195	4 748
542	5 482	1 051	368	567	351	1 576	389	661
2 896	12 946	11 374	3 343	7 418	7 264	17 019	4 965	4 467
3 457	8 215	4 894	242	201	− 965	1 488	− 550	− 757

2-03 镇户数及人口数

(1996年)

地区名称	总户数(户)	年末人口(人) 合计	非农业人口
全　　市	**1 041 455**	**3 459 712**	**726 009**
市　　区	**126 406**	**445 320**	**167 396**
笕桥镇	8 429	29 843	6 914
彭埠镇	9 776	33 824	10 482
丁桥镇	3 394	11 704	724
四季青镇	7 991	31 296	15 316
九堡镇	6 761	25 020	4 700
半山镇	8 125	27 474	23 897
康桥镇	3 688	13 514	4 255
上塘镇	4 654	21 126	16 774
留下镇	5 522	17 911	10 687
祥符镇	5 984	20 633	9 199
转塘镇	8 051	29 863	8 837
古荡镇	6 548	23 822	22 054
袁浦镇	7 627	27 265	1 088
长河镇	11 267	35 648	2 506
浦沿镇	10 720	34 312	13 972
西兴镇	7 841	24 049	6 622
三墩镇	10 028	38 016	9 399
萧山市	**330 755**	**1 057 502**	**193 701**
城厢镇	67 122	227 432	115 214
临浦镇	17 438	54 270	12 379
瓜沥镇	20 004	62 160	10 269
义桥镇	6 675	19 938	3 293
闻堰镇	9 540	24 064	4 645
坎山镇	15 285	47 241	4 808
戴村镇	7 299	26 772	1 339
所前镇	6 932	23 113	872
衙前镇	7 173	23 039	1 014
义盛镇	9 332	30 158	2 108

2–03 镇户数及人口数

续表一

(1996 年)

地区名称	总户数(户)	年末人口(人)	
		合 计	非农业人口
靖江镇	10 049	31 693	1 662
党山镇	13 625	43 474	1 710
河上镇	9 261	30 176	2 017
南阳镇	10 855	35 950	2 169
头蓬镇	7 389	24 228	1 540
新街镇	18 895	59 753	11 317
新湾镇	8 078	24 441	3 453
楼塔镇	8 643	27 126	1 092
党湾镇	12 663	40 529	945
浦阳镇	10 361	32 616	1 145
河庄镇	13 438	44 946	735
宁围镇	15 640	46 733	8 226
进化镇	11 206	36 350	997
益农镇	13 852	41 300	752
桐庐县	**93 206**	**290 970**	**58 417**
桐庐镇	27 119	72 411	38 912
富春江镇	8 347	24 461	8 684
分水镇	8 533	26 924	3 667
窄溪镇	4 943	17 328	1 331
横村镇	5 821	19 420	1 666
瑶琳镇	3 559	12 704	909
凤川镇	5 743	18 087	608
百江镇	4 495	14 721	356
印渚镇	6 327	21 392	647
方埠镇	5 842	21 015	584
石阜镇	6 301	21 964	413
旧县镇	2 726	8 591	247
深澳镇	3 450	11 952	393
富阳市	**163 987**	**527 378**	**83 601**
富阳镇	49 583	153 967	63 017

2-03 镇户数及人口数

续表二

(1996年)

地区名称	总户数(户)	年末人口(人)	
		合 计	#非农业人口
新 登 镇	22 240	66 448	10 760
大 源 镇	9 690	35 434	1 684
场 口 镇	8 269	27 367	1 203
万 市 镇	7 325	23 785	1 243
常 安 镇	7 676	26 521	620
常 绿 镇	4 793	16 892	308
灵 桥 镇	7 269	25 857	729
受 降 镇	4 781	14 993	491
渌 渚 镇	5 201	17 198	481
三 山 镇	10 527	33 482	900
高 桥 镇	5 664	17 739	536
洞 桥 镇	6 026	20 482	497
胥 口 镇	6 024	18 296	450
龙 门 镇	2 573	7 564	239
里 山 镇	3 052	10 293	233
永 昌 镇	3 294	11 060	210
临 安 市	**99 791**	**328 682**	**55 759**
锦 城 镇	23 431	77 134	38 372
於 潜 镇	9 562	30 755	6 125
昌 化 镇	6 606	21 857	4 591
青 山 镇	5 600	20 766	1 317
横 畈 镇	5 048	16 543	467
岛 石 镇	5 879	18 420	624
玲 珑 镇	7 472	24 975	587
太 阳 镇	5 840	18 459	457
龙 岗 镇	3 384	11 270	552
顺 溪 镇	2 241	7 350	175
藻 溪 镇	7 181	21 938	777
青 云 镇	4 698	15 638	421
颊 口 镇	4 368	14 078	540

2-03 镇户数及人口数

续表三

(1996年)

地区名称	总户数(户)	年末人口(人) 合计	非农业人口
湍口镇	2 671	9 512	200
三口镇	2 788	9 525	180
高虹镇	3 022	10 462	374
余杭市	**195 918**	**705 265**	**139 638**
临平镇	30 092	123 026	48 583
塘栖镇	24 557	89 840	24 829
余杭镇	16 367	53 732	19 234
瓶窑镇	10 202	37 290	11 840
闲林镇	8 687	30 935	9 707
乔司镇	10 150	36 010	3 000
良渚镇	11 122	37 886	4 655
博陆镇	4 515	15 150	1 030
獐山镇	5 274	18 383	2 226
长乐镇	5 366	16 307	1 006
黄湖镇	4 185	13 886	1 029
仓前镇	10 075	35 033	1 114
亭趾镇	4 172	15 097	547
崇贤镇	10 093	38 611	1 485
东塘镇	5 929	22 154	617
泮板镇	4 707	13 756	686
五杭镇	3 931	14 915	721
百丈镇	3 331	11 056	263
双溪镇	3 034	9 636	399
勾庄镇	8 092	30 230	3 512
鸬鸟镇	3 956	13 102	320
安溪镇	4 217	14 749	928
星桥镇	3 864	14 481	1 907
建德市	**124 598**	**395 565**	**85 914**
新安江镇	28 271	85 824	48 708
梅城镇	13 409	36 456	17 231

2-03 镇户数及人口数

续表四

(1996 年)

地区位名称	总户数(户)	年末人口(人) 合计	年末人口(人) 非农业人口
寿昌镇	12 376	38 815	11 336
乾潭镇	7 066	21 892	1 438
大同镇	7 957	25 951	1 220
三都镇	6 903	22 940	1 128
大洋镇	4 491	14 770	412
杨村桥镇	6 288	20 549	627
劳村镇	4 763	17 625	940
下涯镇	4 994	16 809	415
航头镇	7 795	26 963	565
檀村镇	7 099	23 759	571
李家镇	6 751	22 331	484
安仁镇	2 970	9 153	667
莲花镇	3 465	11 728	172
淳安县	**71 156**	**243 088**	**41 768**
千岛湖镇	11 719	42 636	31 339
汾口镇	11 644	40 465	2 741
姜家镇	4 776	14 529	1 980
威坪镇	7 208	24 100	2 173
临岐镇	5 907	21 141	843
大墅镇	4 577	15 148	609
茶园镇	290	1 018	222
唐村镇	4 809	15 555	287
梓桐镇	6 131	20 691	436
文昌镇	3 714	12 745	407
中洲镇	5 790	20 834	211
枫树岭镇	4 591	14 226	520

2-04 计划生育情况

(1996年)

单位:%

县区名称	晚婚率	节育率	计划生育率	一孩率	独生子女领证率
全 市	**75.22**	**91.55**	**99.07**	**78.13**	**35.85**
市 区	90.47	88.81	99.30	93.31	61.34
上城区	96.60	86.63	100.00	97.38	70.82
下城区	99.38	86.79	99.84	97.61	70.89
拱墅区	95.40	88.96	99.74	97.24	61.04
江干区	91.84	90.34	99.73	95.41	58.98
西湖区	82.92	89.41	98.61	88.70	55.52
萧山市	80.33	89.54	99.79	69.57	35.52
桐庐县	62.69	93.42	98.54	73.79	16.60
富阳市	62.85	92.65	98.70	71.97	13.62
临安市	63.59	94.16	99.47	72.63	22.77
余杭市	75.27	93.62	99.71	92.14	50.49
建德市	69.79	91.97	98.12	71.90	19.62
淳安县	62.13	94.66	97.25	72.96	11.27

2-05 结婚和离婚对数

(1996年)

单位:对

县区名称	1995年			1996年		
	登记结婚对数	再婚对数	离婚对数	登记结婚对数	再婚对数	离婚对数
全 市	**45 225**	**4 575**	**2 622**	**49 662**	**5 259**	**2 747**
市 区	11 557	2 379	1 345	13 310	2 999	1 518
萧山市	10 331	612	221	10 998	869	263
桐庐县	2 811	199	112	2 900	297	90
富阳市	4 764	181	106	5 768	266	173
临安市	2 496	49	216	2 730	76	215
余杭市	8 499	617	252	7 363	566	258
建德市	2 891	302	178	4 217	234	180
淳安县	1 876	236	192	2 376	152	50

2-06 按三次产业分的从业人员人数

(1996 年)

单位:人

行业	总计	国有经济单位职工	集体经济单位职工	其他经济单位职工	城镇私营个体从业人员	农村从业人员	其他
一、全市							
从业人员总数	**4 203 333**	**774 402**	**274 897**	**171 111**	**396 824**	**2 555 500**	**30 599**
为上年(%)	99.5	97.8	91.2	113.0	106.5	99.2	97.9
第一产业	1 340 050	14 267	241	43	855	1 324 600	44
农林牧渔水利业	1 340 050	14 267	241	43	855	1 324 600	44
第二产业	1 544 306	323 676	173 498	132 193	167 049	738 700	9 190
采掘业	9 994	6 150	507	591	2 736	–	10
制造业	1 334 267	266 755	149 529	127 392	161 261	621 700	7 630
电力煤气水的生产供应业	16 897	15 231	411	1 127	–	–	128
建筑业	183 148	35 540	23 051	3 083	3 052	117 000	1 422
第三产业	1 318 977	436 459	101 158	38 875	228 920	492 200	21 365
地质普查和勘探业	7 038	6 937	46	–	–	–	55
交通运输、邮电通信业	171 984	60 438	8 307	1 165	12 558	87 100	2 416
批发和零售贸易业餐饮业	424 028	79 218	61 802	18 848	181 105	77 000	6 055
金融、保险业	28 407	18 978	5 838	2 758	–	–	833
房地产业	8 765	6 347	650	1 019	–	–	749
社会服务业	107 394	44 865	13 251	14 715	31 748	–	2 815
卫生体育和社会福利事业	46 086	36 570	7 612	79	600	–	1 225
教育文化艺术广播影视业	104 524	97 866	1 661	172	–	–	4 825
科学研究综合技术服务业	25 217	23 215	873	103	–	–	1 026
国家、党政机关社会团体	60 517	59 288	348	–	–	–	881
其他行业	335 017	2 737	770	16	2 909	328 100	485
二、市区							
从业人员总数	**1 143 390**	**510 253**	**138 863**	**129 962**	**85 094**	**256 800**	**22 418**
为上年(%)	111.2	99.1	89.7	108.4	127.2	171.1	102.4
第一产业	102 508	1 245	45	–	91	101 100	27
农林牧渔水利业	102 508	1 245	45	–	91	101 100	27
第二产业	514 084	213 100	81 494	99 176	19 456	94 500	6 358
采掘业	–	–	–	–	–	–	–
制造业	440 930	169 580	69 137	97 262	19 054	80 900	4 997
电力煤气水的生产供应业	12 127	11 269	50	686	–	–	122
建筑业	61 027	32 251	12 307	1 228	402	13 600	1 239
第三产业	526 798	295 908	57 324	30 786	65 547	61 200	16 033
地质普查和勘探业	3 599	3 531	22	–	–	–	46
交通运输、邮电通信业	72 765	49 517	3 506	934	1 248	15 300	2 260
批发和零售贸易、餐饮业	172 526	50 626	36 234	15 099	53 987	11 200	5 380
金融、保险业	16 934	12 324	1 202	2 679	–	–	729
房地产业	6 786	4 817	452	863	–	–	654
社会服务业	73 097	38 747	10 884	10 841	10 023	–	2 602
卫生、体育和社会福利业	27 571	24 452	2 140	79	127	–	773
教育文化艺术广播影视业	61 180	58 239	1 319	172	–	–	1 450
科学研究综合技术服务业	22 814	20 919	784	103	–	–	1 008
国家党政机关和社会团体	31 698	30 914	125	–	–	–	659
其他行业	37 828	1 822	656	16	162	34 700	472

2-07 全市城镇以上各种经济

(1996 年末)

地区 行业	单位数(个)	从业人员年末人数合计	女性	使用的农村劳动力	职工	女性
全市总计	**20 491**	**1 251 009**	**523 257**	**190 460**	**1 220 410**	**506 566**
国有经济单位	10 768	791 056	311 034	80 730	774 402	301 199
城镇集体经济单位	8 415	284 230	127 589	67 558	274 897	122 798
其它各种经济单位	1 308	175 723	84 634	42 172	171 111	82 569
市区总计	**12 253**	**801 496**	**337 657**	**95 947**	**779 078**	**326 286**
国有经济单位	4 871	521 877	206 363	45 315	510 253	199 819
城镇集体经济单位	6 354	145 879	66 878	21 606	138 863	63 662
其它各种经济单位	1 028	133 740	64 416	29 026	129 962	62 805
上城区总计	1 242	30 709	14 982	2 942	29 180	14 067
国有经济单位	237	12 145	6 879	275	11 778	6 562
城镇集体经济单位	969	15 651	6 983	1 750	14 680	6 482
其它各种经济单位	36	2 913	1 120	917	2 722	1 023
下城区总计	1 184	24 322	12 143	3 023	22 990	11 560
国有经济单位	214	7 234	3 902	301	7 035	3 818
城镇集体经济单位	919	15 104	7 163	2 166	14 085	6 712
其它各种经济单位	51	1 984	1 078	556	1 870	1 030
江干区总计	1 586	23 228	11 433	3 908	21 901	10 734
国有经济单位	237	7 711	1 124	395	7 531	4 040
城镇集体经济单位	1 332	14 554	6 702	3 182	13 424	6 092
其它各种经济单位	17	963	607	331	946	602
西湖区总计	1 032	22 607	10 930	4 464	21 593	10 461
国有经济单位	318	7 842	3 717	311	7 787	3 672
城镇集体经济单位	666	12 335	5 550	2 958	11 513	5 175
其它各种经济单位	48	2 430	1 663	1 195	2 298	1 614
拱墅区	1 419	24 628	11 899	3 532	23 939	11 592
国有经济单位	200	7 672	4 347	434	7 484	4 227
城镇集体经济单位	1 159	15 435	6 885	2 596	14 938	6 698
其它各种经济单位	60	1 521	667	502	1 517	667
萧山市总计	**1 576**	**119 868**	**50 772**	**24 951**	**115 241**	**47 592**
国有经济单位	1 069	64 968	26 343	7 847	62 548	24 449
城镇集体经济单位	418	43 816	19 067	14 093	42 158	18 144
其它各种经济单位	89	11 084	5 362	3 011	10 535	4 999
桐庐县总计	**972**	**36 303**	**14 157**	**4 283**	**35 533**	**13 908**
国有经济单位	761	23 465	8 298	1 422	22 780	8 175
城镇集体经济单位	177	8 857	3 845	1 735	8 778	3 740
其它各种经济单位	34	3 981	2 014	1 126	3 975	1 993

类型单位从业人员数

单位：人

合同制职工	按用工期限分 长期职工	临时职工	其他从业人员	从业人员平均人数 合计	职工	其他从业人员
738 196	**1 095 762**	**124 648**	**30 599**	**1 253 170**	**1 222 207**	**30 963**
446 152	724 379	50 023	16 654	793 469	776 504	16 965
167 519	231 338	43 559	9 333	286 730	277 170	9 560
124 525	140 045	31 066	4 612	172 971	168 533	4 438
473 843	**697 234**	**81 844**	**22 418**	**803 252**	**780 786**	**22 466**
299 410	476 086	34 167	11 624	523 497	511 903	11 594
78 052	111 977	26 886	7 016	147 933	140 630	7 303
96 381	109 171	20 791	3 778	131 822	128 253	3 569
10 900	23 389	5 791	1 529	30 640	29 127	1 513
4 659	9 572	2 206	367	12 024	11 649	375
5 141	11 691	2 989	971	15 830	14 821	1 009
1 100	2 126	596	191	2 786	2 657	129
7 678	18 832	4 158	1 332	25 478	24 024	1 454
2 057	6 669	366	199	7 465	7 261	204
5 052	10 861	3 224	1 019	15 742	14 606	1 136
569	1 302	568	114	2 271	2 157	114
7 912	18 730	3 171	1 327	22 666	21 261	1 405
1 564	7 148	383	180	7 376	7 173	203
5 621	10 691	2 733	1 130	14 379	13 193	1 186
727	891	55	17	911	895	16
8 106	18 142	3 456	1 009	22 277	21 245	1 032
1 639	7 373	414	55	7 692	7 634	58
5 734	9 307	2 206	822	12 297	11 447	850
733	1 462	836	132	2 288	2 164	124
9 789	16 114	7 825	689	24 203	23 524	679
2 221	6 877	607	188	7 471	7 291	180
6 682	8 325	6 613	497	15 211	14 716	495
886	912	605	4	1 521	1 517	4
78 707	**105 562**	**9 679**	**4 627**	**120 803**	**116 253**	**4 550**
39 407	59 552	2 996	2 420	65 960	63 571	2 389
30 667	37 764	4 394	1 658	44 020	42 425	1 595
8 633	8 246	2 289	549	10 823	10 257	566
22 581	**32 789**	**2 744**	**770**	**36 172**	**35 375**	**797**
13 093	22 316	464	685	23 156	22 476	680
6 871	7 473	1 305	79	9 085	8 993	92
2 617	3 000	975	6	3 931	3 906	25

2-07 全市城镇以上各种经济

续表一

(1996 年末)

地区 行业	单位数(个)	从业人员年末人数合计	女性	使用的农村劳动力	职工	女性
富阳市总计	**1 366**	**64 593**	**26 931**	**16 427**	**64 033**	**26 468**
国有经济单位	867	38 301	16 175	4 632	37 965	15 941
城镇集体经济单位	471	21 741	8 910	9 603	21 541	8 685
其它各种经济单位	28	4 551	1 846	2 192	4 527	1 842
临安市总计	**1 188**	**44 315**	**17 774**	**11 317**	**43 303**	**17 073**
国有经济单位	921	27 598	10 418	5 146	26 673	9 751
城镇集体经济单位	244	13 985	5 877	5 033	13 921	5 847
其它各种经济单位	23	2 732	1 479	1 138	2 709	1 475
余杭市总计	**1 085**	**101 856**	**43 834**	**22 505**	**100 938**	**43 397**
国有经济单位	570	57 943	23 066	8 685	57 445	22 849
城镇集体经济单位	450	31 177	13 852	9 412	30 935	13 682
其它各种经济单位	65	12 736	6 916	4 408	12 558	6 866
建德市总计	**845**	**48 558**	**18 612**	**6 507**	**48 431**	**18 449**
国有经济单位	698	32 542	11 412	2 313	32 495	11 316
城镇集体经济单位	137	11 781	5 724	3 618	11 720	5 665
其它各种经济单位	10	4 235	1 476	576	4 216	1 468
淳安县总计	**1 206**	**34 020**	**13 520**	**8 523**	**33 853**	**13 393**
国有经济单位	1 011	24 362	8 959	5 370	24 243	8 899
城镇集体经济单位	164	6 994	3 436	2 458	6 981	3 373
其它各种经济单位	31	2 664	1 125	695	2 629	1 121
按国民经济行业分						
农、林、牧、渔业	225	14 595	5 264	2 382	14 551	5 225
采掘业	16	7 258	1 713	918	7 248	1 680
制造业	4 161	551 306	252 823	127 291	543 676	247 595
电力、煤气及水的生产和供应业	98	16 897	4 983	601	16 769	4 967
建筑业	401	63 096	10 327	19 733	61 674	10 136
地质勘查、水利管理业	78	7 038	1 635	369	6 983	1 626
交通运输、仓储及邮电通讯业	464	72 326	18 021	6 427	69 910	17 551
批发和零售贸易、餐饮业	5 991	165 923	78 353	9 664	159 868	75 371
金融、保险业	466	28 407	13 533	1 618	27 574	13 081
房地产业	313	8 765	2 639	132	8 016	2 484
社会服务业	1 727	75 646	37 540	7 100	72 831	36 167
卫生、体育和社会福利业	583	45 486	27 401	4 014	44 261	25 374
教育、文化艺术和广播电影电视业	3 892	104 524	45 830	4 747	99 699	43 101
科学研究和综合技术服务业	428	25 217	7 867	896	24 191	7 596
国家、政党机关和社会团体	1 406	60 517	13 786	4 390	59 636	13 336
其他行业	242	4 008	1 542	178	3 523	1 276

类型单位从业人员数

单位：人

合同制职工	按用工期限分		其他从业人员	从业人员平均人数		
	长期职工	临时职工		合计	职工	其他从业人员
27 809	**58 052**	**5 951**	**560**	**63 164**	**62 603**	**561**
17 523	36 461	1 504	336	37 796	37 431	365
8 422	18 060	3 481	200	20 893	20 719	174
1 864	3 561	966	24	4 475	4 453	22
25 512	**39 244**	**4 059**	**1 012**	**44 233**	**43 194**	**1 039**
13 242	24 826	1 847	925	27 695	26 741	954
10 612	12 509	1 412	64	14 075	14 011	64
1 658	1 909	800	23	2 463	2 442	21
60 271	**89 348**	**11 590**	**918**	**103 300**	**102 343**	**957**
31 792	52 869	4 576	498	58 744	58 230	514
20 608	28 069	2 866	242	31 825	31 566	259
7 871	8 410	4 148	178	12 731	12 547	184
29 835	**43 381**	**5 050**	**127**	**49 640**	**49 207**	**433**
19 194	30 122	2 373	47	33 426	33 075	351
7 204	9 699	2 021	61	12 025	11 963	62
3 437	3 560	656	19	4 189	4 169	20
19 638	**30 016**	**3 837**	**167**	**32 606**	**32 446**	**160**
12 491	22 041	2 202	119	23 195	23 077	118
5 083	5 787	1 194	13	6 874	6 863	11
2 064	2 188	441	35	2 537	2 506	31
7 987	12 893	1 658	44	14 724	14 681	43
6 268	6 936	312	10	7 357	7 344	13
422 994	477 947	65 729	7 630	557 486	549 533	7 953
16 042	16 474	295	128	16 791	16 597	194
36 001	47 592	14 082	1 422	65 151	63 613	1 538
2 249	6 556	427	55	7 074	7 022	52
57 596	66 622	3 288	2 416	71 650	69 358	2 292
116 815	144 429	15 439	6 055	166 197	160 016	6 181
7 360	26 980	594	833	28 283	27 412	871
2 724	7 634	382	749	8 580	7 889	691
41 457	61 564	11 267	2 815	73 803	70 899	2 904
6 721	41 020	3 241	1 225	44 911	43 732	1 179
5 730	94 664	5 035	4 825	102 927	98 174	4 753
3 190	22 647	1 544	1 026	25 253	24 289	964
4 408	58 484	1 152	881	58 984	58 156	828
654	3 320	203	485	3 999	3 492	507

2–08 全市国有经济

(1996 年末)

分类行业	单位数(个)	从业人员年末人数合计	女性	使用的农村劳动力	职工	女性
合　　计	**10 768**	**791 056**	**311 034**	**80 730**	**774 402**	**301 199**
按隶属关系分						
中 央 属	528	126 090	39 283	6 075	122 333	37 460
产市区	421	105 958	32 200	5 503	102 456	30 566
省　属	1 144	146 307	49 216	12 477	142 999	46 478
产市区	1 122	138 204	46 681	12 133	134 927	43 944
市　属	2 173	272 334	118 835	29 521	268 377	117 022
县及县以下	6 923	246 325	103 700	32 657	240 693	100 239
其　他	–	–	–	–		–
按企业、事业、机关分						
企　业	4 325	526 907	209 454	63 468	517 571	204 793
事　业	5 140	199 519	86 962	10 823	192 988	82 146
机　关	1 303	64 630	14 618	6 439	63 843	14 260
按国民经济行业分						
农、林、牧、渔业	218	14 311	5 215	2 264	14 267	5 176
采掘业	9	6 151	1 526	851	6 150	1 498
制造业	1 277	268 468	115 897	41 071	266 755	113 671
电力、煤气及水的生产和供应业	89	15 319	4 618	407	15 231	4 607
建筑业	170	36 300	6 449	10 481	35 540	6 422
地质勘查、水利管理业	68	6 992	1 629	335	6 937	1 621
交通运输、仓储及邮电通讯业	280	62 718	15 336	5 204	60 438	14 925
批发和零售贸易、餐饮业	1 669	81 435	36 985	3 848	79 218	35 988
金融、保险业	165	19 628	8 838	291	18 978	8 487
房地产业	228	6 801	2 088	76	6 347	1 989
社会服务业	660	46 130	23 109	3 759	44 865	22 437
卫生、体育和社会福利业	260	37 585	23 019	2 191	36 570	21 161
教育、文化艺术和广播电影电视业	3 799	102 294	44 258	4 542	97 866	41 792
科学研究和综合技术服务业	358	23 953	7 479	870	23 215	7 294
国家、政党机关和社会团体	1 394	60 157	13 698	4 381	59 288	13 251
其他行业	124	2 814	890	159	2 737	880

单位数及年末从业人员数

单位：人

				从业人员平均人数		
合同制职工	按用工期限分		其他从业人员	合计	职工	其他从业人员
	长期职工	临时职工				
446 152	**724 379**	**50 023**	**16 654**	**793 469**	**776 504**	**16 965**
74 099	116 020	6 313	3 757	126 381	122 713	3 668
62 467	96 480	5 976	3 502	105 960	102 560	3 400
56 507	128 661	14 338	3 308	145 577	142 293	3 284
53 105	120 821	14 106	3 277	137 395	134 142	3 253
205 067	256 813	11 564	3 957	278 018	273 703	4 315
110 479	222 885	17 808	5 632	243 493	237 795	5 698
–	–	–	–	–	–	–
423 775	483 061	34 510	9 336	533 095	523 370	9 725
18 010	180 534	12 454	6 531	197 589	191 091	6 498
4 367	60 784	3 059	787	62 785	62 043	742
7 952	12 685	1 582	44	14 449	14 406	43
5 604	5 911	239	1	6 240	6 236	4
230 532	250 050	16 705	1 713	274 410	272 346	2 064
14 757	15 112	119	88	15 205	15 058	147
23 466	29 210	6 330	760	38 456	37 613	843
2 237	6 520	417	55	7 028	6 976	52
50 897	57 771	2 667	2 280	61 948	59 785	2 163
61 475	73 443	5 775	2 217	80 809	78 624	2 185
3 770	18 587	391	650	19 632	18 946	686
1 714	6 132	215	454	6 689	6 260	429
26 616	39 214	5 651	1 265	45 384	44 046	1 338
4 463	33 989	2 581	1 015	37 077	36 103	974
4 919	93 218	4 648	4 428	100 743	96 292	4 451
2 887	21 837	1 378	738	23 990	23 298	692
4 346	58 137	1 151	869	58 623	57 807	816
517	2 563	174	77	2 786	2 708	78

2-09 全市城镇集体经济

(1996年末)

分类行业	单位数(个)	从业人员年末人数合计	女性	使用的农村劳动力	职工	女性
合　　计	**8 415**	**284 230**	**127 589**	**67 558**	**274 897**	**122 798**
按企业、事业、机关分						
企　　业	7 932	272 233	121 203	65 174	263 390	116 801
事　　业	472	11 520	6 281	2 381	11 045	5 924
机　　关	11	477	105	3	462	73
按国民经济行业分						
农、林、牧、渔业	6	241	35	83	241	35
采掘业	6	507	71	67	507	66
制造业	2 101	152 908	74 498	49 071	149 529	72 834
电力、煤气及水的生产和供应业	3	413	106	116	411	104
建筑业	208	23 620	3 594	6 919	23 051	3 451
地质勘查、水利管理业	10	46	6	34	46	5
交通运输、仓储及邮电通讯业	171	8 412	2 249	1 204	8 307	2 193
批发和零售贸易、餐饮业	4 076	64 914	30 419	4 919	61 802	28 649
金融、保险业	251	5 852	3 020	1 317	5 838	3 013
房地产业	31	731	231	38	650	214
社会服务业	948	14 181	6 566	1 766	13 251	6 127
卫生、体育和社会福利业	322	7 822	4 320	1 823	7 612	4 151
教育、文化艺术和广播电影电视业	90	1 913	1 376	150	1 661	1 199
科学研究和综合技术服务业	63	1 132	364	23	873	282
国家、政党机关和社会团体	12	360	88	9	348	85
其他行业	117	1 178	646	19	770	390

单位数及年末从业人员数

单位：人

合同制职工	按用工期限分		其他从业人员	从业人员平均人数		
	长期职工	临时职工		合计	职工	其他从业人员
167 519	**231 338**	**43 559**	**9 333**	**286 730**	**277 170**	**9 560**
164 205	220 952	42 438	8 843	274 830	265 746	9 084
3 258	9 925	1 120	475	11 424	10 963	461
56	461	1	15	476	461	15
28	200	41	–	232	232	–
73	434	73	–	507	507	–
96 731	124 501	25 028	3 379	154 537	151 135	3 402
286	336	75	2	413	411	2
11 771	16 636	6 415	569	23 423	22 816	607
12	36	10	–	46	46	–
6 157	7 804	503	105	8 577	8 473	104
40 415	54 193	7 609	3 112	65 994	62 687	3 307
3 164	5 743	95	14	5 870	5 857	13
380	604	46	81	701	630	71
5 064	10 711	2 540	930	14 094	13 122	972
2 249	6 961	651	210	7 759	7 554	205
734	1 367	294	252	1 879	1 698	181
256	722	151	259	1 140	885	255
62	347	1	12	361	349	12
137	743	27	408	1 197	768	429

2-10 全市其他经济

(1996 年末)

分类行业	单位数(个)	从业人员年末人数合计	女性	使用的农村劳动力	职工	女性
合　　计	**1 308**	**175 723**	**84 634**	**42 172**	**171 111**	**82 569**
按经济类型分						
联营经济	147	15 047	7 649	2 240	14 782	7 531
股份制经济	428	49 354	23 218	5 883	47 769	22 714
外商投资经济	353	56 115	28 262	19 626	54 533	27 302
港、澳、台投资经济	369	54 897	25 342	14 292	53 728	24 864
其他经济	11	310	163	131	299	158
按企业、事业分						
企　　业	1 302	175 510	84 528	42 132	170 978	82 493
事　　业	6	213	106	40	133	76
按国民经济行业分						
农、林、牧、渔业	1	43	14	35	43	14
采掘业	1	600	116	–	591	116
制造业	783	129 930	62 428	37 149	127 392	61 090
电力、煤气及水的生产和供应业	6	1 165	259	78	1 127	256
建筑业	23	3 176	284	2 333	3 083	263
地质勘查、水利管理业	–	–	–	–	–	–
交通运输、仓储及邮电通讯业	13	1 196	436	19	1 165	433
批发和零售贸易、餐饮业	246	19 574	10 949	897	18 848	10 734
金融、保险业	50	2 927	1 675	10	2 758	1 581
房地产业	54	1 233	320	18	1 019	281
社会服务业	119	15 335	7 865	1 575	14 715	7 603
卫生、体育和社会福利业	1	79	62	–	79	62
教育、文化艺术和广播电影电视业	3	317	196	55	172	110
科学研究和综合技术服务业	7	132	24	3	103	20
国家、政党机关和社会团体	–	–	–	–	–	–
其他行业	1	16	6	–	16	6

单位数及年末从业人员数

单位：人

合同制职工	按用工期限分：长期职工	按用工期限分：临时职工	其他从业人员	从业人员平均人数：合计	从业人员平均人数：职工	从业人员平均人数：其他从业人员
124 525	**140 045**	**31 066**	**4 612**	**172 971**	**168 533**	**4 438**
11 294	12 427	2 355	265	15 086	14 814	272
34 606	41 095	6 674	1 585	47 867	46 364	1 503
35 704	40 296	14 237	1 582	53 963	52 446	1 517
42 700	45 928	7 800	1 169	55 741	54 606	1 135
221	299	–	11	314	303	11
124 498	139 969	31 009	4 532	172 765	168 409	4 356
27	76	57	80	206	124	82
7	8	35	–	43	43	–
591	591	–	9	610	601	9
95 731	103 396	23 996	2 538	128 539	126 052	2 487
999	1 026	101	38	1 173	1 128	45
764	1 746	1 337	93	3 272	3 184	88
–	–	–	–	–	–	–
542	1 047	118	31	1 125	1 100	25
14 925	16 793	2 055	726	19 394	18 705	689
426	2 650	108	169	2 781	2 609	172
630	898	121	214	1 190	999	191
9 777	11 639	3 076	620	14 325	13 731	594
9	70	9	–	75	75	–
77	79	93	145	305	184	121
47	88	15	29	123	106	17
–	–	–	–	–	–	–
–	14	2	–	16	16	–

2-11　乡办企事业单位

(1996 年)

行　业	全　市		郊　区			
	本　年	为上年%		西湖区	江干区	拱墅区
年末人数总计	**332 214**	**91.5**	**68 030**	**27 382**	**15 688**	**24 960**
农林牧渔业	933	78.7	515	210	249	56
工业	264 758	92.4	48 652	19 235	8 632	20 785
采掘业	5 550	85.8	–	–	–	–
制造业	257 751	92.6	48 645	19 235	8 625	20 785
电力、煤气及水生产和供应业	1 457	85.5	7	–	7	–
建筑业	49 686	82.5	10 019	4 117	4 855	1 047
地质勘查、水利管理业	4	–	4	–	4	–
交通运输、仓储及邮电通信业	4 356	128.5	1 477	778	311	388
批发和零售贸易、餐饮业	7 880	124.8	4 972	962	1 350	2 660
金融保险业	44	146.7	–	–	–	–
房地产业	–	–	–	–	–	–
社会服务业	929	55.7	570	399	171	–
卫生、体育和社会福利业	350	127.3	200	194	6	–
教育、文化艺术和广播电视业	1 175	132.5	747	740	7	–
科学研究和综合技术服务业	24	–	24	–	–	24
国家机关、政党机关和社会团体	–	–	–	–	–	–
其他行业	2 075	83.8	850	747	103	24 979
平均职工人数总计	**329 528**	**92.7**	**66 936**	**26 269**	**15 688**	**56**
农林牧渔业	926	88.0	522	217	249	20 843
工业	276 281	96.9	48 597	19 122	8 632	–
采掘业	5 533	85.8	–	–	–	–
制造业	269 312	97.2	48 590	19 122	8 625	20 843
电力、煤气及水利生产和供应业	1 436	84.4	7	–	7	1 033
建筑业	34 717	65.5	9 234	3 346	4 855	–
地质勘查、水利管理业	4	–	4	–	4	388
交通运输、仓储及邮电通信业	5 015	143.6	1 426	727	311	2 635
批发和零售贸易、餐饮业	7 777	103.2	4 825	840	1 350	–
金融保险业	39	118.2	–	–	–	–
房地产业	–	–	–	–	–	–
社会服务业	1 169	72.7	517	346	171	–
卫生、体育和社会福利业	345	127.3	200	194	6	–
教育、文化艺术和广播电视业	1 171	133.8	743	736	7	–
科学研究和综合技术服务业	24	–	24	–	–	24
国家机关、政党机关和社会团体	–	–	–	–	–	–
其他行业	2 060	84.1	844	741	103	

职工人数

单位：人

萧山市	桐庐县	富阳市	临安市	余杭市	建德市	淳安县
119 529	**20 560**	**22 590**	**11 962**	**57 311**	**16 734**	**15 498**
–	75	34	–	55	171	83
86 415	18 707	19 836	11 104	52 779	12 956	14 309
–	–	755	367	3 134	824	470
86 415	18 363	19 041	10 569	48 982	12 132	13 604
–	344	40	168	663	–	235
30 050	1 481	2 309	638	3 720	685	784
–	–	–	–	–	–	–
1 017	20	41	182	180	1 305	134
1 052	10	86	38	577	1 017	128
–	–	44	–	–	–	–
–	–	–	–	–	–	–
45	2	–	–	–	280	32
150	–	–	–	–	–	–
400	–	–	–	–	–	28
–	–	–	–	–	–	–
–	–	–	–	–	–	–
400	265	240	–	–	320	–
119 694	19 901	22 833	11 767	57 251	15 667	15 479
–	68	34	–	55	167	80
99 163	18 296	20 256	10 909	52 755	11 974	14 331
–	–	755	367	3 134	804	473
99 163	17 973	19 461	10 374	48 958	11 170	13 623
–	323	40	168	663	–	235
16 370	1 244	2 131	638	3 679	674	747
–	–	–	–	–	–	–
1 743	20	38	182	180	1 261	165
1 128	10	95	38	582	1 001	98
–	–	39	–	–	–	–
–	–	–	–	–	–	–
345	2	–	–	–	275	30
145	–	–	–	–	–	–
400	–	–	–	–	–	28
–	–	–	–	–	–	–
–	–	–	–	–	–	–
400	261	240		–	315	–

2-12 市属国有经济单位职工

(1996 年末)

分类行业	单位数(个)	从业人员年末人数合计	女性	使用的农村劳动力	职工	女性
合　　计	**2 174**	**269 272**	**117 948**	**29 161**	**265 325**	**116 336**
按企业、事业、机关分						
企　　业	1 479	219 655	97 185	27 048	216 816	96 075
事　　业	507	37 591	17 797	2 056	36 684	17 396
机　　关	188	12 026	2 966	57	11 825	2 865
按主管单位分						
建材冶金工业公司	82	14 239	3 956	1 151	14 153	3 925
机械工业局	162	29 711	10 529	3 629	29 538	10 494
电子仪表工业公司	76	7 326	3 516	304	7 299	3 494
化学工业公司	103	13 742	5 191	844	13 617	5 135
医药管理局	49	5 613	2 693	454	5 538	2 664
轻工业局	100	17 560	8 298	2 617	17 394	8 276
纺织化纤工业公司	86	21 744	12 683	3 100	21 645	12 629
丝绸工业公司	132	24 295	14 828	5 954	24 115	14 763
二轻工业总公司	21	3 824	1 849	302	3 804	1 755
商业局	111	18 878	10 243	1 443	18 327	10 044
粮食局	20	3 796	1 677	354	3 740	1 666
交通管理局	115	19 502	4 720	3 534	19 369	4 698
市政公用事业管理局	118	16 746	7 180	319	16 629	7 162
建筑业管理局	16	4 935	962	1 112	4 734	948
房地产管理局	31	1 205	434	80	1 088	385
园林文物管理局	42	6 585	3 095	497	6 398	3 007
农业局	39	3 275	1 279	570	3 269	1 279
林业水利局	11	243	59	–	220	56
水产局	40	879	326	12	861	322
物资局	18	4 247	1 383	396	4 127	1 365

年末从业人员数

单位：人

				从业人员平均人数		
合同制职工	按用工期限分		其　他 从业人员	合计	职工	其　他 从业人员
	长期职工	临时职工				
202 027	**253 912**	**11 413**	**3 947**	**274 904**	**270 599**	**4 305**
197 737	207 843	8 973	2 839	226 288	223 064	3 224
3 897	34 321	2 363	907	37 432	36 537	895
393	11 748	77	201	11 184	10 998	186
12 480	13 438	715	86	15 350	14 961	389
28 590	29 311	227	173	31 038	30 811	227
6 773	7 060	239	27	7 678	7 650	28
13 004	13 280	337	125	13 961	13 839	122
5 031	5 253	285	75	5 739	5 659	80
16 439	16 559	835	166	17 597	17 381	216
20 398	20 555	1 090	99	22 878	22 791	87
23 129	23 951	164	180	25 458	25 296	162
3 182	3 591	213	20	3 963	3 940	23
16 448	17 036	1 291	551	18 932	18 398	534
3 283	3 634	106	56	3 931	3 867	64
13 377	18 611	758	133	19 948	19 809	139
15 357	16 629	–	117	16 738	16 622	116
4 525	4 014	720	201	4 872	4 684	188
647	997	91	117	–	–	–
1 864	5 557	841	187	6 628	6 445	183
1 637	2 716	553	6	3 450	3 445	5
22	218	2	23	238	216	22
656	818	43	18	889	869	20
3 940	3 836	291	120	4 356	4 231	125

2-12 市属国有经济单位职工

续表一

(1996 年末)

分类行业	单位数(个)	从业人员年末人数合计	女性	使用的农村劳动力	职工	女性
物资局	18	4 247	1 383	396	4 127	1 365
文化局	70	1 629	750	11	1 542	723
教育委员会	134	9 213	4 999	186	9 084	4 953
卫生局	33	7 465	4 931	447	7 304	4 809
民政局	40	3 284	1 615	119	3 276	1 614
杭州高新技术产业开发区	81	2 477	791	142	2 309	726
杭州经济技术开发区	16	1 178	512	52	1 059	454
杭州之江国家旅游渡假区	7	128	40	–	121	36
市属按国民经济行业分						
农、林、牧、渔业	35	3 278	1 199	628	3 270	1 199
采掘业	7	3 756	974	497	3 755	946
制造业	848	150 932	69 197	20 803	149 823	68 636
电力、煤气及水的生产和供应业	46	4 757	1 920	184	4 689	1 914
建筑业	20	5 767	1 164	961	5 687	1 159
地质勘查、水利管理业	7	204	58	–	200	57
交通运输、仓储及邮电通讯业	106	17 049	4 044	3 234	16 989	3 988
批发和零售贸易、餐饮业	273	23 163	11 912	1 134	22 338	11 673
金融、保险业	3	104	44	–	101	44
房地产业	53	1 545	492	3	1 370	441
社会服务业	192	21 830	10 778	1 065	21 310	10 556
卫生、体育和社会福利业	45	7 821	4 988	411	7 672	4 905
教育、文化艺术和广播电影电视业	222	14 190	7 099	158	13 719	6 873
科学研究和综合技术服务业	104	3 741	1 248	77	3 496	1 219
国家、政党机关和社会团体	196	10 734	2 699	6	10 523	2 598
其他行业	17	401	132	–	383	128

年末从业人员数

单位：人

合同制职工	按用工期限分		其他从业人员	从业人员平均人数		
	长期职工	临时职工		合计	职工	其他从业人员
211	1 465	77	87	1 657	1 572	85
253	8 707	377	129	9 109	8 977	132
359	7 162	142	161	7 430	7 281	149
1 885	3 230	46	8	3 353	3 350	3
606	2 051	258	168	2 496	2 326	170
797	1 059	–	119	1 141	1 052	89
12	115	6	7	121	116	5
1 511	2 792	478	8	3 400	3 392	8
3 590	3 564	191	1	3 791	3 787	4
137 488	144 204	5 619	1 109	156 696	155 247	1 449
4 587	4 685	4	68	4 761	4 636	125
4 801	5 023	664	80	5 806	5 724	82
20	198	2	4	201	197	4
13 213	16 328	661	60	17 473	17 414	59
19 380	20 928	1 410	825	23 359	22 549	810
24	101	–	3	101	98	3
534	1 331	39	175	1 503	1 346	157
14 709	19 794	1 516	520	21 960	21 408	552
452	7 586	86	149	7 778	7 640	138
848	13 179	540	471	13 986	13 506	480
548	3 372	124	245	3 732	3 511	221
246	10 444	79	211	9 959	9 763	196
76	383	–	18	398	381	17

三、农　　业

1996年杭州市农村经济稳定发展

1996年，我市各级党委、政府切实加强了对农村、农业的领导，坚持把农业放在经济工作首位，围绕“九五”目标，加大改革和投入力度。全市农村经济在遭受严重自然灾害的情况下，仍保持稳定增长。农业基础得到加强，农村综合生产能力进一步提高，多数农产品稳定增产。乡镇企业稳定发展，给农村经济带来新的活力，农村经济实力进一步增强，加快了农村“奔小康”进程，农民生活水平明显提高。1996年全市农村经济总收入达893.86亿元，比上年增长12.7%，其中出售产品收入639.74亿元。农村经济的发展，集体经济实力明显得到增强。年末生产性固定性资产261.20亿元，比上年增长18.6%。其中，村组集体所有105.86亿元。全市全年上交国家税收达25.04亿元。在农村经济总收入中，以乡村工业为主的农村工业收入达624.94亿元，比上年增加56.89亿元，增长10.0%，占农村经济总收入的69.9%。随着农村经济深化改革和农村经济持续稳定发展，农民收入明显增加，农民人均纯收入达3482元，比上年增加470元，扣除物价因素增长5.1%。

农业综合生产能力进一步提高，农林牧渔业全面发展。粮食生产在大灾之年获得丰收，多种经营呈良好的发展态势，取得良好进展，多数农产品有效供给大幅增长。1996年全市农林牧渔产值达54.89亿元（90价），比上年增加2.47亿元，增长4.7%，完成年初预定计划目标。按当年价格计算农林牧渔业增加值和商品产值分别达到84亿元和72.67亿元。农林牧渔业商品率从上年的62.4%提高到62.8%。

农业生产取得较好收成。全市各级党委、政府把抓好粮食生产作为农村工作的重中之重，实行粮食生产分级负责责任制，突出抓好早稻生产，作为确保全年丰收的重要一环来抓。千方百计增加投入，加强扶粮力度，有效遏制了近几年我市粮食生产滑坡的势头。全市全年粮食播种面积360.56千公顷，比上年扩种2.86千公顷，粮食总产量178.42万吨，比上年增产3.91万吨，增长2.2%，是近几年来总产量最高的年份，大灾之年，粮食仍比上年增产来之不易。蔬菜生产持续稳定发展。各级政府重视“菜篮子”工程建设，投入大量的人力、物力、财力，蔬菜生产得到明显改善，抗灾害能力增强。同时积极推广和应用科学种菜新技术，“冬蔬夏吃”产出一大批“反季节”蔬菜，品种不断丰富，产量逐年增加，确保了市场供给，且价格平稳。全市蔬菜总产量达160.09万吨，在上年增长6.6%的基础上又增长3.3%。油菜籽生产喜获丰收，再创历史最高水平，总产量达64702吨，在上年增产17818吨基础上又增产3256吨，增长5.3%，平均每公顷单产1676公斤，增长12.4%。茶叶、柑桔等产量减产，但全市种植业产值仍达61.76亿元，比上年增长17.3%，占全市农林牧渔业总产值的41.2%。

林业生产平稳增长，产业化进程加快。森林复盖率达61.9%，名列全省前茅，广泛开展植树造林、美化城乡活动，全年造林面积5293公顷，完成计划任务。林业生态环境进一步改善。同时加强林业生产的科学管理，积极发展林业经济，开发新的林产品。全市林业产值达

9.57亿元，比上年增长7.7%。

畜牧业生产优喜并存。全市牧业产值27.17亿元，比上年增长11.3%，肉类总产量、家禽饲养、牛奶产量比上年增加，但生猪饲养量下降，禽蛋等产量减产。全市全年肉类总产量为19.30万吨，比上年增产931吨。家禽出栏达3089.79万只，年末存栏1628.49万只，分别比上年增长5.7%和7.4%。牛奶产量为4.07万吨，比上年增产1231吨。生猪生产不景气，后劲不足，全市全年肥猪出栏204.53万头，年末存栏138.11万头，其中能繁殖的母猪5.18万头，分别比上年下降1.7%、6.4%和6.0%。年存栏头数继续减少，年末存栏为5.10万头，在上年下降1.5%的基础上又下降1.7%。禽蛋产量为5.33万吨，比上年下降0.5%。我市传统的蚕茧饲养连续两年大幅度下降。从上年的13240吨减产到7436吨，减产5804吨，减幅达43.8%。促使蚕茧产量大幅度减产的主要因素是受国内外茧丝市场影响，饲养成本提高，相对效益较低等因素所致。

渔业生产呈良好的发展势头，科技兴渔效果明显。商品鱼基地建设进一步得到加强，合理调整养殖方式和品种结构。在稳定常规鱼类养殖的同时，积极开拓名特优新水产品养殖，并逐步走上专业化养殖，集约化经营，企业化管理，社会化服务的轨道。使城乡水产品市场呈现数量足、品种多、价格稳和兴旺景象。全市淡水产品产量6.58万吨，比上年增产2466吨，在上年增长的基础上又增长3.9%。全市渔业产值达6.57亿元，比上年增加1.47亿元，增幅达28.8%。增幅占各业之首。

1996年我市农村经济总的发展形势是好的，但必须看到农业基础仍比较脆弱，水利基础设施老化，耕地等农业资源又有减少，人口继续增长。因此稳定粮食播种面积，保持总量供求平衡，保护耕地等农业资源，必须引起我们高度重视。要进一步完善和健全农业投人机制，充分认识农业和农村经济发展的重要性，真正树立优先发展农业、强化农业基础地位的观念，以促进经济持续、稳定、健康发展。

3-01 农村基本情况

指　标	单　位	1991年	1994年	1995年	1996年
农村基层组织					
乡镇政府	个	382	231	230	230
#镇政府	个	104	133	134	137
村民委员会	个	4 681	4 678	4 681	4 689
村民小组	万个	3.63	3.59	3.61	3.59
乡村户数、人口、劳动力					
乡村户数	万户	120.11	120.84	121.23	121.03
乡村人口	万人	403.67	403.05	402.77	402.77
乡村实有劳动力	万人	255.39	257.60	257.70	255.55
按性别分					
男劳动力	个	137.93	137.74	137.57	136.08
女劳动力	个	117.46	119.86	120.13	119.47
按部门分					
农林牧渔业	万人	157.99	141.24	136.65	132.46
工　　业	万人	55.27	63.58	63.40	62.17
建 筑 业	万人	8.67	10.08	12.04	11.70
交通运输、仓储业及邮电通讯业	万人	6.11	7.97	8.67	8.71
批发、零售贸易、餐饮业	万人	4.11	6.66	7.28	7.70
其它非农行业	万人	23.24	28.07	29.66	32.81
#外出临时工、合同工	万人	8.40	14.47	15.40	15.99
在乡村劳动力中:外出劳动力	万人	18.54	18.23	19.14	22.36
#出省的劳动力	万人	1.46	2.50	2.06	2.21

3-02 各县（市）区

(1996 年)

指 标	单 位	全 市	市郊区	西湖区	江干区	拱墅区
农村基层组织						
乡镇政府	个	230	22	12	6	4
艹镇政府	个	137	17	9	5	3
村民委员会	个	4 689	314	203	72	36
村民小组	万个	3.59	0.25	0.16	0.06	0.03
乡村户数、人口、劳动力						
乡村户数	万户	121.03	12.29	7.23	3.74	1.28
乡村人口	万人	402.77	36.66	22.24	11.37	2.98
乡村实有劳动力	万人	255.55	25.68	15.52	7.91	2.21
农村社会基础设施						
自来水受益村数	个	3 386	299	189	71	36
通汽车村数	个	3 971	302	191	72	36
通电话村数	个	3 386	308	197	72	36

农村基本情况

萧山市	桐庐县	富阳市	临安市	余杭市	建德市	淳安县
28	25	25	39	27	27	37
24	13	17	16	23	15	12
767	407	612	661	512	518	898
0.79	0.26	0.53	0.45	0.43	0.49	0.39
28.12	9.93	15.89	13.67	17.24	12.16	11.73
92.02	33.24	52.90	44.10	62.28	41.45	40.12
59.46	20.76	32.34	27.72	40.50	24.02	25.07
363	326	545	625	283	347	598
758	370	586	647	508	392	408
765	326	563	540	495	274	115

3-03 各县(市)区

(1996年)

指　标	全　市	市郊区	西湖区	江干区	拱墅区
总　　计	**255.55**	**25.68**	**15.52**	**7.91**	**2.21**
#女	119.47	12.51	7.51	3.95	1.04
农、林、牧、渔业	132.46	10.11	6.30	3.46	0.35
#农业	113.91	9.13	5.52	3.33	0.28
工　业	62.17	8.09	4.22	2.61	1.25
#乡镇办工业	22.42	2.52	1.59	0.66	0.27
#村办工业	20.46	4.90	2.23	1.73	0.93
建筑业	11.70	1.36	0.87	0.46	0.03
交通运输仓储业及邮电通讯业	8.71	1.53	0.98	0.41	0.14
批发、零售贸易业餐饮业	7.70	1.12	0.58	0.38	0.15
其他非农行业	32.81	3.47	2.57	0.59	0.29
#外出合同工、临时工	15.99	1.73	1.41	0.22	0.10
在乡村劳动力中:外出劳动力	22.36	2.29	1.86	0.31	0.12
#出省的劳动力	2.21	0.06	0.05	0.01	0.00

农村劳动力

单位：万人

萧山市	桐庐县	富阳市	临安市	余杭市	建德市	淳安县
59.46	**20.76**	**32.34**	**27.72**	**40.50**	**24.02**	**25.07**
29.11	9.49	14.60	12.75	18.80	10.55	11.66
23.86	11.50	16.55	17.20	19.28	16.28	17.68
22.45	9.92	13.93	13.88	17.42	13.38	13.80
20.42	4.39	8.51	5.44	11.11	2.86	1.35
8.27	1.41	1.52	1.88	4.46	1.29	1.07
6.99	0.91	2.51	0.91	3.52	0.58	0.14
4.60	0.79	1.40	0.54	1.39	0.82	0.80
1.73	0.61	1.52	1.17	1.21	0.60	0.34
1.36	0.62	1.13	0.83	1.31	0.92	0.41
7.49	2.85	3.23	2.54	6.20	2.54	4.49
2.40	0.97	1.43	1.19	3.41	1.68	3.18
5.58	1.43	1.98	1.29	4.01	1.71	4.07
0.94	0.18	0.27	0.13	0.13	0.19	0.31

3-04 主要年份农、林、牧、渔业总产值

(按1990年不变价格计算)　　单位:万元

年份	农、林、牧、渔业总产值	农业产值	种植业产值	林业产值	牧业产值	渔业产值
1978	248 263	137 162	167 241	17 009	53 526	4 566
1980	263 510	162 304	157 438	24 281	71 527	5 398
1985	347 139	217 106	205 034	35 101	82 652	12 280
1990	401 157	245 373	219 039	29 955	105 853	19 976
1994	498 476	289 434	214 725	40 170	144 494	24 378
1995	524 152	307 658	221 864	42 793	145 238	28 463
1996	548 890	331 752	226 000	43 813	142 727	30 598

3-05 主要年份农、林、牧、渔业总产值构成

(按1990年不变价格计算)　　单位:%

年份	农林牧渔业总产值	农业产值	种植业产值	林业产值	牧业产值	渔业产值
1978	100.0	69.7	67.4	6.9	21.6	1.8
1980	100.0	61.6	59.7	9.2	27.1	2.1
1985	100.0	62.6	59.1	10.1	23.8	3.5
1990	100.0	61.1	54.6	7.5	26.4	5.0
1994	100.0	58.1	43.1	8.0	29.0	4.9
1995	100.0	58.7	42.3	8.2	27.7	5.4
1996	100.0	60.4	41.2	8.0	26.0	5.6

3-06 主要年份农、林、牧、渔业总产值指数

(1978年=100)

单位:%

年份	农、林牧、渔业总产值	农业产值	种植业产值	林业产值	牧业产值	渔业产值
1978	100.0	100.0	100.0	100.0	100.0	100.0
1980	106.1	93.7	94.1	142.8	133.6	118.2
1985	139.8	125.4	122.6	206.4	154.4	268.9
1990	161.6	141.7	131.0	176.1	197.8	437.5
1991	168.6	145.8	133.8	199.3	209.2	444.9
1992	176.6	149.0	128.7	190.5	236.5	470.1
1993	188.4	157.9	127.9	222.9	248.2	514.8
1994	200.8	167.1	128.4	236.2	270.0	533.9
1995	211.1	224.3	132.7	251.6	271.3	623.4
1996	221.1	241.9	135.1	257.6	266.6	670.1

3-07 主要年份农林牧渔业分项产值

(按1990年不变价格计算)

单位:万元

指　标	1990年	1994年	1995年	1996年
农、林、牧、渔业总产值	**401 157**	**498 476**	**524 152**	**548 890**
一、农业产值	**245 373**	**289 434**	**307 658**	**331 752**
1.种植业产值	219 039	214 758	221 864	226 000
粮　食	117 303	109 012	108 329	110 685
油　料	9 423	7 082	9 678	10 235
棉　花	4 429	4 533	5 322	4 328
麻　类	10 378	3 086	1 577	1 635
甘　蔗	1 869	2 263	2 115	2 001
烟　叶	1	2	1	1
药材类	1 096	1 212	1 695	609
蔬菜、瓜类	39 140	50 136	53 314	54 594
茶、桑、果	29 653	29 069	30 766	27 747
其　他	5 747	8 330	9 067	14 165
2. 其他农业产值	26 334	74 709	85 799	105 752
#农民家庭兼营工业	16 035	63 456	73 813	92 784
二、林业产值	**29 955**	**40 170**	**42 793**	**43 813**
人造林木生长	7 765	7 704	6 953	6 967
林产品	6 338	10 157	12 898	11 767
竹木采伐	15 852	22 309	22 942	25 079
三、牧业产值	**105 853**	**144 494**	**145 238**	**142 727**
牲畜繁殖、增长增重	61 240	65 663	66 562	67 300
家禽饲养	16 159	28 410	27 706	31 034
活的畜禽产品	14 026	29 515	27 882	27 833
捕猎野兽野禽	103	217	362	928
其他动物饲养	14 325	20 689	22 726	15 632
四、渔业产值	**19 976**	**24 378**	**28 463**	**30 598**

3-08 主要年份农林牧渔业分项产值指数

(1985 年＝100)　　　　单位:%

指　　标	1990 年	1994 年	1995 年	1996 年
农、林、牧、渔业总产值	**115.6**	**143.6**	**151.0**	**158.1**
一、农业产值	**113.0**	**133.3**	**141.7**	**152.8**
1.种植业产值	106.8	104.7	108.2	110.2
粮　　食	108.2	100.6	99.9	102.1
油　　料	115.4	86.7	118.5	125.3
棉　　花	100.9	103.3	121.2	98.6
麻　　类	63.3	18.8	9.6	10.0
甘　　蔗	69.9	84.6	79.1	74.8
烟　　叶	10.1	20.0	10.0	10.0
药 材 类	65.4	72.4	101.2	36.4
蔬菜、瓜类	123.8	158.5	168.6	172.6
茶、桑、果	137.2	134.5	142.4	128.4
其　　他	57.0	82.6	90.0	14.05
2. 其他农业产值	218.1	618.9	710.7	876.0
农民家庭兼营工业	356.3	1 409.8	1 639.9	2 061.4
二、林业产值	**85.3**	**114.4**	**121.9**	**124.8**
人造林木生长	107.9	107.1	96.6	96.8
林 产 品	100.4	160.8	204.2	186.3
竹木采伐	73.4	103.3	106.3	116.1
三、牧业产值	**128.1**	**174.8**	**175.7**	**172.7**
牲畜繁殖、增长增重	123.0	131.8	133.6	135.1
家禽饲养	139.5	245.3	239.3	268.0
活的畜禽产品	146.0	307.3	290.3	289.8
捕猎野兽野禽	103.0	217.0	362.0	928.0
其他动物饲养	123.9	179.0	196.6	135.2
四、渔业产值	**162.7**	**198.5**	**231.8**	**249.2**

3-09 农村非农

(1996年,按当年价格计算)

指标	全市	市郊区	西湖区	江干区	拱墅区
农村非农行业总产值	**9 892 260**	**2 561 106**	**1 104 835**	**1 000 537**	**455 734**
一、工业总产值	**8 385 221**	**1 954 790**	**864 260**	**767 047**	**323 483**
1.乡办工业产值	2 475 211	402 627	238 009	98 361	66 257
2.村以下工业产值	5 910 010	1 552 163	626 251	668 686	257 226
二、建筑业总产值	**618 873**	**231 105**	**85 204**	**109 245**	**36 656**
1.建筑安装工程产值	584 068	216 730	73 467	107 445	35 818
①兴建房屋产值	470 998	189 693	56 048	106 195	27 450
②农田水利工程产值	68 576	3 348	1 478	1 250	620
③其他建筑安装工程产值	44 494	23 689	15 941	–	7 748
2.其他基本建设产值	34 805	14 375	11 737	1 800	838
①开垦荒地产值	1 361	–	–	–	–
②修建道路、晒场产值	27 740	11 450	10 830	600	20
③其他产值	5 704	2 925	907	1 200	818
三、运输业总产值	**228 633**	**96 713**	**61 401**	**27 005**	**8 307**
1.乡办运输企业货运产值	26 604	24 123	12 421	8 364	3 338
2.村办运输企业货运产值	37 954	32 267	12 877	14 421	4 969
3.村以下运输企业货运产值	164 075	40 323	36 103	4 220	–
四、批发、零售贸易、餐饮业总产	**659 533**	**278 498**	**93 970**	**97 240**	**87 288**
1.批发、零售贸易业产值	588 040	259 037	81 124	96 198	81 715
①农村供销社	56 738	15 874	13 285	1 577	1 012
②农村集体	265 701	227 814	53 668	93 443	80 703
③农村个体	265 601	15 349	14 171	1 178	–
2.餐饮产值	71 493	19 461	12 846	1 042	5 573
①农村供销社	1 810	606	550	56	–
②农村集体	14 219	13 301	7 087	641	5 573
③农村个体	55 464	5 554	5 209	345	–

行 业 总 产 值

单位：万元

萧山市	桐庐县	富阳市	临安市	余杭市	建德市	淳安县
2 321 975	**572 388**	**1 309 315**	**1 068 567**	**1 399 733**	**505 581**	**153 595**
2 056 143	**502 993**	**1 141 784**	**921 093**	**1 241 365**	**449 325**	**117 728**
921 043	139 152	209 689	185 385	470 074	88 594	58 647
1 135 100	363 841	932 095	735 708	771 291	360 731	59 081
140 857	**20 666**	**57 797**	**47 874**	**82 919**	**22 991**	**14 664**
137 207	19 087	53 176	39 304	81 389	22 815	14 360
110 031	11 552	43 691	22 031	67 299	16 109	10 592
18 000	5 585	8 520	9 273	13 760	6 410	3 680
9 176	1 950	965	8 000	330	296	88
3 650	1 579	4 621	8 570	1 530	176	304
1 000	49	126	60	–	90	36
2 200	620	3 675	8 000	1 500	55	240
450	910	820	510	30	31	28
20 196	**5 304**	**36 886**	**44 031**	**12 099**	**8 210**	**5 194**
1 928	4	70	–	288	109	82
4 204	–	509	800	70	104	–
14 064	5 300	36 307	43 231	11 741	7 997	5 112
104 779	**43 425**	**72 848**	**55 569**	**63 350**	**25 055**	**16 009**
103 146	38 478	52 691	46 742	55 030	19 191	13 725
1 217	3 409	657	29 076	4 220	960	1 325
18 547	292	7 668	110	10 010	550	710
83 382	34 777	44 366	17 556	40 800	17 681	11 690
1 633	4 947	20 157	8 827	8 320	5 864	2 284
–	–	47	261	850	15	31
183	–	683	–	–	25	27
1 450	4 947	19 427	8 566	7 470	5 824	2 226

3-10 各县(市)区

(1996年,按1990年不变价格计算)

指标	全市	市郊区	西湖区	江干区	拱墅区
合计	**548 890**	**69 244**	**35 877**	**21 900**	**6 829**
一、农业产值	**331 752**	**35 657**	**18 775**	**12 314**	**3 022**
(一)种植业产值	226 000	28 835	15 383	10 514	1 392
#副产品产值	9 535	592	463	32	48
1.粮食作物	110 685	7 594	6 133	201	754
谷　物	100 801	7 228	5 873	116	736
豆　类	6 253	298	216	66	13
薯　类	3 631	68	44	19	5
2.油　料	10 235	484	375	77	4
3.棉　花	4 328	559	380	167	–
4.麻　类	1 635	14	12	2	–
5.甘　蔗	2 001	284	161	122	1
6.烟　叶	1	–	–	–	–
7.药材类	609	17	17	–	–
8.蔬菜、瓜类	54 594	14 699	3 652	9 769	615
9.食用菇	1 834	177	177	–	–
10.茶、桑、果	27 747	1 028	818	75	16
11.其　它	12 331	3 979	3 658	101	2
(二)其他农业	105 752	6 822	3 392	1 800	1 630
1.采集野生植物	12 968	48	48	–	–
2.农民家庭兼营工业	92 784	6 774	3 344	1 800	1 630
二.林业产值	**43 813**	**113**	**81**	**10**	**14**
1.人造林木生长	6 967	35	19	8	–
2.林产品	11 767	27	27	–	–
3.村及村以下竹木采伐	25 079	51	35	2	14
三.牧业产值	**142 727**	**25 706**	**11 837**	**7 551**	**3 396**
1.牲畜繁殖、增长增重	67 300	9 727	5 557	1 928	2 004
2.家禽饲养	31 034	10 487	4 008	3 951	882
3.活的畜禽产品	27 833	5 372	2 214	1 640	510
4.捕猎野兽野禽	928	–	–	–	–
5.其他动物饲养	15 632	120	58	32	–
四.渔业产值	**30 598**	**7 768**	**5 184**	**2 025**	**397**

农、林、牧、渔业总产值

单位：万元

萧山市	桐庐县	富阳市	临安市	余杭市	建德市	淳安县
100 146	**42 326**	**86 920**	**53 800**	**79 317**	**65 105**	**52 032**
64 593	**27 209**	**69 270**	**25 451**	**49 336**	**35 178**	**25 058**
54 474	15 951	29 170	17 200	37 596	24 409	18 365
2 690	788	1 249	978	1 471	933	834
29 356	8 892	14 921	11 278	19 400	11 144	8 100
26 250	7 895	13 816	10 004	18 968	9 899	6 741
2 987	465	459	677	287	491	589
119	532	646	597	145	754	770
1 973	1 706	1 297	1 001	2 155	698	921
3 685	–	–	–	70	14	–
1 091	2	2	–	518	2	6
738	52	52	30	803	23	19
–	–	–	1	–	–	–
5	–	10	10	3	366	198
16 090	3 115	3 740	1 640	8 484	3 692	3 134
17	9	1 406	156	23	5	41
1 397	2 080	3 394	2 946	4 034	7 212	5 656
122	95	4 348	138	2 106	1 253	290
10 119	11 258	40 100	8 251	11 740	10 769	6 693
624	855	4 007	1 705	301	2 035	3 393
9 495	10 403	36 093	6 546	11 439	8 734	3 300
1 686	**3 572**	**4 686**	**12 802**	**3 699**	**4 078**	**13 177**
279	497	527	1 797	704	726	2 402
188	494	2 117	5 158	1 376	599	1 808
1 219	2 581	2 042	5 847	1 619	2 753	8 967
27 997	**10 953**	**10 899**	**14 702**	**18 153**	**23 594**	**10 723**
12 816	6 530	7 384	8 480	7 995	8 917	5 451
11 025	510	1 086	790	4 615	2 188	333
2 600	547	591	562	4 354	11 550	2 257
1	5	156	270	16	121	359
1 555	3 361	1 682	4 600	1 173	818	2 323
5 870	**592**	**2 065**	**845**	**8 129**	**2 255**	**3 074**

3-11 各县(市)区

(1996年,按当年价格计算)

指　标	全　市	市郊区	西湖区	江干区	拱墅区
合　　计	**1 173 294**	**169 237**	**90 963**	**53 705**	**15 005**
一、农业产值	**740 202**	**97 685**	**53 942**	**34 911**	**5 759**
(一)种植业产值	617 573	90 709	50 396	33 111	4 129
茾副产品产值	17 467	1 013	813	86	91
1.粮食作物	296 282	20 029	16 201	494	2 083
谷　物	267 976	19 307	15 728	291	2 043
豆　类	14 958	554	380	138	30
薯　类	13 348	168	93	65	10
2.油　料	20 979	902	713	133	5
3.棉　花	12 532	1 832	1 412	392	–
4.麻　类	4 339	23	19	4	–
5.甘　蔗	17 357	2 378	1 681	681	16
6.烟　叶	2	–	–	–	–
7.药材类	704	17	17	–	–
8.蔬菜、瓜类	187 834	55 226	20 854	31 143	1 983
9.食用茹	2 875	247	247	–	–
10.茶、桑、果	56 656	5 968	5 574	139	38
11.其　它	18 013	4 087	3 678	125	4
(二)其他农业	122 629	6 976	3 546	1 800	1 630
1.采集野生植物	29 845	202	202	–	–
2.农民家庭兼营工业	92 784	6 774	3 344	1 800	1 630
二.林业产值	**95 740**	**264**	**208**	**16**	**17**
1.人造林木生长	12 401	62	26	13	–
2.林产品	53 837	112	112	–	–
3.村及村以下竹木采伐	29 502	90	70	3	17
三.牧业产值	**271 652**	**56 545**	**26 956**	**14 764**	**8 654**
1.牲畜繁殖、增长增重	163 796	28 050	16 126	5 030	6 469
2.家禽饲养	43 729	16 944	7 362	6 048	1 350
3.活的畜禽产品	43 014	11 366	3 357	3 642	835
4.捕猎野兽野禽	989	1	1	–	–
5.其他动物饲养	20 124	184	110	44	–
四.渔业产值	**65 700**	**14 743**	**9 857**	**4 014**	**575**

农、林、牧、渔业总产值

单位：万元

萧山市	桐庐县	富阳市	临安市	余杭市	建德市	淳安县
219 207	**78 510**	**160 244**	**133 375**	**202 329**	**114 125**	**96 267**
158 044	**50 072**	**127 482**	**53 489**	**131 190**	**67 027**	**55 213**
145 491	38 332	78 192	44 626	119 067	54 389	46 767
6 025	1 171	2 161	1 400	2 115	2 089	1 493
75 689	23 509	41 487	29 891	52 444	27 111	26 122
67 573	21 078	36 240	26 817	51 511	24 100	21 350
7 911	832	918	1 134	520	1 292	1 797
205	1 599	4 329	1 940	413	1 719	2 975
4 349	3 478	2 477	1 688	4 572	1 571	1 942
10 509	–	–	–	152	39	–
3 158	3	2	–	1 139	2	12
8 220	362	362	212	5 583	107	133
–	–	–	1	–	1	–
5	–	10	19	3	400	250
40 847	6 087	20 564	5 978	39 734	9 331	10 067
20	13	2 353	156	23	9	54
2 324	4 721	5 804	6 521	12 403	11 152	7 763
370	159	5 133	160	3 014	4 666	424
12 553	11 740	49 290	8 863	12 123	12 638	8 446
3 058	1 337	13 197	2 317	684	3 904	5 146
9 495	10 403	36 093	6 546	11 439	8 734	3 300
3 323	**4 838**	**7 129**	**49 706**	**8 609**	**5 575**	**16 296**
806	766	826	3 630	2 110	1 290	2 911
381	1 168	3 555	40 229	3 117	913	4 362
2 136	2 904	2 748	5 847	3 382	3 372	9 023
46 310	**22 392**	**22 667**	**28 282**	**38 608**	**36 838**	**20 010**
26 946	16 491	17 740	20 826	22 863	18 085	12 795
12 598	936	1 663	806	8 005	2 233	544
4 007	832	1 017	916	6 344	15 098	3 434
1	12	157	299	25	121	373
2 758	4 121	2 090	5 435	1 371	1 301	2 864
11 530	**1 208**	**2 966**	**1 898**	**23 922**	**4 685**	**4 748**

3-12 各县(市)区农、林、牧、

(1996年,按当年价格计算)

指 标	全 市	市郊区	西湖区	江干区	拱墅区
一、总产值	**1 173 294**	**169 237**	**90 963**	**53 705**	**15 005**
农业产值	740 202	97 685	53 942	34 911	5 759
林业产值	95 740	264	208	16	17
牧业产值	271 652	56 545	26 956	14 764	8 654
渔业产值	65 700	14 743	9 857	4 014	575
二、中间消耗	**333 309**	**58 356**	**28 218**	**23 154**	**2 681**
1.中间物质消耗	312 042	51 121	22 948	21 710	2 428
2.对非物质生产部门的劳务支出	21 267	7 235	5 270	1 444	253
农业中间消耗	166 550	17 417	8 090	8 164	358
林业中间消耗	14 511	57	46		3
牧业中间消耗	120 294	29 552	11 646	12 760	2 030
渔业中间消耗	10 687	4 095	3 166	786	37
三、增加值	**839 985**	**110 881**	**62 745**	**30 551**	**12 324**
农业增加值	559 724	76 414	42 947	25 943	5 314
林业增加值	80 043	193	149	16	14
牧业增加值	146 752	24 819	14 104	1 404	6 464
渔业增加值	53 466	9 455	5 548	3 188	532
固定资产折旧	15 212	4 917	1 508	2 561	315
劳动者报酬	611 019	47 288	31 505	10 020	3 909
营业盈余	214 362	59 148	29 753	18 628	8 180
四、农、林、牧、渔业商品产值	**726 720**	**120 875**	**90 913**	**42 846**	**11 648**
农业商品产值	407 993	69 564	58 510	31 807	3 530
林业商品产值	67 485	61	57	–	4
牧业商品产值	198 117	38 599	17 447	7 818	7 827
渔业商品产值	53 125	12 651	8 871	3 221	287
五、农林牧渔业商品率(%)	**62.8**	**71.5**	**64.3**	**79.8**	**77.6**

渔业商品产值及增加值

单位：万元

萧山市	桐庐县	富阳市	临安市	余杭市	建德市	淳安县
219 207	**78 510**	**160 244**	**133 375**	**202 329**	**114 125**	**96 267**
158 044	50 072	127 482	53 489	131 190	67 027	55 213
3 323	4 838	7 129	49 706	8 609	5 575	16 296
46 310	22 392	22 667	28 282	38 608	36 838	20 010
11 530	1 208	2 966	1 898	23 922	4 685	4 748
56 785	**22 148**	**57 032**	**29 693**	**56 769**	**27 752**	**24 774**
54 776	21 210	51 770	28 339	54 910	27 093	22 823
2 009	938	5 262	1 354	1 859	659	1 951
30 075	12 767	40 396	9 661	33 038	13 825	9 371
783	398	1 756	6 246	2 779	484	2 017
22 035	7 881	9 329	12 240	17 576	12 169	9 512
1 883	173	289	192	1 517	615	1 923
162 422	**56 362**	**103 212**	**103 682**	**145 560**	**86 373**	**71 493**
126 680	36 562	82 544	42 980	96 842	52 834	44 868
2 430	4 416	5 188	43 405	5 715	5 054	13 642
23 705	14 352	12 878	15 599	20 645	24 448	10 306
9 607	1 032	2 602	1 698	22 358	4 037	2 677
2 766	1 664	1 517	580	1 611	1 325	832
156 823	35 650	67 827	70 640	122 210	61 669	48 912
3 203	19 256	33 253	31 599	23 147	23 074	21 682
138 760	**50 363**	**100 221**	**76 812**	**130 486**	**69 018**	**40 185**
85 680	27 088	73 795	20 725	75 112	41 132	14 897
1 820	3 613	5 688	36 724	6 078	3 204	10 297
40 046	18 527	18 166	17 684	33 123	21 277	10 695
11 214	1 135	2 572	1 679	16 173	3 505	4 296
63.6	**65.8**	**63.0**	**59.6**	**65.3**	**61.3**	**43.5**

3-13 耕地面积变动情况

单位:千公顷

指标	1990年	1994年	1995年	1996年
年末实有耕地面积	**203.50**	**194.10**	**192.22**	**190.56**
水田	164.65	164.33	162.53	162.74
旱地	38.83	29.77	29.69	27.82
本年内增加数	**0.36**	**0.41**	**0.36**	**0.67**
围垦海涂	–	0.27	0.24	0.15
开荒	0.08	0.01	0.02	0.02
平整土地	0.09	0.03	0.02	–
本年内减少数	**1.47**	**2.91**	**2.24**	**2.33**
国家基建占地	0.35	1.34	0.80	0.63
乡村基建占地	0.25	0.91	0.65	0.48
改林、桑、茶、果园占地	0.37	0.35	0.27	0.19
挖鱼塘占地	0.01	0.19	0.26	0.11
按总人口人均占有耕地（公顷）	**0.035**	**0.033**	**0.032**	**0.032**
按乡村人口人均占有耕地（公顷）	**0.051**	**0.048**	**0.048**	**0.047**

3-14 各县(市)区耕地面积

(1996 年)

单位:千公顷

县市区	年末实有耕地面积	水田	旱地	本年内增加数	本年内减少数	国家基建占地	人均耕地面积(公顷)
合　　计	**190.56**	**162.74**	**27.82**	**0.67**	**2.33**	**0.63**	**0.032**
市郊区	17.01	11.52	5.49	0.06	0.90	0.30	0.010
西湖区	9.35	7.97	1.38	0.01	0.22	0.06	0.018
江干区	4.64	0.92	3.72	0.04	0.22	0.13	0.012
拱墅区	1.08	0.92	0.16	—	0.11	0.10	0.004
萧山市	53.06	46.06	7.00	0.43	0.24	0.10	0.047
桐庐县	14.31	13.22	1.09	0.08	0.36	0.02	0.036
富阳市	21.63	19.39	2.24	0.03	0.20	0.07	0.035
临安市	19.03	16.83	2.20	0.02	0.24	0.02	0.038
余杭市	35.44	30.36	5.08	0.01	0.17	0.10	0.045
建德市	17.66	15.75	1.91	0.01	0.17	0.01	0.035
淳安县	12.42	9.61	2.81	0.03	0.05	0.01	0.028

注:人均耕地面积按总人口计算

3-15 各县(市)区

(1996年)

指标	单位	全市	市郊区			
				西湖区	江干区	拱墅区
一、粮食播种面积总计	**千公顷**	**360.56**	**23.25**	**17.76**	**0.91**	**2.14**
春粮	千公顷	73.98	4.18	2.49	0.56	0.07
早稻	千公顷	87.08	7.32	6.37	0.07	0.88
晚稻	千公顷	145.27	10.54	7.91	0.13	1.13
蕃薯	千公顷	14.94	0.29	0.20	0.06	0.03
玉米	千公顷	11.72	0.25	0.17	0.08	–
大豆	千公顷	24.71	0.65	0.61	–	0.03
杂豆	千公顷	1.61	0.01	–	0.01	–
其它谷物	千公顷	1.25	0.01	0.01	–	–
二、粮 食 总 产 量	**吨**	**1 784 151**	**123 726**	**100 331**	**2 994**	**12 527**
春粮	吨	240 839	13 140	8 125	1 182	225
早稻	吨	410 453	39 811	34 859	365	4 583
晚稻	吨	989 706	67 341	54 730	853	7 562
蕃薯	吨	68 322	1 370	886	390	94
玉米	吨	27 299	762	577	185	–
大豆	吨	41 404	1 207	1 129	–	63
杂豆	吨	2 910	32	13	19	–
其它谷物	吨	3 218	63	12	–	–
三、粮食平均每公顷产量						
按粮地面积计算	公斤	12 681	13 674	14 805	9 980	17 074
按播种面积计算	公斤	4 948	5 322	5 649	3 292	5 854
春粮	公斤	3 255	3 144	3 263	2 111	3 214
早稻	公斤	4 714	5 439	5 472	5 214	5 208
晚稻	公斤	6 813	6 389	6 928	6 562	6 692
蕃薯	公斤	4 573	4 724	4 430	6 500	3 133
玉米	公斤	2 329	3 048	3 394	2 313	–
大豆	公斤	1 676	1 857	1 851	–	2 100

粮食播种面积及产量

萧山市	桐庐县	富阳市	临安市	余杭市	建德市	淳安县
85.48	**28.61**	**48.35**	**32.97**	**58.38**	**42.33**	**41.19**
18.05	4.80	11.41	8.24	8.22	11.53	7.55
17.92	6.55	13.35	3.20	20.73	11.00	7.01
35.17	12.51	19.48	16.19	27.93	14.81	8.64
0.50	2.30	2.16	2.00	0.57	2.80	4.32
1.03	0.70	0.60	1.25	0.12	0.54	7.23
12.69	1.40	0.99	1.61	0.70	1.52	5.15
0.11	0.33	0.26	0.48	0.07	–	0.35
0.01	0.02	0.10	–	0.04	0.13	0.94
455 880	**144 979**	**243 684**	**182 515**	**319 779**	**181 166**	**132 422**
86 779	14 374	35 419	23 730	26 933	26 460	14 004
108 058	22 811	62 529	6 738	95 201	46 796	28 509
234 661	91 017	128 611	130 545	192 519	91 352	53 660
2 400	10 806	11 543	12 124	2 942	11 483	15 654
2 417	1 790	2 288	4 197	433	1 002	14 410
21 311	2 962	2 434	3 968	1 522	3 649	4 351
254	458	511	1 213	158	22	262
–	761	349	–	71	402	1 572
13 169	12 035	13 720	12 179	12 838	10 052	14 167
5 333	5 071	5 040	5 536	5 478	4 279	3 215
4 808	2 995	3 104	2 879	3 277	2 295	1 855
6 030	3 483	4 684	2 106	4 592	4 254	4 067
6 672	7 281	6 602	8 063	6 893	6 168	6 211
4 800	4 698	5 344	6 062	5 161	4 101	3 624
2 347	2 557	3 813	3 358	3 608	1 856	1 993
1 679	2 116	2 459	2 465	2 174	2 401	845

3-16 主要农作物播种面积及产量

指 标	1995 年			1996 年		
	播种面积（千公顷）	总产量（吨）	公顷产量（公斤）	播种面积（千公顷）	总产量（吨）	公顷产量（公斤）
农作物总计	**499.60**	**－**	**－**	**496.50**	**－**	**－**
一、粮食作物合计	**357.70**	**1 745 040**	**4 879**	**360.56**	**1 784 151**	**4 948**
其中:春粮	69.11	197 442	2 857	73.98	240 839	3 255
秋粮	201.89	1 114 636	5 521	199.50	1 132 859	5 678
(一)谷 物	311.92	1 623 050	5 203	313.02	1 659 112	5 300
1.稻谷	233.55	1 407 842	6 028	232.35	1 400 159	6 026
①早稻及早中稻	86.70	432 962	4 994	87.08	410 453	4 714
②晚稻及迟中稻	146.85	974 880	6 639	145.27	989 706	6 813
单季稻	38.32	283 072	7 387	38.05	284 017	7 464
2.小麦	54.12	155 692	2 877	56.16	189 100	3 367
3.大麦	10.50	32 510	3 096	11.51	39 336	3 409
4.玉米	11.87	22 852	1 925	11.72	27 299	2 329
5.其他谷物	1.88	4 154	2 210	1.25	3 218	2 574
(二)豆 类	30.49	56 106	1 840	30.17	52 514	1 741
1.大豆	25.30	46 333	1 831	24.71	41 404	1 676
2.蚕(豌)豆	3.60	7 286	2 024	3.85	8 200	2 130
3.杂豆	1.59	2 487	1 564	1.61	2 910	1 807
(三)薯 类	15.29	65 884	4 309	17.37	72 525	4 175
1.蕃薯	14.40	63 930	4 440	14.94	68 322	4 573
2.马铃薯	0.89	1 954	2 196	2.43	4 203	1 730

3-16 主要农作物播种面积及产量

续表一

指 标	1995年			1996年		
	播种面积(千公顷)	总产量(吨)	公顷产量(公斤)	播种面积(千公顷)	总产量(吨)	公顷产量(公斤)
二、油料合计	**45.63**	**65 559**	**1 437**	**42.79**	**69 074**	**1 614**
1.油菜籽	42.72	61 446	1 438	40.02	64 702	1 617
2.花生	1.77	3 351	1 893	1.64	3 120	1 902
3.芝麻	1.14	762	668	1.13	1 252	1 108
三、棉花(皮棉)	**8.04**	**8 038**	**1 000**	**6.78**	**6 537**	**964**
四、麻类合计	**2.50**	**16 156**	**6 462**	**2.54**	**16 739**	**6 590**
1.黄红麻	2.48	16 132	6 505	2.53	16 717	6 608
2.苎麻	0.02	23	1 150	0.01	22	2 200
3.大麻	…	1	–	–	–	–
五、糖料合计	**3.04**	**147 051**	**48 373**	**2.92**	**139 308**	**47 708**
六、烟叶	–	**4**	–	**0.04**	**5**	**125**
七、药材类合计	**0.10**	–	–	**0.03**	–	–
八、蔬菜、瓜类	**60.88**	**1 681 521**	**27 620**	**62.28**	**1 725 025**	**27 698**
1.蔬菜(含菜用瓜)	55.62	1 549 661	27 862	57.33	1 600 896	27 924
2.瓜类	5.26	131 860	25 068	4.95	124 129	25 077
𠀋西瓜	3.97	94 480	23 798	3.73	89 210	23 917
九、其他作物	**21.79**	–	–	**18.56**	–	–
𠀋绿肥	16.49	–	–	13.98	–	–
黄花菜	0.02	33	1 650	0.02	18	900
荸 荠	0.47	10 799	22 977	0.44	9 449	21 475
草 莓	0.16	3 636	22 725	0.46	7 040	15 304

3-17 各县(市)区

(1996年)

指 标	单 位	全 市	市郊区	西湖区	江干区	拱墅区
一、油菜籽生产						
播种面积	千公顷	40.02	1.97	1.74	0.07	0.02
每公顷产量	公斤	1 617	1 435	1 445	1 229	1 500
总 产量	吨	64 702	2 826	2 514	86	30
二、茶叶生产						
(一)茶园面积	公顷	32 473	1 044	940	47	30
#本年采摘面积	公顷	28 993	993	916	47	30
零星茶树折算面积	公顷	4 663	36	28	5	3
(二)茶叶总产量	吨	19 058	995	948	27	9
春 茶	吨	13 510	412	380	14	7
夏 茶	吨	3 176	216	203	11	2
秋 茶	吨	2 372	367	365	2	-
三、蚕茧生产						
(一)桑园面积	公顷	10 467	246	207	-	-
#本年采摘面积	公顷	8 853	223	190	-	-
零星桑树折算面积	公顷	2 585	201	201	-	-
(二)蚕茧总产量	吨	7 436	35	5	-	-
春 茧	吨	4 432	34	4	-	-
夏 茧	吨	269	-	-	-	-
秋 茧	吨	2 735	1	1	-	-

油、茶、蚕、果生产(一)

萧山市	桐庐县	富阳市	临安市	余杭市	建德市	淳安县
7.05	5.87	4.78	4.12	8.61	3.36	4.26
1 677	1 765	1 763	1 569	1 678	1 367	1 351
11 824	10 363	8 429	6 464	14 449	4 592	5 755
1 208	3 968	1 936	6 424	2 792	5 015	10 086
1 119	3 580	1 798	5 269	2 557	4 584	9 093
219	811	542	218	237	775	1 825
1 132	1 372	2 092	2 561	3 921	2 177	4 808
695	1 133	1 261	2 235	1 756	1 744	4 274
230	173	553	239	1 104	288	373
207	66	278	87	1 061	145	161
547	1 033	680	1 826	2 795	653	2 687
412	926	645	1 703	2 190	461	2 293
113	269	208	54	1 082	284	374
152	1 263	655	2 171	909	269	1 982
126	702	343	1 204	654	178	1 191
3	25	30	32	32	6	141
23	536	282	935	223	85	650

3-17 各县（市）区

（1996 年）

指标	单位	全市	市郊区	西湖区	江干区	拱墅区
四、水果生产						
（一）果园面积	公顷	17 552	379	241	18	12
柑桔园	公顷	7 876	39	35	1	1
梨园	公顷	1 362	94	32	1	5.
桃园	公顷	2 359	73	42	3	–
杨梅园	公顷	886	69	66	3	–
枇杷园	公顷	1 074	–	–	–	–
枣子园	公顷	766	1	1	–	–
柿子园	公顷	508	25	25	–	–
葡萄园	公顷	253	54	33	10	1
其他	公顷	2 468	24	7	–	5
（二）水果产量	吨	94 028	2 278	1 261	292	56
柑桔	吨	56 957	153	134	1	1
梨头	吨	5 581	483	123	5	34
桃子	吨	15 804	518	261	21	–
杨梅	吨	777	8	4	–	4
枇杷	吨	3 032	–	–	–	–
枣子	吨	880	10	10	–	–
柿子	吨	1 670	107	107	–	–
葡萄	吨	4 359	994	617	265	17
其他	吨	4 968	5	5	–	–

油、茶、蚕、果生产（二）

萧山市	桐庐县	富阳市	临安市	余杭市	建德市	淳安县
1 378	1 952	1 186	604	1 777	5 715	4 561
70	581	293	67	129	4 321	2 376
110	467	69	91	139	288	104
286	226	591	232	474	181	296
308	124	40	47	171	77	50
5	32	24	3	577	159	274
–	22	14	–	7	20	702
68	20	10	13	26	123	223
32	13	79	13	47	12	3
499	467	66	138	207	534	533
3 919	4 987	11 159	2 859	6 770	48 451	13 605
405	1 623	1 942	335	290	42 345	9 864
304	713	484	468	496	2 227	406
1 401	1 487	5 807	1 263	3 133	1 094	1 101
72	166	45	138	128	183	37
2	60	61	21	1 649	576	663
–	100	36	–	64	50	620
153	66	129	59	453	368	335
418	113	2 116	121	387	202	8
1 164	659	539	454	170	1 406	571

3-18 各县(市)区畜牧业

(1996年)

指 标	单 位	全 市	市郊区	西湖区	江干区	拱墅区
一、生猪饲养						
(一)生猪年末存栏头数	万头	138.11	16.02	9.06	2.88	3.80
其:能繁殖的母猪	万头	5.18	0.84	0.41	0.12	0.28
(二)年内肥猪出栏头数	万头	204.53	31.04	18.40	5.25	6.91
全年饲养量	万头	342.64	47.06	27.46	8.13	10.71
二、牛						
牛年末存栏头数	头	51 039	8 099	427	4 183	385
其能耕田的牛	头	29 621	144	124	16	–
良种及改良种乳牛	头	11 398	7 949	300	4 165	385
三、羊						
羊年末存栏只数	万只	21.69	1.16	0.76	0.38	0.01
羊年内出栏只数	万只	12.65	0.84	0.60	0.24	–
四、家禽						
家禽年末存栏只数	万只	1 628.49	300.55	172.98	74.77	34.97
家禽年内出栏只数	万只	3 089.79	1 005.11	359.14	388.33	89.51
五、兔						
兔年末存栏只数	万只	2.76	0.02	0.02	–	–
兔年内出只数	万只	1.39	0.01	0.01	–	–
六、年末养蜂箱数	箱	83 374	1 568	668	900	–
七、畜禽产品产量						
1.肉类产量	吨	192 982	35 775	17 673	9 419	5 815
①猪　肉	吨	144 058	20 022	12 064	3 518	4 152

渔业生产情况(一)

萧山市	桐庐县	富阳市	临安市	余杭市	建德市	淳安县
22.85	14.20	20.24	16.03	14.92	15.18	18.67
0.84	0.60	0.65	0.41	0.88	0.39	0.57
47.05	16.27	25.77	23.00	29.18	17.27	14.95
69.90	30.47	46.01	39.03	44.10	32.45	33.62
1 779	5 685	4 986	10 934	2 615	5 529	11 412
548	4 238	3 488	6 704	1 047	3 762	9 690
1 110	–	85	829	1 187	238	–
1.87	1.11	2.66	3.20	10.18	1.08	0.43
1.39	0.69	2.06	1.53	5.30	0.70	0.14
450.00	62.11	84.36	61.28	302.73	315.79	51.67
1 110.00	44.13	144.98	77.52	437.85	214.69	55.51
0.45	0.14	0.31	0.31	1.23	0.21	0.09
0.28	0.06	0.16	0.07	0.30	0.20	0.51
11 731	**32 871**	**11 793**	**5 599**	**1 300**	**15 409**	**3 103**
53 031	13 314	18 002	18 813	25 460	16 548	12 039
35 758	12 337	15 462	17 250	17 709	14 200	11 320

3-18 各县(市)区畜牧业

(1996 年)

指 标	单 位	全 市	市郊区	西湖区	江干区	拱墅区
②牛 肉	吨	617	93	6	27	2
③羊 肉	吨	2 272	141	93	48	–
④兔 肉	吨	22	–	–	–	–
⑤禽 肉	吨	46 013	15 519	5 510	5 826	1 661
2.禽蛋产量	吨	53 255	7 091	4 614	1 466	861
3.蜂蜜产量	吨	4 697	70	26	44	–
4.蜂皇浆产量	公斤	160 060	2 197	1 097	1 100	–
5.牛奶产量	吨	40 718	29 320	1 217	13 389	1 592
6.绵羊毛产量	吨	347	11	4	7	–
7.兔毛产量	吨	12	–	–	–	–
八、渔业生产						
(一)淡水产品产量总计	吨	65 760	16 718	10 604	5 025	951
其中:养殖产量	吨	60 823	16 553	10 449	5 017	951
1.鱼 类	吨	62 563	16 405	10 422	4 898	950
鲫 鱼	吨	8 325	2 710	1 856	640	188
鳊 鱼	吨	3 808	1 090	752	248	86
罗非鱼	吨	570	449	62	363	24
甲 鱼	吨	454	219	118	86	15
黑 鱼	吨	631	146	104	28	14
异育银鲫	吨	2 913	776	564	186	18
2.虾蟹类	吨	886	224	95	127	1
3.贝 类	吨	2 107	47	45	–	–
4.其 他	吨	204	42	42	–	–

渔业生产情况(二)

萧山市	桐庐县	富阳市	临安县	余杭市	建德市	淳安县
28	162	54	169	44	41	26
282	113	309	230	1 043	132	22
5	1	2	1	6	2	5
15 958	701	2 175	1 163	6 658	2 173	666
5 084	1 189	1 249	832	7 884	25 020	4 906
590	2 171	740	116	6	944	60
35 048	63 370	33 000	12 238	1 615	12 077	515
3 586	–	219	2 502	4 520	571	–
3	–	–	–	333	–	–
1	1	1	1	8	–	–
14 290	1 677	2 948	2 153	18 856	4 618	4 500
13 910	1 408	2 695	1 955	17 838	3 775	2 689
13 830	1 593	2 586	2 074	17 632	4 016	4 427
2 621	172	325	175	1 918	404	…
614	68	160	100	1 256	516	4
62	42	1	9	4	3	–
146	…	10	6	71	2	…
155	6	23	1	297	3	…
597	33	51	147	1 088	195	26
430	13	29	3	117	67	3
30	69	280	68	1 018	525	70
–	2	53	8	89	10	–

3-19 林业生产

(1996 年)

指 标	单 位	本 年	上 年	为上年(%)
一、营林情况				
1.当年造林面积	公顷	5 293	5 285	100.2
用材林	公顷	2 883	2 461	117.1
经济林	公顷	2 137	2 489	85.9
防护林	公顷	266	323	85.4
薪炭林	公顷	7	8	87.5
其他林	公顷	–	4	–
2.迹地更新面积	公顷	3 716	4 414	84.2
3.封山育林面积	公顷	172 102	170 919	100.7
4.零星(四旁)植树	万株	400.4	454.4	88.1
5.育苗面积	公顷	1 057	1 122	94.2
6.幼林抚育实际面积	公顷	40 124	479 267	81.4
7.幼林抚育作业面积	公顷次	66 478	73 708	90.6
8.成林抚育面积	公顷	58 659	61 438	95.5
9.低产林改造面积	公顷	8 869	905	980.0
二、林产品产量				
1.生 漆	吨	8	6	133.3
2.油桐籽	吨	99	94	105.3
3.油茶籽	吨	2 662	3 566	74.6
4.乌桕籽	吨	275	378	72.8
5.棕 片	吨	385	358	107.5
6.松 脂	吨	4 702	4 130	113.8
7.竹笋干	吨	9 505	21 865	43.5
8.核 桃	吨	2 653	6 324	42.0
9.板 栗	吨	2 691	1 461	184.2
三、村及村以下竹木采伐量				
1.木 材	万立方米	64.43	76.55	84.2
2.竹 材	万支	1 087.1	1 247.4	87.1

3-20 各县(市)林业生产

(1996 年)

指 标	单 位	萧山市	桐庐县	富阳市	临安市	余杭市	建德市	淳安县
一、营林情况	公顷							
1.当年造林面积	公顷	463	120	276	1 266	257	716	2 175
艹用材林	公顷	66	13	132	883	40	214	1 528
经济林	公顷	219	92	109	383	180	502	645
2.迹地更新面积	公顷	–	659	243	1 187	92	1 172	360
3.封山育林面积	公顷	5 621	13 967	10 129	31 670	4 604	18 432	86 646
4.零星(四旁)植树	万株	113.0	33.4	42.2	31.0	47.5	88.3	36.6
5.幼林抚育实际面积	公顷	913	4 828	2 890	8 200	2 464	7 575	13 181
6.成林抚育面积	公顷	2 478	2 006	5 029	21 000	14 389	1 527	12 064
二、林产品产量								
1.油桐籽	吨	–	1	1	–	–	3	3
2.油茶籽	吨	–	10	–	7	–	4	78
3.棕 片	吨	–	72	101	58	11	69	74
4.竹笋干	吨	643	162	580	5 300	2 286	185	260
5.核 桃	吨	–	17	3	2 254	5	5	368
6.板 栗	吨	259	697	222	301	14	693	505
三、村及村以下竹木采伐量		–						
1.木 材	万立方米	0.55	1.05	3.13	16.81	0.63	8.30	33.93
2.竹 材	万支	114.0	54.9	305.0	220.0	288.5	55.5	47.1

3-21 各 县（市）区

(1996 年)

指 标	单 位	全 市	市郊区	西湖区	江干区	拱墅区
一、乡、村办水电站个数						
水电站个数	个	287	–	–	–	–
装机容量	千瓦	129 136	–	–	–	–
发电量	万千瓦时	25 916	–	–	–	–
二、灌溉面积						
1.有效灌溉面积(农田面积)	千公顷	175.43	13.84	9.22	3.47	1.15
其中:当年实灌	千公顷	175.43	13.84	9.22	3.47	1.15
2.旱涝保收面积	千公顷	136.78	8.54	5.22	2.56	0.76
其中:水田	千公顷	122.40	5.80	5.03	0.01	1.76
3.机电排灌面积	千公顷	129.93	13.68	9.06	3.47	1.15
①机电提灌面积	千公顷	129.93	13.68	9.06	3.47	1.15
②纯排面积	千公顷	0.60	–	–	–	–
三、机电井	眼	**191**	**22**	**22**	–	–
已配套机电井	眼	191	22	22	–	–
装机容量	千瓦	820	110	110	–	–

水利建设情况

萧山市	桐庐县	富阳市	临安市	余杭市	建德市	淳安县
3	76	37	71	5	40	55
240	21 670	9 190	37 540	2 345	9 823	48 328
33	3 416	1 245	9 355	403	1 971	9 493
52.96	14.28	20.28	15.45	33.99	15.12	9.51
52.96	14.28	20.28	15.45	33.99	15.12	9.51
41.58	9.25	15.87	9.84	33.91	11.19	6.60
39.58	9.25	14.20	9.84	28.61	11.19	3.93
52.78	6.80	13.37	4.99	30.92	4.21	3.18
52.78	6.80	13.37	4.99	30.63	3.90	3.18
–	–	–	–	0.29	0.31	–
–	–	47	–	122	–	–
–	–	47	–	122	–	–
–	–	230	–	480	–	–

3-22 各县(市)区主要农

(1996 年)

指 标	单 位	总 计		市郊区
		本 年	为上年(%)	
一、农业机械总动力	**千瓦**	**2 315 053**	**104.5**	**500 157**
耕作机械动力	千瓦	352 194	94.3	31 350
收获机械动力	千瓦	349 498	106.1	38 705
植保机械动力	千瓦	3 163	82.4	234
排灌机械动力	千瓦	331 823	107.4	42 388
农副产品加工机械动力	千瓦	225 107	99.8	12 590
运输机械动力	千瓦	946 031	109.2	353 930
渔业机械动力	千瓦	53 794	96.5	13 657
其他机械动力	千瓦	53 443	103.5	7 303
二、主要农机具				
大中型拖拉机	台	983	98.6	224
机引农具	台	867	139.6	93
农用小型拖拉机	台	36 754	94.2	2 620
机动插秧机	台	77	95.2	48
联合收获机	台	471	135.7	48
机动收割机	台	17	121.4	–
机动脱粒机	台	234 028	108.0	27 713
人力脱粒机	台	80 107	112.0	–
谷物烘干机	台	13	100.0	1
机动喷雾(粉)器	架	1 405	83.9	184
人力喷雾(粉)器	架	775 813	105.4	74 651
农用水泵	台	64 910	110.4	7 702
喷灌机械	套	1 502	70.3	275
粮食加工机械	台	16 640	97.1	531
棉花加工机械	台	598	93.9	45
油料加工机械	台	657	111.0	7
茶叶加工机械	台	16 216	98.6	581
农用载重汽车	辆	8 632	112.6	4 030
农用运输车	辆	2 450	107.0	72
农用机动船	艘	8 214	96.2	457
农用大中型拖车	辆	1 059	103.2	53
农用小型拖车	辆	29 266	80.1	1 668
淡水机动渔船	艘	2 450	101.9	78
淡水非机动渔船	只	9 920	98.8	2 018

机具年末拥有量

萧山市	桐庐县	富阳市	临安市	余杭市	建德市	淳安县
479 209	**138 272**	**324 343**	**264 790**	**351 539**	**144 994**	**111 749**
74 045	25 598	46 946	48 840	88 806	20 125	16 484
75 664	28 428	65 232	32 233	83 392	19 486	6 358
1 169	85	300	360	541	300	174
74 964	27 683	55 810	27 606	62 503	25 508	15 361
32 209	22 687	29 854	39 007	35 093	20 740	32 927
189 646	28 568	117 379	111 522	62 396	50 761	31 829
7 940	1 441	863	319	17 024	5 257	7 293
23 572	3 782	7 959	4 903	1 784	2 817	1 323
497	2	37	43	165	12	3
689	2	23	6	41	13	–
6 357	3 037	5 186	5 623	9 339	2 715	1 877
58	–	4	1	10	–	–
248	13	70	13	66	13	–
6	–	–	–	2	5	4
55 484	19 323	39 400	19 692	59 536	10 289	2 591
10 442	3 371	9 083	3 094	1 380	17 165	35 572
–	–	1	–	9	1	1
419	39	134	189	211	135	94
223 876	62 798	94 649	70 632	112 726	67 567	28 914
7 385	6 292	17 063	6 538	11 281	6 282	2 367
76	16	96	–	35	162	842
2 038	2 504	2 002	2 718	1 648	2 503	2 696
159	46	240	42	12	4	50
30	119	45	79	54	79	244
232	1 085	1 145	3 385	1 443	2 431	5 914
1 613	109	823	977	658	270	152
669	270	236	269	143	523	268
2 795	157	1 073	1	2 311	358	1 062
58	1	422	333	156	33	3
6 659	3 159	4 404	3 408	6 682	1 576	1 710
234	110	93	4	377	779	775
2 622	129	307	96	3 707	401	640

3-23 各县(市)区主要农业机械

(1996年)

指 标	单 位	总计 本 年	总计 为上年(%)	市郊区
一、农业机械作业				
当年机耕面积	千公顷	108.89	90.9	8.64
机耕率	%	57.1	97.9	50.8
当年机械收割面积	千公顷	39.51	136.8	3.97
当年机械脱粒面积	千公顷	262.70	86.5	19.09
二、农村用电量	**万千瓦时**	**342 882**	**101.5**	**72 165**
三、农业化肥施用量				
(一)按标准量计算	吨	570 228	95.2	50 872
1.氮 肥	吨	411 235	95.8	33 860
2.磷 肥	吨	55 896	77.1	4 770
3.钾 肥	吨	28 445	102.3	1 614
4.复合肥	吨	74 652	107.6	10 628
(二)按折纯法计算	吨	119 455	95.7	10 605
1.氮 肥	吨	86 359	95.8	7 110
2.磷 肥	吨	10 061	77.1	859
3.钾 肥	吨	7 114	102.3	405
4.复合肥	吨	15 921	107.9	2 231
(三)平均每公顷用肥				
按标准量计算	公斤	2 442	97.9	2 780
按折纯法计算	公斤	512	98.5	580
四、农用塑料薄膜使用量	**吨**	**3 896**	**99.9**	**707**
地膜使用量	吨	1 674	110.3	314
地膜覆盖面积	公顷	16 064	111.0	4 504
五、农用柴油	**吨**	**16 800**	**103.8**	**672**
六、农药使用量	**吨**	**8 402**	**115.2**	**681**

注：农村用电量不包括县(区)办企业及城镇生活用电。

作业及农业物资消耗

萧山市	桐庐县	富阳市	临安市	余杭市	建德市	淳安县
37.26	8.44	12.84	10.85	18.71	9.31	2.84
70.2	59.0	59.4	57.0	52.8	52.7	22.9
17.03	0.39	6.73	8.35	2.74	0.07	0.23
71.51	22.73	42.61	20.73	43.98	23.00	19.05
126 868	**9 322**	**40 309**	**30 662**	**44 227**	**14 232**	**5 097**
150 905	34 438	66 152	50 239	123 304	60 859	33 459
100 649	29 592	51 389	23 500	108 394	42 866	20 985
24 405	1 388	4 849	1 590	6 019	8 057	4 818
8 300	782	5 942	3 190	3 267	3 822	1 528
17 551	2 676	3 972	21 959	5 624	6 114	6 128
31 290	7 222	13 985	10 629	25 844	12 692	7 188
21 136	6 214	10 792	4 935	22 763	9 002	4 407
4 393	250	873	286	1 083	1 450	867
2 075	196	1 486	797	817	956	382
3 686	562	834	4 611	1 181	1 284	1 532
2 753	1 783	2 728	1 842	3 005	2 609	1 328
571	374	577	390	630	544	258
1 085	**277**	**426**	**115**	**662**	**526**	**98**
379	140	102	53	461	182	43
3 294	579	1 978	60	4 742	730	177
5 252	**1 325**	**3 363**	**987**	**2 318**	**2 045**	**838**
2 389	**1 207**	**1 329**	**550**	**891**	**637**	**258**

3-24 各县(市)区农村经济

(1996 年)

指 标	全 市	市郊区	西湖区	江干区	拱墅区
一、农村经济总收入	**8 938 610**	**2 689 819**	**972 771**	**1 242 917**	**474 131**
艹:出售产品收入	6 397 364	1 569 984	597 197	687 323	285 464
1.农、林、牧、渔业收入	861 495	151 414	79 122	53 626	18 666
①种植业收入	491 416	74 302	38 649	31 935	3 718
艹出售种植业产品收入	251 871	57 217	24 827	30 559	1 831
②林业收入	67 040	903	891	–	12
③牧业收入	211 761	53 261	26 950	13 051	13 260
④渔业收入	43 516	19 276	9 297	8 342	1 637
⑤其他农业收入	47 762	3 672	3 335	298	39
2.工业收入	6 249 376	1 546 650	573 767	654 287	318 596
3.建筑业收入	360 818	146 704	58 405	83 993	4 306
4.交通运输业收入	255 529	93 239	51 029	33 181	9 029
5.商业、饮食业收入	854 590	659 846	158 413	384 472	116 961
6.服务业收入	185 343	60 030	30 747	25 702	3 581
7.其他收入	171 459	31 936	21 288	7 656	2 992
二、农村经济总费用	**7 193 930**	**2 376 647**	**829 974**	**1 112 968**	**433 705**
艹生产费用	6 402 497	2 114 237	727 311	987 530	399 396
三、农村经济纯收入总额	**1 744 680**	**313 172**	**142 797**	**129 949**	**40 426**
艹1.国家税金	250 398	64 805	30 183	23 489	11 133
2.集体提留	60 966	18 965	8 534	8 575	1 856
3.农民所得收入	1 317 409	162 713	93 086	55 850	13 777
每人平均所得(元)	3 259	4 404	4 119	4 912	4 623
为上年(%)	120.1	121.0	133.5	113.7	119.6
四、农村年末生产性固定资产原值	**2 611 991**	**920 844**	**327 403**	**430 837**	**162 604**

收入分配和效益

单位：万元

萧山市	桐庐县	富阳市	临安市	余杭市	建德市	淳安县
2 042 214	**482 914**	**1 413 407**	**525 003**	**1 201 745**	**423 661**	**159 847**
1 535 011	372 000	1 149 083	393 752	964 136	311 714	101 684
171 261	64 731	103 324	95 675	139 171	82 107	53 812
124 948	33 520	56 213	38 682	89 014	43 983	30 754
59 193	13 842	24 014	25 143	46 227	18 042	8 193
3 153	5 975	8 846	30 914	7 145	5 070	5 034
32 010	18 519	21 536	17 243	30 567	26 372	12 253
6 067	1 470	2 879	368	10 223	1 479	1 754
5 083	5 247	13 850	8 468	2 222	5 203	4 017
1 582 478	355 372	1 123 431	350 174	915 953	288 950	86 368
120 375	16 822	16 105	14 335	35 590	7 958	2 929
35 448	12 113	49 292	20 995	29 649	11 394	33 399
42 519	13 760	75 200	8 946	37 063	12 415	4 841
32 599	7 187	33 515	19 604	21 580	8 678	2 150
57 534	12 929	12 540	15 274	22 739	12 159	2 150
1 535 233	**372 879**	**1 165 607**	**367 485**	**936 519**	**327 822**	**111 738**
1 393 678	305 228	1 065 950	309 176	856 944	269 425	87 859
506 981	**110 035**	**247 800**	**157 518**	**265 226**	**95 839**	**48 109**
66 282	12 211	46 101	12 504	33 181	11 063	4 251
14 901	2 685	9 090	3 152	7 221	3 962	990
395 671	95 353	174 856	139 564	213 178	85 073	51 001
4 280	2 868	3 305	3 117	3 422	2 052	1 271
125.2	121.1	117.4	106.9	118.8	119.9	114.7
639 737	**88 965**	**312 206**	**230 076**	**322 617**	**66 040**	**31 506**

3-25 乡(镇)农村

乡镇名称	村民委员会个数(个)	村民小组个数(个)	全乡总人口(人)	乡村总户数(户)	乡村总人口(人)	年末乡村实有劳动力(人)	年末耕地面积(亩)
西湖区							
西湖乡	14	69	9 038	4 068	9 038	6 484	1 699
祥符镇	15	97	18 135	4 624	11 193	7 901	7 604
古荡镇	9	29	31 597	1 760	3 380	2 234	409
留下镇	10	72	17 869	2 503	7 149	4 412	1 629
龙坞乡	11	80	10 167	2 895	8 234	5 799	1 321
转塘镇	26	123	31 567	6 830	20 731	14 287	13 636
袁浦镇	14	196	26 206	7 554	25 110	17 904	22 019
周浦乡	26	215	19 997	5 792	19 204	13 452	15 843
长河镇	12	218	35 648	10 321	33 142	21 718	19 442
浦沿镇	9	170	29 431	7 807	23 087	18 678	8 723
西兴镇	8	116	24 049	5 482	17 425	13 410	13 243
三墩镇	43	258	54 763	14 046	44 713	29 006	34 733
江干区							
丁桥镇	10	42	11 560	3 206	10 904	6 965	7 106
笕桥镇	16	113	36 742	8 277	25 318	18 725	10 790
彭埠镇	14	137	33 824	9 776	23 246	16 768	10 375
四季青镇	11	103	28 362	7 018	16 733	10 434	3 399
下沙乡	12	80	17 754	5 521	17 224	12 409	20 761
九堡镇	10	114	24 893	5 305	20 316	13 779	17 101
拱墅区							
石桥乡	11	11	18 227	5 646	12 271	8 712	6 443
上塘镇	11	78	11 845	3 806	5 030	3 770	2 570
康桥镇	10	55	13 514	3 426	9 171	7 060	5 110
半山镇	4	29	6 252	1 533	3 359	2 545	2 179
萧山市							
城厢镇	109	980	227 432	33 795	112 218	72 634	78 039
楼塔镇	31	294	27 126	7 773	26 034	15 203	12 353
河上镇	34	288	30 176	8 349	28 159	17 343	16 040
戴村镇	35	262	26 767	7 243	25 425	12 517	17 450

社会经济情况(一)

粮食播种面积(亩)	粮食总产量(吨)	农业总产值(1990价)(万元)	人均财政收人(元)	人均农村经济总收人(元)	农业劳均拥有农机总动力(瓦)	人均拥有农村固定资产原值(元)	乡镇企业利润率(%)	农民人均年纯收人(元)
3 214	1 243	1 995	1 823	62 134	1 090	38 699	4.2	4 539
16 415	6 429	2 151	1 573	39 644	899	19 568	1.9	4 080
191	59	242	3 240	493 920	806	152 462	2.5	5 760
3 501	1 212	226	2 683	102 177	533	24 131	2.2	4 015
2 230	744	504	775	35 169	668	10 770	2.1	3 777
30 482	12 164	5 288	483	60 494	2 315	15 500	2.3	3 525
47 515	18 593	5 064	252	21 758	468	11 870	2.6	3 628
35 181	14 282	3 326	328	30 333	1 864	5 031	2.9	3 029
30 520	11 628	3 569	944	30 495	684	10 151	1.9	5 050
15 398	5 828	5 017	1 412	46 675	294	20 436	3.8	5 133
19 877	7 031	3 335	1 831	42 945	850	13 793	2.3	5 152
61 825	21 119	5 116	508	18 191	911	3 671	1.9	3 630
2 928	1 162	3 552	1 134	61 567	1 686	17 711	0.9	4 006
–	–	5 535	1 636	155 749	2 166	43 644	2.3	5 363
–	–	4 428	797	120 989	5 138	31 533	2.1	4 975
–	–	2 205	3 723	244 381	261	57 644	1.3	5 550
7 076	921	3 212	342	24 361	48	5 853	0.9	4 689
3 913	954	2 968	553	24 278	1 286	11 720	1.1	4 153
12 740	5 074	2 625	2 351	213 631	257	44 228	1.2	4 568
4 935	1 953	661	5 201	236 384	1 764	95 441	2.2	4 815
9 527	3 642	2 143	1 383	128 164	489	41 617	1.5	4 080
4 861	1 857	1 045	2 790	215 966	2 790	49 434	1.6	4 853
152 936	60 086	18 911	1 501	24 367	1 256	11 534	1.9	3 972
22 766	7 760	2 220	414	10 299	316	2 642	2.2	2 967
29 250	11 231	2 053	650	27 129	153	11 367	3.1	4 181
33 145	13 564	2 040	525	15 067	389	4 968	2.6	3 090

3-25 乡(镇)农村

乡镇名称	村民委员会个数(个)	村民小组个数(个)	全乡总人口(人)	乡村总户数(户)	乡村总人口(人)	年末乡村实有劳动力	年末耕地面积(亩)
许贤乡	34	304	26 779	7 622	26 038	16 507	17 706
云石乡	16	76	12 722	3 840	12 366	7 514	3 460
欢潭乡	16	118	12 733	3 761	12 378	7 618	8 615
浦阳镇	55	365	32 616	9 942	31 512	19 639	21 348
进化镇	39	285	36 350	10 677	35 353	21 742	18 110
临浦镇	60	503	54 270	12 566	41 890	28 723	25 826
义桥镇	16	150	19 938	5 286	17 305	11 477	10 990
所前镇	24	208	23 113	6 489	22 241	13 808	14 565
衙前镇	23	204	23 039	6 199	22 000	14 151	16 346
闻堰镇	14	114	24 064	5 818	19 448	12 640	12 078
宁围镇	21	252	46 733	12 657	37 507	26 170	37 861
新街镇	20	276	46 494	14 177	43 892	29 043	29 846
坎山镇	24	289	47 241	12 936	42 430	26 711	33 774
瓜沥镇	27	373	62 160	16 246	51 891	35 459	42 014
党山镇	25	334	43 474	13 100	41 764	25 343	41 512
益农镇	24	340	41 300	13 253	40 548	28 022	41 756
靖江镇	14	232	31 693	9 438	30 031	20 575	26 786
南阳镇	16	229	35 950	9 757	33 863	22 174	30 125
义盛镇	13	207	30 158	8 405	28 050	18 693	25 373
河庄镇	21	342	44 946	12 859	44 211	29 504	44 168
党湾镇	20	315	40 529	12 343	39 584	25 326	34 729
新湾镇	15	206	22 075	6 612	21 005	13 470	19 964
头蓬镇	11	201	24 014	6 814	22 658	14 486	23 846
前进乡	10	115	10 780	3 200	10 674	7 468	14 946
桐庐县							
桐庐镇	43	270	72 411	10 260	33 041	21 336	22 811
富春江镇	23	121	24 680	4 774	15 996	9 704	12 238
芦茨乡	5	28	3 900	1 149	3 804	2 270	1 355
横村镇	19	173	19 521	5 367	17 855	11 455	15 234
方埠镇	31	189	21 015	5 828	20 388	12 888	19 311

社会经济情况(二)

粮食播种面积(亩)	粮食总产量(吨)	农业总产值(1990价)(万元)	人均财政收入(元)	人均农村经济总收入(元)	农业劳均拥有农机总动力(瓦)	人均拥有农村固定资产原值(元)	乡镇企业利润率(%)	农民人均年纯收入(元)
34 297	14 537	1 838	475	8 592	256	2 469	1.5	2 969
4 879	1 465	892	519	16 497	380	4 402	0.6	2 531
15 163	5 988	1 247	265	8 589	513	5 227	4.3	2 203
46 740	19 152	3 878	386	3 865	703	2 138	2.1	2 445
35 089	13 535	2 733	169	7 474	204	1 720	3.5	2 239
51 639	21 541	5 584	695	17 608	389	5 563	3.1	3 499
23 790	10 192	1 930	828	36 573	550	10 400	1.8	3 847
21 018	8 457	2 094	310	10 294	187	1 422	1.4	2 700
33 400	12 809	3 004	955	138 388	336	37 305	2.7	5 360
23 733	10 426	2 126	922	26 609	2 611	14 205	4.0	4 905
45 712	14 424	8 705	1 494	60 071	1 312	22 125	8.7	7 241
46 479	17 134	7 167	511	23 712	78	9 794	2.2	5 540
62 556	21 706	3 626	481	14 927	903	5 214	2.6	4 808
70 636	25 861	5 192	851	32 406	640	14 165	4.4	5 204
66 043	25 051	4 952	573	21 207	13	11 006	5.7	5 125
60 646	22 874	4 299	202	12 053	126	3 582	1.5	4 800
50 075	15 700	3 222	447	20 676	197	4 186	1.3	4 897
54 241	16 859	4 087	508	16 241	1 037	7 398	2.2	4 725
42 039	12 748	3 803	229	10 419	549	3 240	1.1	4 047
72 825	22 873	5 995	312	12 681	174	3 432	1.0	4 548
66 634	21 713	4 277	192	14 547	169	11 641	3.7	4 318
37 339	12 298	2 848	560	14 807	334	5 590	1.9	4 687
40 982	12 097	3 307	322	9 625	81	2 630	0.7	4 508
25 966	7 684	2 439	319	7 426	240	1 831	1.3	4 233
45 810	18 253	6 631	614	18 478	284	3 080	3.1	3 559
19 751	8 311	3 925	585	20 094	1 134	2 849	0.2	3 398
3 298	1 075	491	116	5 744	628	1 590	15.4	2 216
24 886	8 883	1 951	521	16 343	566	6 201	0.1	2 945
38 149	12 648	2 956	375	23 493	861	5 274	3.4	3 004

乡镇名称	村民委员会个数(个)	村民小组个数(个)	全乡总人口(人)	乡村总户数(户)	乡村人口(人)	年末乡村实有劳动力(人)	年末耕地面积(亩)
莪山乡	13	84	9 462	2 743	9 272	6 096	8 014
旧县镇	10	77	8 591	2 495	8 591	5 231	6 685
钟山乡	16	143	17 019	4 931	16 596	10 023	10 841
歌舞乡	7	49	5 643	1 724	5 555	3 560	2 873
窄溪镇	14	104	17 328	4 483	15 790	10 147	10 127
石阜镇	24	114	21 972	6 050	21 551	14 047	12 744
凤川镇	24	100	18 048	5 181	17 440	11 375	11 180
深沃镇	9	80	11 952	3 470	11 559	7 036	4 807
新合乡	10	49	5 934	1 679	5 783	3 423	3 236
洋洲乡	12	76	12 860	3 701	12 659	7 782	10 319
分水镇	28	184	26 924	7 179	23 284	14 755	14 126
瑶琳镇	13	83	12 704	3 549	11 758	7 211	8 821
印渚镇	25	166	21 044	6 105	21 044	12 305	12 057
百江镇	16	122	14 721	4 460	14 365	8 521	9 012
毕浦乡	19	120	14 656	4 240	13 889	8 731	8 874
高翔乡	11	100	9 332	2 838	9 133	5 673	6 918
东辉乡	8	58	5 872	1 640	5 731	3 449	2 621
怡合乡	8	65	6 507	2 027	6 369	3 797	3 029
合村乡	12	49	5 990	1 846	5 843	3 870	3 173
岭源乡	7	45	4 789	1 532	4 670	2 914	2 251
富阳市							
万市镇	29	292	23 785	6 945	22 681	13 989	16 232
洞桥镇	25	255	20 482	5 959	20 053	11 531	10 853
胥口镇	24	252	18 296	5 642	17 918	9 780	13 951
永昌镇	11	151	11 060	3 238	10 835	6 859	6 916
渌渚镇	26	191	17 198	5 057	16 857	10 323	12 045
新登镇	71	722	66 448	17 018	55 701	34 649	38 875
上官乡	9	97	8 532	2 719	8 532	4 412	2 455
常渌镇	15	149	16 892	4 866	16 510	10 446	3 900
大源镇	34	245	35 403	9 761	33 719	19 837	10 019

社会经济情况(三)

粮食播种面积(亩)	粮食总产量(吨)	农业总产值(1990价)(万元)	人均财政收入(元)	人均农村经济总收入(元)	农业劳均拥有农机总动力(瓦)	人均拥有农村固定资产原值(元)	乡镇企业利润率(%)	农民人均年纯收入(元)
11 409	4 176	950	230	5 193	349	520	2.8	2 165
13 493	4 550	1 239	541	47 187	707	3 014	2.1	3 380
23 330	7 602	1 724	127	9 914	261	662	4.3	2 713
5 278	1 546	380	90	10 666	385	2 884	0.0	2 650
20 414	7 453	1 245	256	12 949	853	11 393	12.9	2 951
26 067	10 088	2 424	140	11 485	336	1 029	4.2	2 611
24 691	7 902	3 234	255	11 106	721	1 800	7.6	3 222
8 987	3 108	474	476	24 208	53	2 753	4.2	2 941
6 312	2 383	466	31	4 494	869	597	3.9	2 213
21 066	6 954	1 250	307	10 056	952	2 549	1.1	2 646
23 256	7 622	3 258	367	17 062	562	2 693	9.0	2 491
19 803	5 685	2 073	270	19 430	854	2 773	12.8	4 233
19 420	5 903	4 403	103	12 871	693	825	0.8	2 507
17 115	4 660	1 360	179	4 479	585	814	2.7	1 787
16 408	5 063	2 176	118	11 439	731	2 303	9.0	3 094
13 132	4 432	976	159	11 558	772	1 329	3.2	2 651
6 496	1 712	840	113	6 805	976	881	1.4	2 215
7 107	1 616	506	71	4 528	817	573	-14.5	2 258
7 676	2 086	713	101	5 932	593	2 488	6.1	2 562
5 226	1 230	651	182	4 405	460	430	8.7	2 503
40 260	11 216	4 248	274	14 873	1 093	1 939	7.1	2 883
27 150	8 167	4 856	260	10 908	881	1 874	5.1	2 534
29 990	9 769	3 311	199	4 609	889	12 628	8.8	3 134
15 660	5 071	1 924	479	13 232	1 170	4 148	1.1	3 372
25 384	8 977	2 043	279	12 891	908	2 468	6.8	3 508
86 074	29 151	8 627	608	24 010	696	5 737	6.3	3 604
5 744	1 918	1 568	451	17 242	365	3 719	7.3	4 137
8 652	2 849	1 903	91	6 081	531	616	6.2	2 876
21 584	7 865	6 500	656	46 939	669	17 543	7.0	4 467

3-25 乡(镇)农村

乡镇名称	村民委员会个数(个)	村民小组个数(个)	全乡总人口(人)	乡村总户数(户)	乡村人口(人)	年末乡村实有劳动力(人)	年末耕地面积(亩)
灵桥镇	27	218	25 857	7 311	25 416	15 346	11 976
里山镇	13	75	10 293	2 891	10 096	5 720	3 521
渔山乡	12	112	14 945	4 178	14 864	8 988	6 853
东图乡	18	105	13 605	4 321	13 541	8 426	9 328
场口镇	32	226	27 559	8 312	26 459	15 567	18 948
龙门镇	11	72	7 358	2 382	7 218	4 504	4 243
环山乡	19	133	11 884	3 464	11 650	7 233	7 728
常安镇	36	252	26 521	7 605	26 076	16 873	12 250
湖源乡	14	105	10 374	2 860	10 374	6 503	2 133
窈口乡	13	58	4 794	1 371	4 727	2 948	1 947
高桥镇	21	175	17 754	5 220	17 231	10 826	13 593
受降镇	11	140	14 961	4 377	14 469	8 681	8 060
新义乡	16	101	11 298	3 223	11 126	6 880	6 690
春建乡	11	89	9 386	2 924	9 186	5 817	6 665
三山镇	31	243	33 482	9 999	32 800	20 718	24 640
富阳镇	83	812	152 048	27 238	90 828	56 523	64 920
临安市							
锦城镇	44	318	77 134	12 323	38 762	23 232	20 237
玲珑镇	35	226	24 975	7 010	24 375	15 013	13 359
青山镇	16	134	20 766	5 598	19 624	13 109	10 626
板桥乡	21	146	18 228	5 400	17 722	10 115	9 278
三口镇	13	74	9 525	2 788	9 345	5 458	3 853
上甘乡	12	88	9 266	2 787	9 000	6 002	4 202
横畈镇	24	171	16 543	4 671	16 133	10 251	12 514
高虹镇	13	96	10 462	3 019	10 087	6 293	8 455
石门乡	9	43	4 463	1 297	4 395	3 011	1 241
青云镇	20	151	15 638	4 134	15 215	9 466	13 242
杨岭乡	13	54	8 392	2 470	8 047	5 292	7 157
东天目乡	9	73	7 224	2 100	6 945	4 490	5 972
临目乡	8	30	3 850	1 006	3 618	2 472	1 591

社会经济情况(四)

粮食播种面积(亩)	粮食总产量(吨)	农业总产值(1990价)(万元)	人均财政收入(元)	人均农村经济总收入(元)	农业劳均拥有农机总动力(瓦)	人均拥有农村固定资产原值(元)	乡镇企业利润率(%)	农民人均年纯收入(元)
27 734	9 215	6 568	465	27 906	1 328	3 689	7.5	3 413
8 772	2 869	2 924	272	13 411	530	4 507	11.4	3 810
13 364	4 619	3 498	167	18 557	800	4 972	8.9	3 570
20 774	7 198	1 364	131	3 479	555	380	3.1	1 912
40 302	11 466	2 686	135	2 889	922	970	0.7	1 815
10 611	3 595	803	94	9 519	454	1 488	9.1	1 897
19 152	5 840	614	310	10 182	794	688	11.5	2 023
29 131	10 201	2 518	18	12 950	522	5 902	2.7	2 717
6 205	1 938	1 108	96	2 120	387	691	2.8	1 955
4 762	1 404	519	260	7 216	405	622	3.6	1 870
30 076	10 427	3 326	420	74 660	1 247	7 313	6.4	4 110
22 653	7 120	4 208	484	43 338	2 169	7 448	11.6	3 780
14 336	5 375	793	769	28 311	1 461	5 528	8.2	3 579
15 202	5 076	1 929	379	7 553	1 305	1 581	8.9	3 141
53 556	18 246	3 613	250	11 862	1 023	2 349	3.5	3 071
138 521	52 061	16 718	899	51 251	1 320	11 589	7.3	3 922
34 906	11 119	3 900	414	19 785	1 602	12 012	3.4	3 725
25 515	10 256	1 965	626	38 197	1 199	13 623	0.7	3 461
23 750	10 537	1 735	905	26 972	1 869	17 870	1.1	4 209
14 495	6 490	2 423	107	8 985	1 641	6 369	0.7	3 008
7 068	2 619	1 042	159	10 376	1 327	1 816	−0.3	3 177
5 839	2 306	785	202	12 459	1 583	13 694	−0.1	3 666
22 345	8 659	2 144	242	10 665	98	4 022	5.4	4 022
14 385	5 173	1 432	187	10 223	768	2 922	2.3	3 840
3 554	1 228	876	157	9 026	11	2 824	3.4	3 217
22 217	8 151	1 437	302	11 955	600	2 822	1.8	3 648
13 522	4 608	1 063	232	16 585	1 170	2 932	1.0	3 867
11 055	4 037	862	805	37 323	854	21 100	1.6	3 978
2 528	870	818	265	9 854	546	8 148	0.8	3 975

乡镇名称	村民委员会个数(个)	村民小组个数(个)	全乡总人口(人)	乡村总户数(户)	乡村人口(人)	年末乡村实有劳动力(人)	年末耕地面积(亩)
於潜镇	33	308	30 755	7 688	24 503	14 966	17 303
藻溪镇	31	247	21 938	6 531	21 161	13 148	17 654
绍鲁乡	10	108	7 520	2 341	7 358	4 772	6 550
西天目乡	22	136	13 168	4 013	12 626	7 675	8 189
千洪乡	10	85	6 779	2 067	6 669	3 987	4 374
横路乡	13	141	10 687	3 157	10 527	6 215	5 526
太阳镇	29	251	18 459	5 839	18 002	10 946	12 800
堰口乡	10	108	7 836	2 489	7 693	4 966	4 506
塔山乡	6	71	5 878	1 808	5 758	3 653	3 463
紫水乡	8	63	6 020	1 880	5 896	2 969	3 053
马山乡	9	60	4 695	1 433	4 531	2 598	1 636
乐平乡	11	111	10 800	3 189	10 200	6 354	6 296
昌化镇	26	178	21 857	5 384	16 200	10 919	13 395
龙岗镇	22	93	11 270	3 384	10 631	7 037	8 482
河桥乡	19	112	14 187	3 953	13 703	8 587	10 639
湍口镇	18	83	9 512	2 610	9 304	5 498	4 450
石瑞乡	8	70	5 697	1 618	5 560	3 553	4 318
洪岭乡	12	40	4 676	1 297	4 560	2 594	2 784
颊口镇	16	137	14 078	4 368	13 538	8 468	6 630
顺溪镇	8	69	7 350	2 241	7 175	4 190	4 474
马啸乡	16	108	10 252	3 026	9 786	5 748	5 633
岛石镇	32	195	18 420	5 879	17 796	11 780	7 469
新桥乡	15	60	7 135	2 222	7 010	4 723	4 173
上溪乡	14	46	4 706	1 558	4 569	2 986	3 488
龙井桥乡	13	30	3 220	918	3 162	2 065	2 755
鱼跳乡	13	39	3 912	1 209	3 822	2 615	2 441
余杭市							
临平镇	42	359	123 026	17 804	67 252	41 027	55 915
星桥镇	10	93	14 481	3 640	12 579	7 733	14 861
乔司镇	22	177	36 010	9 464	32 993	20 693	27 840

社会经济情况(五)

粮食播种面积(亩)	粮食总产量(吨)	农业总产值(1990价)(万元)	人均财政收入(元)	人均农村经济总收入(元)	农业劳均拥有农机总动力(瓦)	人均拥有农村固定资产原值(元)	乡镇企业利润率(%)	农民人均年纯收入(元)
28 573	11 250	2 512	256	8 387	728	6 072	3.7	3 047
21 822	10 058	1 515	228	9 488	391	3 418	4.1	3 103
9 557	4 402	700	162	7 165	676	1 365	4.2	3 232
14 568	6 006	1 587	272	7 507	752	2 192	2.2	3 369
7 082	2 656	1 079	181	4 678	529	2 824	−2.4	3 108
9 117	3 004	1 099	106	3 563	335	996	−3.7	2 200
21 289	8 586	1 543	227	6 565	1 699	6 944	2.1	3 064
7 561	3 883	1 572	144	4 257	560	1 391	1.7	2 489
7 297	2 855	1 331	252	12 589	1 084	9 338	1.3	3 477
6 643	2 061	598	68	6 733	774	3 122	1.2	3 002
3 828	1 213	596	327	5 584	727	3 478	1.8	3 165
13 040	4 504	1 524	213	10 393	851	20 028	−19.9	3 156
19 533	6 873	2 250	268	7 622	867	2 673	2.9	3 032
14 980	5 408	1 217	338	4 710	529	3 257	1.3	2 573
16 080	7 914	2 020	137	5 213	667	1 915	4.8	2 502
10 791	2 274	877	107	4 152	974	2 441	1.5	2 384
6 189	2 113	693	68	4 969	873	1 831	1.8	2 518
4 467	1 335	455	96	7 022	578	513	1.0	2 259
12 613	4 083	1 020	150	5 197	911	2 031	1.8	2 263
7 604	2 503	585	198	8 008	746	2 787	3.1	3 279
9 361	3 431	1 182	124	3 139	465	1 367	1.9	2 316
13 704	3 964	1 370	204	5 497	224	1 421	1.0	2 485
6 623	1 877	444	101	7 325	25	1 198	9.0	2 056
3 263	1 260	327	350	3 487	265	523	2.6	2 263
3 653	1 517	587	342	6 341	315	5 180	6.9	3 251
3 797	1 350	401	204	2 852	11	1 531	7.4	1 923
70 712	26 203	7 100	626	31 811	596	6 600	3.6	3 522
18 392	6 640	2 272	617	19 197	841	6 569	0.6	3 668
24 648	8 548	3 763	347	15 764	463	3 277	0.7	3 537

3-25 乡(镇)农村

乡镇名称	村民委员会个数(个)	村民小组个数(个)	全乡总人口(人)	乡村总户数(户)	乡村人口(人)	年末乡村实有劳动力(人)	年末耕地面积(亩)
亭趾镇	11	70	15 097	3 980	14 550	10 401	11 787
博陆镇	8	67	15 150	3 853	14 119	9 939	10 188
五杭镇	11	73	14 915	3 678	14 194	10 562	10 285
塘栖镇	49	501	89 840	17 420	64 922	44 768	42 036
东塘镇	15	136	22 154	5 653	21 434	14 208	13 662
獐山镇	13	114	18 383	3 964	14 777	9 391	11 871
崇贤镇	28	238	38 611	9 765	37 126	25 454	24 937
云会乡	17	154	20 759	5 231	20 327	14 131	15 669
勾庄镇	25	152	30 230	6 980	26 718	18 052	24 464
良渚镇	27	169	37 886	8 655	33 312	20 971	30 468
安溪镇	16	68	14 749	3 653	13 477	8 921	13 407
五常乡	16	76	16 585	3 726	14 945	9 842	8 974
瓶窑镇	22	197	37 290	7 024	25 423	15 785	31 562
彭公乡	13	86	15 145	3 451	12 794	7 943	10 047
潘板镇	11	96	13 756	4 707	12 521	8 980	15 404
双溪镇	9	53	9 636	2 770	9 072	6 580	6 671
黄湖镇	16	117	13 886	3 831	12 857	7 799	10 431
鸬鸟镇	13	128	13 102	3 753	12 819	7 874	8 051
百丈镇	8	92	11 056	3 411	11 056	6 797	4 867
余杭镇	30	267	53 732	9 675	31 679	18 619	36 692
仓前镇	26	367	35 033	9 355	33 864	22 623	34 776
中泰乡	24	202	24 569	6 802	23 783	13 495	17 188
闲林镇	15	154	30 935	5 634	19 863	13 709	11 848
长乐镇	15	126	16 307	4 512	14 323	8 798	14 385
建德市							
新安江镇	37	367	85 824	10 847	37 058	25 630	18 707
莲花镇	13	119	11 728	3 365	11 519	6 547	6 097
邓家乡	16	82	8 325	2 221	8 242	5 122	4 367
乾潭镇	33	293	21 892	5 948	20 417	11 941	16 424
下包乡	20	129	10 106	3 082	9 950	5 088	4 700

社会经济情况(六)

粮食播种面积(亩)	粮食总产量(吨)	农业总产值(1990价)(万元)	人均财政收入(元)	人均农村经济总收入(元)	农业劳均拥有农机总动力(瓦)	人均拥有农村固定资产原值(元)	乡镇企业利润率(%)	农民人均年纯收入(元)
14 617	5 962	1 457	472	56 049	500	7 362	2.9	4 519
13 736	5 589	1 809	616	35 539	554	8 129	4.9	3 608
14 383	5 826	970	620	20 572	497	4 232	1.1	3 749
67 264	27 327	9 483	661	29 284	758	5 016	1.4	3 604
26 655	10 070	2 021	298	14 228	89	4 645	-1.2	3 060
25 608	9 402	2 269	303	17 477	1 022	5 146	1.5	3 480
36 319	14 614	4 045	524	18 450	589	6 890	1.8	4 022
26 520	10 435	2 495	147	9 987	633	2 655	5.4	3 488
43 657	15 730	2 634	418	11 505	596	4 220	0.8	3 385
60 191	22 712	3 649	349	12 915	797	4 504	5.3	3 302
28 786	10 172	1 454	430	9 216	1 230	2 999	3.6	3 395
17 276	6 076	2 218	714	19 615	1 811	3 934	0.5	3 586
56 940	19 070	3 621	800	27 339	1 238	9 589	4.5	3 321
14 740	5 370	1 146	444	8 802	1 206	3 111	1.9	3 058
26 692	8 107	1 768	374	11 233	977	3 869	2.8	3 056
11 340	3 922	1 588	231	12 456	516	2 008	3.0	2 760
19 478	6 309	1 320	159	7 485	1 248	2 021	0.9	2 530
13 825	4 766	3 248	337	14 832	468	5 105	3.8	2 979
7 305	2 990	1 300	200	18 880	927	1 339	2.2	3 404
66 035	23 229	5 723	607	12 606	988	3 375	5.3	3 188
66 745	27 153	3 088	316	6 013	1 105	1 641	4.3	3 114
31 556	10 028	2 361	273	9 621	1 574	3 579	4.9	3 103
23 386	8 423	1 909	778	25 289	1 177	16 580	2.6	3 540
28 295	9 423	1 869	368	7 635	1 195	1 846	4.8	3 171
39 427	12 047	4 860	407	10 946	527	5 241	-0.8	2 160
15 757	4 488	3 397	260	15 560	552	1 311	1.1	2 498
13 010	3 103	1 050	97	2 939	879	1 080	4.1	1 393
38 104	12 481	3 978	432	26 704	751	4 349	2.3	2 628
14 639	3 541	1 425	116	12 805	302	1 219	2.0	2 246

乡镇名称	村民委员会个数(个)	村民小组个数(个)	全乡总人口(人)	乡村总户数(户)	乡村人口(人)	年末乡村实有劳动力(人)	年末耕地面积(亩)
钦堂乡	12	173	8 993	2 573	8 794	5 171	6 799
安仁镇	13	134	9 153	2 529	8 486	4 970	5 855
梅城镇	20	202	36 456	5 670	19 177	11 837	11 783
杨村桥镇	22	263	20 549	5 849	20 021	10 911	14 047
下涯镇	17	198	16 809	4 819	16 398	9 306	10 657
大洋镇	15	148	14 770	4 325	14 357	8 052	7 559
马目乡	9	120	10 742	2 946	10 742	7 088	7 434
洋尾乡	8	146	9 497	2 691	9 289	5 420	5 867
麻车乡	9	125	11 287	3 269	11 050	6 561	6 806
三河乡	14	103	9 490	2 671	9 284	5 397	6 036
三都镇	41	292	22 940	6 472	21 781	12 180	12 994
姚村乡	5	38	3 071	934	3 019	1 590	1 536
凤凰乡	9	57	4 780	1 439	4 705	2 311	2 427
寿昌镇	40	324	38 815	8 245	27 577	16 496	18 377
航头镇	31	278	26 963	7 696	26 705	15 099	22 240
檀村镇	33	351	23 759	7 104	23 132	12 528	17 010
童家乡	10	99	8 404	2 466	8 266	4 449	5 294
石屏乡	11	79	8 190	2 159	8 174	4 378	4 530
大同镇	27	261	25 951	7 212	24 821	13 099	15 645
李家镇	22	249	22 331	6 422	22 048	12 466	11 964
劳村镇	15	133	17 625	4 743	16 685	9 149	11 569
上马乡	16	114	13 351	3 865	13 105	7 426	7 360
淳安县							
千岛湖镇	28	123	42 636	2 925	9 862	6 149	5 001
文昌镇	29	107	12 745	3 501	12 281	7 461	5 940
茶园镇	3	8	1 018	226	778	424	227
临歧镇	38	168	21 141	5 907	20 305	12 585	11 204
威坪镇	44	181	24 100	6 848	21 927	13 435	7 695
唐村镇	26	131	15 555	4 809	15 260	9 251	5 120
姜家镇	33	156	14 529	3 540	12 538	8 283	6 875

社会经济情况(七)

粮食播种面积(亩)	粮食总产量(吨)	农业总产值(1990价)(万元)	人均财政收入(元)	人均农村经济总收入(元)	农业劳均拥有农机总动力(瓦)	人均拥有农村固定资产原值(元)	乡镇企业利润率(%)	农民人均年纯收入(元)
16 326	5 228	1 238	175	6 504	526	1 390	7.1	2 542
12 732	3 934	1 226	171	7 233	1 242	3 481	0.4	1 987
24 244	6 948	3 206	453	44 843	866	892	2.9	2 320
32 540	8 994	4 265	282	19 184	582	938	3.7	2 904
23 705	6 598	4 272	125	12 258	793	393	4.0	2 137
22 587	6 182	2 815	192	7 708	535	1 729	3.1	1 993
20 627	5 771	1 725	96	3 899	1 390	722	6.0	2 158
17 398	4 389	1 341	90	7 906	621	1 026	0.5	1 800
19 099	5 363	2 803	91	3 551	372	750	9.8	1 896
14 706	4 253	1 221	44	2 936	593	683	3.4	1 365
33 096	9 728	5 790	133	9 206	624	443	16.5	1 830
6 899	947	395	113	15 558	597	2 723	0.0	2 302
9 445	1 747	922	72	7 989	576	550	2.4	1 528
41 242	12 296	3 194	201	4 662	436	1 355	2.4	2 084
51 064	14 657	2 507	44	5 354	542	1 401	−6.7	1 831
34 363	9 945	2 622	46	2 120	69	455	2.9	1 670
13 771	3 987	1 194	86	4 914	524	1 884	−33.5	2 152
12 211	3 217	920	131	4 717	577	152	−4.7	1 972
37 454	10 818	2 187	89	3 415	596	732	0.1	1 892
27 225	7 605	3 145	59	9 547	816	1 383	−4.6	1 902
26 251	7 974	2 000	92	4 176	74	134	−1.8	1 913
16 063	4 744	1 130	27	3 740	262	666	−13.8	1 633
15 569	4 100	2 532	220	17 209	799	6 351	2.2	1 928
20 179	5 110	2 351	204	7 205	1 176	1 164	1.7	1 866
686	97	246	1 671	23 175	1 599	8 740	2.9	2 159
33 762	8 171	3 420	100	3 267	409	1 314	1.8	1 582
32 266	4 754	2 262	99	4 442	343	444	0.7	1 032
23 760	3 591	1 378	69	1 051	182	601	5.3	851
22 040	4 570	1 771	122	6 339	130	1 437	−1.4	1 420

3-25 乡(镇)农村

乡镇名称	村民委员会个数(个)	村民小组个数(个)	全乡总人口(人)	乡村总户数(户)	乡村人口(人)	年末乡村实有劳动力(人)	年末耕地面积(亩)
梓桐镇	38	185	20 691	6 090	20 255	13 512	8 282
汾口镇	72	368	40 465	10 817	37 667	23 803	20 292
中洲镇	42	230	20 834	5 756	20 601	12 789	9 551
大市镇	38	157	15 148	4 263	14 539	8 821	8 802
枫树岭镇	43	135	14 165	4 077	13 666	8 796	7 463
里商乡	21	89	9 775	2 689	9 503	5 289	2 640
金峰乡	23	84	6 666	1 956	6 574	4 112	3 901
富溪乡	14	35	4 273	1 172	4 201	2 503	1 940
富文乡	18	79	8 766	2 190	8 631	5 031	4 044
淡竹乡	6	23	2 025	542	1 997	1 215	1 030
许源乡	10	34	3 056	845	3 003	1 840	825
桐子坞乡	13	34	3 663	1 031	3 615	2 266	2 055
左口乡	16	80	7 206	1 981	7 202	4 011	3 251
汪宅乡	12	55	5 328	1 508	5 246	3 323	2 783
屏门乡	32	85	13 391	4 060	13 189	8 783	4 375
瑶山乡	20	90	9 806	2 810	9 663	6 203	3 908
光昌乡	8	77	7 082	1 869	7 051	4 432	3 008
叶家乡	23	120	14 450	4 260	14 159	8 485	5 807
王阜乡	28	107	12 531	3 988	12 350	7 349	2 721
严家乡	18	69	6 736	2 196	6 648	4 820	1 409
宋村乡	21	59	7 305	2 043	7 170	4 929	2 114
鸠坑乡	13	39	4 713	1 439	4 655	3 089	1 422
南赋乡	10	47	4 568	1 415	4 476	2 815	1 641
浪川乡	36	217	20 862	5 727	20 532	12 661	12 530
郭村乡	25	184	14 345	4 090	14 156	9 164	8 967
东亭乡	18	77	5 840	1 612	5 670	3 724	2 986
龙源乡	17	86	8 736	2 442	8 619	5 186	3 483
百亩畈乡	10	51	5 425	1 472	5 329	3 336	1 023
安阳乡	31	125	12 414	3 516	12 011	7 066	7 290
白马乡	21	50	6 016	1 722	5 901	3 777	4 041

社会经济情况(八)

粮食播种面积(亩)	粮食总产量(吨)	农业总产值(1990价)(万元)	人均财政收入(元)	人均农村经济总收入(元)	农业劳均拥有农机总动力(瓦)	人均拥有农村固定资产原值(元)	乡镇企业利润率(%)	农民人均年纯收入(元)
36 890	7 274	2 398	164	5 593	366	1 306	2.8	1 435
62 001	16 678	3 903	112	5 052	254	1 229	−2.4	1 254
28 685	6 279	2 456	91	1 972	370	281	4.3	1 031
21 160	5 455	1 855	154	7 719	279	2 642	0.3	1 579
19 852	4 372	2 151	151	4 551	443	1 479	0.9	1 302
13 566	2 554	1 172	96	2 824	18	450	2.7	1 332
8 845	2 453	825	65	2 496	311	193	8.2	1 276
7 400	1 520	828	217	3 673	11	409	3.7	1 602
9 834	2 640	1 135	112	2 793	770	510	10.8	1 442
3 565	1 084	515	210	4 106	976	681	0.5	1 898
2 723	482	514	310	3 720	671	127	4.8	1 435
5 080	1 431	923	116	4 199	95	888	6.6	1 776
10 108	2 370	962	60	1 655	693	807	5.6	1 272
7 724	2 052	810	88	2 434	520	166	8.3	1 348
25 465	3 348	1 975	107	3 229	363	608	3.2	1 328
15 412	3 002	1 235	80	2 749	320	705	4.4	1 390
11 414	2 216	891	79	2 910	418	166	1.4	1 350
18 900	3 110	1 277	132	1 604	59	1 646	−4.4	1 009
18 599	1 730	1 207	66	1 670	361	403	5.5	852
9 642	674	723	71	1 737	288	438	7.4	826
7 038	1 102	622	46	1 346	183	406	12.2	852
6 861	566	387	99	1 944	493	844	4.0	881
8 305	1 135	518	116	3 329	219	789	8.9	1 050
34 527	9 414	2 487	85	2 729	268	601	−13.3	1 254
24 347	6 599	1 763	121	4 283	350	475	0.3	1 257
11 100	2 292	1 023	141	2 557	290	166	4.4	1 056
13 563	2 181	891	73	2 098	205	546	7.7	867
3 562	637	562	107	1 858	723	779	1.8	1 021
20 570	5 101	1 782	72	3 689	312	485	2.2	1 285
10 021	2 685	1 542	164	3 501	215	632	9.6	1 896

四、工　　业

1996年杭州市工业经济稳步发展

1996年，杭州工业经济在国内外市场发生较大变化，生产面临很多新问题新困难的情况下，各主管部门和广大工业企业，振奋精神，克服困难，积极推进两个根本性转变，经济的发展仍取得明显的成效。

一、工业生产保持平稳，适度增长的良好态势。

1996年全市实现工业总产值1479亿元，比上年增长20.8%，其中乡及乡以上工业达到883.12亿元，同比增长11.7%。全部工业销售产值完成1407亿元，比上年增长14.6%，其中乡及乡以上工业实现842亿元，比上年增长11.7%。

二、坚持以市场为导向，积极进行产品结构的调整，提高杭产品的市场占有率和覆盖面，取得较大进展

面对激烈的市场竞争，我市工业企业积极进行产品结构的适应性调整，大力开拓国内国外市场。市委和市政府的有关部门积极为企业塔台，一年来，我市先后举办或组团参加了“杭产品哈尔滨展销会”、“杭州金秋商品展销会”、“杭州冬季产品大展销”、“上海商品交易会”、“中国商品（纽约）交易会”等数次展销订货活动。市机械、二轻系统还分别组织企业参加了阿联酋、埃及、印度尼西亚、南非、荷兰等国家的国际展销活动。市经委还出台了《关于加强杭州工业企业营销工作意见》。通过政府和企业的通力合作，杭产品的产品结构得到了进一步的优化，市场占有率得到了进一步的提高。据市机械、电子、医药、轻工、食品、丝绸、纺织、化工等行业的200多只产品的跟踪调查分析，1996年销售额在国内同行业中居前10位的产品有73只，其中不少产品居全国同行业首位。据统计年报显示：1996年全市工业产品产销率为95.1%，其中：乡及乡以上工业产品产销率达到95.3%。市属10个工交局（公司）产销率达到97.2%。基本保持了产销之间的平衡。

三、外向型经济取得了新的发展，杭产品进入国际市场的步伐进一步加快

截止1996年末，全市自营出口生产企业已由上年的80家发展到95家，自营出口额达2.4亿美元，比上年增长26%。西湖电子集团、杭州中策橡胶、杭州兔毛纺织品集团、杭州化纤集团、杭州金鱼电器集团等出口额均超过1000万美元。自营出口生产企业不断扩大，为我市产品进入国际市场创造了良好的条件。1996年全市乡及乡以上三资工业共完成工业产值194.05亿元，比上年增长9.7%。实现出口产品供货值129.63亿元，出口交货值占全市乡及乡以上工业产品销售产值的比重达15.4%，比上年提高0.7个百分点。这表明，我市工业经济的外向度有了进一步的提高。

四、企业改革不断深化，以建立现代企业制度为目标，国企改革为中心的企业改革工作稳步推进

22家被列入省、市进行现代企业制度试点的工业企业中，除2家有特殊原因推迟实施，1家经批准退出试点外，其余19家试点企业已全部进入实施阶段。其中杭氧、杭璃、西湖电子、汽轮等4家公司国有资产实施授权经营，落实了国有资产的经营责任，确保了国有资产的增值和保值，同时，通过试点，党组织的政治核心作用得到了进一步的发挥，职工民主管理得到了进一步的加强。

五、企业组织结构调整和存量资产重组的步伐进一步加大

1996年我市紧紧抓住被列为国家优化资本结构试点城市的有利契机，适时推出了《杭州市优化资本结构，增强企业实力试点方案》，通过实质性的运转，取得了初步成效。对杭州民生药业集团公司等企业的5000多万元省“拨改贷”款项，国家有关部门同意改为投资，从而优化了企业的资本结构，增强了发展的后劲。在过去的一年里企业兼并步伐加快，仅市属企业就有27家企业先后被兼并，涉及资产总计9.4亿元，安置职工和离退休人员3万余人，盘活存量资产2.3亿元，1亿多元债务得到了落实。

六、以优化资本结构和产业结构为目标的扶优扶强工作取得较大进展

根据我市“九五”产业结构调整的总目标，我市确定了大集团大公司发展的战略，选择了70家工业企业列入省“五个一批”重点骨干企业，18家工业企业作为市扶优扶强的重点。按照省和市的有关政策，进行重点培育，使这些企业“九五”期间发展成为我市工业经济的支柱和排头兵。与此同时，一批以优势企业、名牌产品为龙头的“集团军”不断状大，并带动一批中小企业的发展。1996年全市共组建企业集团14家，注册资本合计达9.5亿元。至1996年底止累计全市共有工业企业集团131家，拥有控股和参股企业1343家。

七、依靠科技，积极推进技术进步工作取得了新进展

1996年全市工业企业技术改造建成投产的项目300个，其中1000万元以上的25个。工业十大建设工程项目进展顺利，部分“双加”项目开始启动。1996年全市工业企业开发新产品1227项，其中主要技术性能指标达到国际同类产品水平的有24项，达到国内先进水平的有175项，填补省内空白的有40项。

4-01 主要年份工业企业单位数

单位:个

年份	合计	国有经济	集体经济	#乡(镇)办工业	其他各种经济类型
1962	2 133	393	1 740	67	
1965	1 770	419	1 351		
1970	1 855	488	1 367	500	
1975	2 302	589	1 713	745	
1976	2 483	605	1 878	913	
1977	2 666	645	2 021	1 080	
1978	2 868	680	2 188	1 241	
1979	3 072	684	2 388	1 510	
1980	3 519	691	2 828	1 857	
1981	3 850	697	3 150	2 111	3
1982	3 988	709	3 274	2 207	5
1983	4 149	720	3 424	2 328	5
1984	4 622	716	3 899	2 790	7
1985	5 800	823	4 966	3 130	11
1986	5 888	826	5 052	3 349	10
1987	5 937	846	5 066	3 378	25
1988	6 163	871	5 266	3 506	26
1989	6 143	886	5 216	3 471	41
1990	6 183	921	5 213	3 389	49
1991	6 234	933	5 219	3 361	82
1992	6 235	941	5 162	3 274	132
1993	6 161	919	4 896	2 968	346
1994	6 350	939	4 881	2 951	530
1995	6 744	1 086	4 722	2 949	936
1996	6 148	1 011	4 268	2 719	869

注:本表范围为乡及乡以上工业企业单位数。

4-02　分县(市)工业

(1996 年)

项　目	全　市	市　区	萧山市
全部工业企业单位数	**71 563**	**5 803**	**10 076**
#乡及乡以上工业合计	**6 148**	**2 043**	**862**
一、按轻重工业分			
轻工业	3 306	1 092	521
重工业	2 842	951	341
二、按经济类型分			
国有经济	1 011	458	98
集体经济	4 268	1 109	664
私营经济	39	34	-
联营经济	82	42	3
股份制经济	127	80	4
外商投资经济	313	151	55
港、澳、台投资经济	305	167	38
其他经济	3	2	-
总计中:国有控股	138	88	15
总计中:乡属企业	2 719	294	573
三、按企业规模分			
大型企业	108	70	17
中型企业	238	103	31
小型企业	5 802	1 870	814

企业单位数

单位:个

桐庐县	富阳市	临安市	余杭市	建德市	淳安县
5 284	**6 621**	**22 648**	**10 977**	**7 810**	**2 344**
391	**587**	**553**	**879**	**440**	**393**
233	286	296	456	215	207
158	301	257	423	225	186
48	83	66	106	95	57
306	451	451	653	323	311
–	1	1	–	3	–
–	7	4	22	2	2
9	10	5	2	6	11
17	12	16	54	6	2
10	23	10	42	5	10
1	–	–	–	–	–
13	–	6	6	3	7
241	224	346	530	238	273
4	–	4	9	4	–
7	19	19	36	12	11
380	568	530	834	424	382

4-03 分县(市)

(1996 年,按 1990 年不变价格

项　目	全　市	市　区	萧山市
全部工业总产值	**13 804 903**	**5 818 145**	**2 554 761**
#乡及乡以上工业合计	**8 293 871**	**4 335 356**	**1 494 448**
为上年(%)	111.7	109.3	122.1
一、按轻重工业分			
轻工业	4 427 615	2 309 655	870 501
重工业	3 866 256	2 025 701	623 947
二、按经济类型分			
国有经济	2 538 810	1 892 078	179 625
集体经济	3 241 694	894 643	879 155
私营经济	34 855	25 184	–
联营经济	177 400	135 907	16 587
股份制经济	429 557	144 052	174 299
外商投资经济	946 862	581 911	154 927
港、澳、台投资经济	924 322	661 431	89 855
其他经济	371	150	–
总计中:国有控股	457 392	306 311	45 356
总计中:乡属企业	2 453 266	404 861	906 091
三、按企业规模分			
大型企业	2 994 425	2 294 843	384 480
中型企业	1 452 865	666 284	185 165
小型企业	3 846 581	1 374 229	924 803

工业总产值

新规定计算)

单位:万元

桐庐县	富阳市	临安市	余杭市	建德市	淳安县
603 964	**1 285 056**	**1 057 811**	**1 638 652**	**628 095**	**218 419**
253 353	**436 850**	**388 308**	**905 926**	**321 474**	**158 156**
107.8	118.8	96.0	114.3	100.1	135.3
187 870	195 193	192 300	446 893	118 660	106 543
65 483	241 657	196 008	459 033	202 814	51 613
47 367	83 926	62 528	131 042	97 948	44 296
147 725	249 645	278 665	602 868	115 823	73 170
–	7 116	119	–	2 436	–
–	1 250	2 136	18 797	1 413	1 310
18 733	11 989	14 419	2 836	55 656	7 573
28 331	24 786	23 287	93 592	24 905	15 123
10 976	58 138	7 154	56 791	23 293	16 684
221	–	–	–	–	–
13 480	–	14 514	18 463	54 511	4 758
137 526	209 797	170 235	464 616	98 919	61 222
16 401	–	98 515	115 010	85 176	–
26 304	107 013	109 572	234 899	89 640	33 988
210 648	329 837	180 221	556 017	146 658	124 168

4–04 分县（市）工业

(1996年,按现价

项　目	全　市	市　区	萧山市
全部工业总产值	**14 792 193**	**6 176 899**	**2 777 005**
为上年(%)(按1990不变价计算)	120.8	114.8	139.1
乡及乡以上工业合计	**8 831 167**	**4 599 778**	**1 613 105**
一、按轻重工业分			
轻工业	4 606 720	2 460 319	885 356
重工业	4 224 447	2 139 459	727 749
二、按经济类型分			
国有经济	2 905 614	2 018 768	247 751
集体经济	3 320 757	951 432	895 200
私营经济	37 155	26 475	–
联营经济	177 279	138 458	14 664
股份制经济	444 680	143 614	195 656
外商投资经济	1 000 576	643 516	153 441
港、澳、台投资经济	944 744	677 361	106 393
其他经济	362	154	–
总计中:国有控股	496 347	339 221	59 926
总计中:乡属企业	2 475 212	402 627	921 043
三、按企业规模分			
大型企业	3 148 385	2 385 360	383 824
中型企业	1 613 936	753 380	248 215
小型企业	4 068 846	1 461 038	981 066

总产值

新规定计算)

单位:万元

桐庐县	富阳市	临安市	余杭市	建德市	淳安县
667 174	**1 359 635**	**1 131 868**	**1 753 204**	**728 592**	**197 816**
152.2	117.8	102.8	122.7	121.5	139.6
286 075	**447 540**	**396 160**	**981 913**	**367 861**	**138 735**
194 714	200 736	202 080	460 907	116 339	86 269
91 361	246 804	194 080	521 006	251 522	52 466
75 863	99 087	58 467	200 057	163 975	41 646
153 513	245 654	295 126	602 956	108 453	68 423
–	7 571	119	–	2 990	–
–	1 340	2 124	18 130	1 114	1 449
18 351	15 068	14 167	2 561	47 065	8 198
25 478	26 228	18 515	98 373	24 530	10 495
12 662	52 592	7 642	59 836	19 734	8 524
208	–	–	–	–	–
13 431	–	13 451	18 011	47 116	5 191
139 152	209 689	185 385	470 074	88 595	58 647
37 449	–	96 117	120 103	125 532	–
31 509	112 127	99 961	261 442	83 247	24 055
217 117	335 413	200 082	600 368	159 082	114 680

4-05 分县（市）工

(1996 年,

项　目	全　市	市　区	萧山市
乡及乡以上工业合计	**8 419 934**	**4 399 456**	**1 546 752**
一、按轻重工业分			
轻工业	4 400 512	2 361 597	851 828
重工业	4 019 422	2 037 859	694 924
二、按经济类型分			
国有经济	2 815 130	1 944 245	248 803
集体经济	3 131 491	891 014	857 523
私营经济	33 889	23 875	–
联营经济	171 885	133 812	14 532
股份制经济	426 624	139 866	188 628
外商投资经济	934 901	611 643	137 451
港、澳、台投资经济	905 649	654 860	99 815
其他经济	365	141	–
总计中:国有控股	475 821	325 741	58 595
总计中:乡属企业	2 316 230	365 307	878 540
三、按企业规模分			
大型企业	3 021 542	2 275 833	379 824
中型企业	1 544 190	724 159	241 276
小型企业	3 854 202	1 399 464	925 652

业销售产值

按现价计算)

单位:万元

桐庐县	富阳市	临安市	余杭市	建德市	淳安县
268 726	**418 632**	**374 965**	**931 839**	**352 553**	**127 011**
182 934	190 270	187 824	438 316	107 678	80 065
85 792	228 362	187 141	493 523	244 875	46 946
74 259	92 454	55 940	198 371	162 450	38 608
143 278	228 539	280 264	565 200	104 461	61 212
–	7 500	122	–	2 392	–
–	1 436	2 058	17 534	1 107	1 406
17 245	14 478	12 391	2 126	44 599	7 291
22 399	21 462	17 686	94 469	19 635	10 156
11 321	52 763	6 504	54 139	17 909	8 338
224	–	–	–	–	–
12 068	–	12 411	16 867	45 688	4 451
127 100	192 166	176 250	441 372	83 147	52 348
36 408	–	92 553	113 066	123 858	–
30 359	103 803	96 184	249 105	75 561	23 743
201 959	314 829	186 228	569 668	153 134	103 268

4-06 全市分行业工业企业单位数

(1996 年)

分类行业	工业企业单位数(个)	
	本 年	为上年(%)
乡及乡以上工业总计	**6 148**	**91.2**
按隶属关系分		
中 央 属	91	116.7
省 属	217	90.0
市属(含区属)	1 820	91.2
县 (市) 属	4 020	90.8
按企业规模分		
大型企业	108	124.1
中型企业	238	102.6
小型企业	5 802	90.3
按轻重工业分		
轻工业	3 306	89.7
以农产品为原料	2 170	88.5
以非农产品为原料	1 136	92.0
重工业	2 842	92.9
采掘工业	123	97.6
原材料工业	633	93.4
加工制造业	2 086	92.5
按国民经济行业分		
煤炭采选业	9	100.0
黑色金属矿采选业	1	50.0
有色金属矿采选业	12	120.0
非金属矿采选业	98	98.0
其他矿采选业	1	–
木材及竹材采运业	4	80.0
食品加工业	178	88.6
食品制造业	172	96.6
饮料制造业	162	91.0

工业总产值及销售产值

单位:万元

1990 不变价工业总产值 新规定 本年	1990 不变价工业总产值 新规定 为上年(%)	当年价工业总产值 新规定 本年	当年价工业总产值 新规定 为上年(%)	当年价销售产值
8 293 871	**111.7**	**8 831 167**	**110.3**	**8 419 934**
830 211	121.8	813 576	117.0	773 920
393 570	86.1	622 865	90.3	606 280
3 366 056	107.8	3 607 636	108.4	3 453 680
3 704 034	117.0	3 787 090	115.0	3 586 054
2 994 425	138.9	3 148 385	130.8	3 021 542
1 452 865	104.6	1 613 936	101.6	1 544 190
3 846 581	99.1	4 068 846	101.4	3 854 202
4 427 615	110.7	4 606 720	112.2	4 400 512
2 708 920	111.1	2 950 800	111.0	2 817 050
1 718 695	110.0	1 655 920	114.3	1 583 462
3 866 256	112.8	4 224 447	108.3	4 019 422
50 579	109.3	57 175	103.4	53 691
832 480	117.1	1 323 851	106.3	1 287 032
2 983 197	111.7	2 843 421	109.4	2 678 699
1 681	174.4	1 954	139.8	1 746
1 252	98.6	1 663	97.3	1 496
11 405	101.4	15 641	94.4	15 258
35 988	113.2	37 643	109.1	34 875
25	–	25	–	24
737	73.8	763	67.7	853
124 069	116.8	180 890	103.2	175 654
237 252	114.8	273 544	112.3	266 494
296 523	189.3	339 202	186.2	329 806

4-06 全市分行业工业企业单位数

续表一 (1996年)

分类行业	工业企业单位数(个)	
	本 年	为上年(%)
烟草加工业	1	100.0
纺织业	579	87.7
服装及其他纤维制品制造业	331	91.7
皮革、毛皮、羽绒及其制品业	141	79.7
木材加工及竹、藤、棕、草制品业	190	84.8
家具制造业	75	83.3
造纸及纸制品业	186	99.5
印刷业、记录媒介的复制业	215	89.6
文教体育用品制造业	72	87.8
石油加工及炼焦业	5	83.3
化学原料及化学制品制造业	347	91.1
医药制造业	57	90.5
化学纤维制造业	26	108.3
橡胶制品业	41	102.5
塑料制品业	293	86.9
非金属矿物制品业	428	95.5
黑色金属冶炼及压延加工业	39	78.0
有色金属冶炼及压延加工业	33	84.6
金属制品业	371	94.6
普通机械制造业	408	93.2
专用设备制造业	249	100.8
交通运输设备制造业	275	84.4
电气机械及器材制造业	413	89.4
电子及通信设备制造业	241	92.0
仪器仪表及文化办公用机械制造业	188	98.9
其他制造业	131	86.2
电力、蒸汽、热水的生产和供应业	126	92.0
煤气生产和供应业	5	125.0
自来水的生产和供应业	45	109.8

工业总产值及销售产值

单位:万元

1990不变价工业总产值		当年价工业总产值		当年价销售产值
新规定		新规定		
本年	为上年(%)	本年	为上年(%)	
115 748	119.2	130 873	128.4	132 125
895 490	93.4	873 794	91.1	832 705
255 856	92.2	281 134	98.0	263 579
288 812	124.8	325 184	133.3	292 072
55 852	103.3	59 591	105.5	54 895
47 373	191.5	49 128	202.2	46 824
182 581	124.0	220 173	123.3	208 843
76 975	129.9	90 796	127.1	89 472
65 618	143.5	67 009	160.1	60 655
26 180	102.7	40 364	92.9	40 945
612 067	121.8	621 470	120.6	592 509
175 383	119.7	164 582	123.6	157 009
160 916	152.7	138 239	124.3	131 070
185 528	116.1	175 455	118.3	165 286
242 018	96.1	248 564	95.3	236 732
332 806	114.1	434 067	104.8	410 950
263 915	108.6	418 537	107.7	408 253
34 754	111.0	39 520	107.0	32 767
253 959	106.2	272 062	106.7	262 864
470 486	100.8	500 236	102.4	475 717
184 174	124.5	193 619	120.2	188 494
459 551	116.0	489 418	110.6	472 355
872 117	110.1	827 113	109.0	784 691
963 284	102.9	729 208	104.6	678 070
150 601	113.5	152 939	123.1	141 448
76 498	126.3	81 266	124.0	80 453
117 962	134.8	315 456	102.3	314 115
5 872	112.1	11 206	130.3	10 645
12 563	100.7	28 839	117.8	28 185

4-07 市区分行业工业企业单位数

(1996 年)

分类行业	工业企业单位数(个)	
	本 年	为上年(%)
乡及乡以上工业总计	**2 043**	**93.8**
按隶属关系分		
中 央 属	79	127.4
省 属	191	103.8
市属(含区属)	1 773	91.7
按企业规模分		
大型企业	70	127.3
中型企业	103	88.8
小型企业	1 870	93.1
按轻重工业分		
轻工业	1 092	91.4
以农产品为原料	622	90.3
以非农产品为原料	470	92.9
重工业	951	96.6
采掘工业	10	142.9
原材料工业	101	113.5
加工制造业	840	94.6
按国民经济行业分		
煤炭采选业	–	–
黑色金属矿采选业	–	–
有色金属矿采选业	–	–
非金属矿采选业	10	142.9
其他矿采选业	–	–
木材及竹材采运业	–	–
食品加工业	25	78.1
食品制造业	55	96.5
饮料制造业	27	96.4
烟草加工业	1	100.0

工业总产值及销售产值

单位:万元

1990不变价工业总产值 新规定 本年	为上年(%)	当年价工业总产值 新规定 本年	为上年(%)	当年价销售产值
4 335 356	**109.3**	**4 599 778**	**109.0**	**4 399 456**
798 202	123.9	716 488	119.3	677 203
327 313	87.5	474 808	90.6	460 285
3 209 841	108.9	3 408 482	110.1	3 261 968
2 294 843	145.3	2 385 360	138.0	2 275 833
666 284	88.8	753 380	89.5	724 159
1 374 229	84.0	1 461 038	88.5	1 399 464
2 309 655	111.2	2 460 319	114.0	2 361 597
1 149 941	114.4	1 332 745	114.4	1 276 134
1 159 714	108.3	1 127 574	113.4	1 085 463
2 025 701	107.2	2 139 459	103.7	2 037 859
5 152	106.6	2 561	90.3	2 483
399 996	131.6	627 117	112.1	613 902
1 620 553	102.5	1 509 781	100.7	1 421 474
–	–	–	–	–
–	–	–	–	–
–	–	–	–	–
5 152	106.6	2 561	90.3	2 483
–	–	–	–	–
–	–	–	–	–
25 349	86.8	43 651	80.8	41 335
162 524	104.7	191 178	103.8	187 432
204 508	295.4	227 369	283.3	222 365
115 748	119.2	130 873	128.4	132 125

4-07 市区分行业工业企业单位数

续表一　　(1996年)

分类行业	工业企业单位数(个)	
	本　年	为上年(%)
纺织业	96	85.7
服装及其他纤维制品制造业	158	91.3
皮革、毛皮、羽绒及其制品业	50	90.9
木材加工及竹、藤、棕、草制品业	8	61.5
家具制造业	33	70.2
造纸及纸制品业	37	132.1
印刷业、记录媒介的复制业	114	101.8
文教体育用品制造业	25	78.1
石油加工及炼焦业	3	100.0
化学原料及化学制品制造业	113	106.6
医药制造业	32	100.0
化学纤维制造业	6	60.0
橡胶制品业	12	92.3
塑料制品业	110	96.5
非金属矿物制品业	62	98.4
黑色金属冶炼及压延加工业	11	91.7
有色金属冶炼及压延加工业	10	111.1
金属制品业	111	88.8
普通机械制造业	159	105.3
专用设备制造业	128	108.5
交通运输设备制造业	113	80.1
电气机械及器材制造业	196	87.1
电子及通信设备制造业	137	87.8
仪器仪表及文化办公用机械制造业	125	105.0
其他制造业	63	85.1
电力、蒸汽、热水的生产和供应业	6	85.7
煤气生产和供应业	3	150.0
自来水的生产和供应业	4	100.0

工业总产值及销售产值

单位:万元

1990不变价工业总产值		当年价工业总产值		当年价销售产值
新规定		新规定		
本年	为上年(%)	本年	为上年(%)	
213 330	73.6	217 851	74.2	208 672
85 276	87.8	97 467	89.1	92 365
102 751	166.2	142 857	166.8	117 710
10 521	91.2	14 666	94.3	13 841
8 101	90.6	7 996	84.3	7 652
57 903	123.4	80 102	124.1	76 251
44 872	132.3	55 411	128.7	54 814
9 876	52.2	10 582	51.8	9 609
26 010	103.3	40 207	93.2	40 788
304 995	125.4	316 767	122.7	305 316
145 114	124.2	136 378	126.5	131 221
59 196	116.5	62 582	95.6	59 127
166 916	116.0	156 379	118.9	147 113
117 596	102.6	125 672	102.3	120 722
111 043	104.6	133 541	98.1	122 628
191 449	135.3	322 196	116.6	314 278
3 811	47.9	3 865	53.5	3 697
91 202	106.8	100 734	103.0	96 256
280 837	99.9	296 819	100.9	284 363
85 280	130.0	86 018	125.0	83 230
219 700	103.5	246 825	97.8	240 725
477 479	103.6	469 925	106.0	455 285
837 366	97.0	641 077	99.1	595 380
61 755	113.8	62 873	128.1	58 544
44 166	140.6	49 799	132.8	49 089
53 666	209.1	97 302	101.8	97 302
4 191	120.6	9 480	138.9	8 966
7 673	100.3	18 775	126.7	18 772

4-08 市县(市)工业企业单位数、

(1996 年)

	工业企业单位数(个)	
	本 年	为上年(%)
一、市 属		
建材冶金工业公司	29	93.5
机械工业局	63	98.4
电子仪表工业公司	39	73.6
艹西湖电子集团		
化学工业公司	22	68.8
医药管理局	16	88.9
轻工业局	65	98.5
纺织化纤工业公司	29	87.9
丝绸工业总公司	64	87.7
二轻工业总公司	46	61.3
交通管理局	15	78.9
商业局	17	54.8
供销联合社	13	108.3
粮食局	15	100.0
教育委员会	72	116.1
民政局	21	77.8
物资局	7	100.0
公用事业管理局	19	95.0
建筑业管理局	5	125.0
上城区	176	101.7
下城区	122	79.7
江干区	191	102.7
拱墅区	201	78.8
西湖区	393	143.4
二、县(市)属		
萧山市	862	77.5
桐庐县	391	79.1
富阳市	587	90.0
临安市	553	98.9
余杭市	879	90.3
建德市	440	84.6
淳安县	393	90.1

工业总产值及销售产值

单位:万元

1990不变价工业总产值 新规定		当年价工业总产值 新规定		当年价销售产值
本年	为上年	本年	为上年	
88 422	98.3	119 908	88.4	117 186
260 544	93.1	301 635	92.9	290 549
220 889	93.2	192 033	103.2	189 963
348 647	114.6	346 202	111.5	333 924
218 963	96.5	189 163	101.0	183 766
179 668	95.2	229 898	98.5	225 684
192 943	96.8	216 152	85.9	211 860
151 607	84.6	143 960	82.0	137 897
351 535	107.2	376 326	112.1	362 241
7 541	103.4	9 122	114.6	8 625
21 027	93.2	41 667	112.2	38 632
50 175	127.9	52 874	126.7	53 297
38 140	95.8	59 912	86.9	56 740
8 419	84.5	8 697	89.2	8 759
8 610	91.8	10 724	81.7	10 629
11 594	97.5	18 936	97.0	18 066
16 562	96.2	34 246	118.2	33 240
12 613	219.5	13 713	152.2	9 074
218 547	115.8	225 251	119.4	221 023
64 883	85.0	90 712	100.4	82 229
180 427	143.9	191 735	157.2	163 226
191 097	125.4	182 744	133.3	172 233
321 040	284.2	315 417	285.1	298 679
1 494 448	106.4	1 613 105	103.4	1 546 752
253 353	107.8	286 075	111.9	268 726
436 850	118.8	447 540	111.4	418 632
388 308	96.0	396 160	89.6	374 965
905 926	105.9	981 913	109.7	931 839
321 474	100.1	367 861	97.6	352 553
158 156	135.3	138 735	120.9	127 011

4-09 主要工业产品生产量

(1996 年)

产品名称	计量单位	全市		其中：市区
		本年	为上年(%)	
原煤	万吨	27.99	114.5	-
铁矿石原矿量	万吨	39.36	85.0	-
发电量	亿千瓦时	77.40	99.6	23.50
罐头食品	万吨	5.07	85.9	3.14
乳制品	吨	8 319	104.9	5 588
饮料酒（商品量）	万吨	58.71	116.1	14.07
其中:啤酒	万吨	50.43	117.4	12.14
卷烟	万箱	49.11	98.2	49.11
味精	吨	25 847	110.4	18 236
化学纤维	吨	67 361	105.2	32 006
其中:合成纤维	吨	51 141	104.2	23 534
纱	万吨	6.18	105.3	1.98
布	万米	35 447.88	96.9	3 036.16
印染布	万米	48 996.55	147.5	11 852.73
呢绒	万米	546.91	112.3	140.81
麻袋（混合数）	万条	175.06	25.2	2.63
丝	吨	2 632	102.5	95
丝织品	万米	74 489.12	92.2	8 619.55
印染丝织品	万米	39 894.39	63.4	10 932.34
服装	万件	15 573.71	92.9	3 619.20
胶鞋	万双	1 016.55	77.3	355.00
皮鞋	万双	801.53	91.8	282.27
鞣制皮革（折合牛皮）	万张	198.64	175.6	0.01
家具	万件	513.79	138.3	23.65
机制纸及纸板	万吨	90.96	105.3	10.73
焦炭	万吨	50.38	103.8	50.38
盐酸（含量 31%以上）	吨	77 103	112.6	65 608
硫酸（折 100%）	吨	54 456	104.1	31 188
氢氧化钠（烧碱）（折 100%）	吨	77 218	109.1	62 811
碳酸钠（纯碱）	吨	108 903	109.4	89 283

4-09 主要工业产品生产量

续表一

产品名称	计量单位	全市		其中：市区
		本 年	为上年(%)	
塑料树脂及共聚物	吨	43 735	97.0	21 907
碳化钙(电石)(折300升／千克)	吨	33 356	108.4	15 274
合成氨	吨	72 469	104.3	34 082
农用氮、磷、钾化学肥料总计	吨	116 174	107.0	16 522
化学农药	吨	19 088	138.1	8 798
油漆	吨	31 085	98.3	21 600
油墨	吨	12 401	107.4	8 996
合成洗涤剂	吨	40 423	110.4	25 010
化学原料药	吨	5 534	123.0	1 073
中成药	吨	4 127	47.4	3 645
轮胎外胎	万条	280.11	113.5	280.11
力车胎外胎	万条	1 725.86	99.3	1 725.86
水泥	万吨	820.90	102.7	123.90
石棉制品	吨	7 577	76.9	4 642
砖（折标准砖）	亿块	22.84	80.3	1.54
瓦	亿片	0.81	106.6	0.02
平板玻璃	万重量箱	443.08	120.0	427.55
钢	万吨	109.97	107.6	101.33
生铁	万吨	77.91	110.4	77.43
铁合金	万吨	6.96	94.7	–
成品钢材	万吨	143.41	103.7	129.15
铜	吨	9 279	99.0	79
日用精铝制品	吨	1 275	78.5	446
搪瓷制品	吨	8 502	94.0	5 364
工业锅炉	台	368	82.9	368
工业锅炉	蒸吨	1 491	74.7	1 491
内燃机	万千瓦	188.51	124.2	137.00
金属切削机床	台	32 535	66.7	2 111
台钻	台	110 920	111.4	85 960
锻压机械	吨	1 341	22.8	164

4-09 主要工业产品生产量

续表二

产品名称	计量单位	全市		其中:市区
		本 年	为上年(%)	
工业泵	万台	1.64	116.3	0.37
农业水泵	万台	44.10	92.3	12.59
轴承	万套	1 473.84	48.6	634.93
小型拖拉机	台	4 142	30.0	—
汽车	辆	10 095	70.8	9 297
缝纫机	万架	14.09	48.9	11.69
照相机	架	15 455	99.0	15 455
摩托车	辆	58 760	395.8	57 763
自行车	万辆	183.69	83.5	50.76
水轮发电机组	万千瓦	25.41	149.7	—
汽轮发电机	万千瓦	18.86	65.6	—
交流电动机	万千瓦	9.60	29.8	4.68
钢芯铝绞线	吨	2 448	31.3	2 448
电力电缆	公里	12 952	85.0	2 403
原电池(折一号电池)	万只	5 479.16	102.4	2 484.37
家用电冰箱	万台	56.27	76.2	49.58
房间空气调节器	台	159 060	95.1	148 171
电风扇	万台	148.55	82.8	145.02
家用洗衣机	万台	109.45	180.2	109.45
灯泡	亿只	0.74	107.2	0.61
电视机	万部	211.76	77.9	208.85
其中:彩电	万部	32.95	66.6	32.95
收音机	万部	66.09	62.7	0.29
手表	万只	75.24	86.9	75.24
保温瓶	万个	603.83	70.8	603.83
剪刀	万把	4 712.64	94.1	3 834.00
肥皂	吨	22 798	77.8	22 472
牙膏	万支	8 039.00	84.2	8 039.00

4-10　乡及乡以上独立核算工业企业六项考核指标

(1996年)

县区名称	工业产品销售率(%)	工业资金利税率(%)	工业增加值率(%)	工业成本费用利润率(%)	工业全员劳动生产率(元)	流动资金周转次数(次)
全　市	**95.33**	**7.77**	**21.73**	**2.91**	**25 588**	**1.75**
一、市属各区局(公司)						
建材冶金工业公司	97.73	5.96	24.02	3.23	19 143	1.40
机械工业局	96.32	4.74	26.05	1.63	19 436	1.00
电子仪表工业公司	98.92	2.62	9.20	−0.18	10 564	1.17
＃西湖电子集团	97.93	2.52	8.68	0.07	18 721	1.05
化学工业公司	96.45	11.67	21.87	4.46	38 983	2.10
医药管理局	97.15	9.39	17.58	5.13	41 114	1.59
轻工业局	98.17	12.70	26.23	4.49	24 633	1.72
纺织化纤工业公司	98.01	2.14	19.34	−1.06	15 273	2.04
丝绸工业总公司	95.79	2.97	19.67	−0.16	10 663	1.60
二轻工业总公司	96.24	8.15	18.07	3.72	29 172	1.94
交通管理局	93.19	1.65	23.10	−0.54	11 139	1.16
商业局	92.76	10.68	32.05	4.86	28 896	2.41
供销联合社	100.80	15.32	31.13	7.52	101 846	2.56
粮食局	94.39	2.74	3.74	−1.23	7 577	3.20
教育委员会	100.71	6.49	22.53	5.40	17 595	0.97
民政局	99.11	−0.22	27.92	−5.88	12 844	1.20
物资局	95.40	4.24	14.90	1.17	12 416	1.85
公用事业管理局	97.06	−2.18	27.33	−11.17	17 080	1.00
上城区	98.12	17.06	21.42	12.49	43 768	1.71
下城区	90.65	7.19	24.17	3.34	33 911	1.96
江干区	85.13	3.90	26.08	2.38	32 756	1.71
拱墅区	94.25	7.78	19.10	3.29	31 652	2.14
西湖区	94.69	6.39	17.26	2.82	22 387	1.72
二、县(市)属						
萧山市	95.88	7.62	20.56	3.01	23 792	2.11
桐庐县	94.16	3.58	23.42	−0.38	20 530	1.80
富阳市	93.55	4.18	14.16	−0.16	13 965	1.77
临安市	94.61	0.77	13.37	−3.46	12 557	1.42
余杭市	94.80	6.54	22.04	2.74	21 266	1.75
建德市	95.62	7.72	22.65	0.01	22 257	1.85
淳安县	91.64	2.72	19.14	−1.71	10 006	1.87

4-11 全市独立核算工业企业

(1996 年)

地区 行业	企业单位数(个)	亏损企业	工业总产值(现价)新规定	工业总产值(1990 价)新规定
乡及乡以上工业总计	**5 865**	**1 665**	**8 723 197**	**8 204 908**
按隶属关系分				
中　央　属	89	17	813 095	829 885
省　　　属	211	51	608 574	383 821
市属(含区属)	1 797	344	3 595 766	3 358 693
县（市）属	3 768	1 253	3 705 762	3 632 509
按经济类型分				
国有经济	861	285	2 841 345	2 494 461
集体经济	4 142	1 131	3 283 968	3 203 420
私营经济	39	9	37 155	34 855
联营经济	81	18	177 015	177 096
股份制经济	125	24	442 804	427 565
外商投资经济	309	96	995 804	942 818
港、澳、台投资经济	305	100	944 744	924 322
其他经济	3	2	362	371
总计中:乡属企业	2 689	762	2 465 607	2 441 064
按企业规模分				
大型企业	108	19	3 148 385	2 994 425
中型企业	238	57	1 613 936	1 452 865
小型企业	5 519	1 589	3 960 876	3 757 618
按轻重工业分				
轻工业	3 121	920	4 532 293	4 368 493
以农产品为原料	2 017	625	2 882 708	2 656 461
以非农产品为原料	1 104	295	1 649 585	1 712 032
重工业	2 744	745	4 190 904	3 836 415
采掘工业	120	25	56 862	50 230
原材料工业	589	186	1 313 912	823 624
加工制造业	2 035	534	2 820 130	2 962 561
按市、县分				

主要经济指标(一)

单位: 万元

工业增加值(现价)	工业销售产值(现价)	对外加工费收入	全部职工年平均人数(人)	资本金合计	国家资本金	外商资本金
2 169 934	**8 315 601**	**246 973**	**848 040**	**3 075 048**	**1 423 964**	**607 646**
287 224	773 439	4 996	30 534	291 009	271 750	1 591
208 635	591 965	14 763	46 268	199 156	161 774	15 161
867 656	3 442 161	92 367	353 226	1 482 900	721 209	426 001
806 419	3 508 036	134 847	418 012	1 101 983	269 231	164 893
809 600	2 752 314	50 562	296 625	1 179 550	1 064 105	45 435
723 981	3 096 083	137 557	378 635	741 704	59 759	29 227
14 667	33 889	226	2 071	8 699	152	178
39 239	171 621	4 739	19 869	79 246	12 318	4 685
112 942	425 136	4 233	29 467	174 708	35 263	2 398
260 510	930 544	15 668	48 617	485 079	106 765	310 223
208 940	905 649	33 886	72 670	405 967	145 602	215 500
55	365	102	86	95	–	–
538 450	2 306 286	108 764	262 028	532 840	20 041	45 939
923 564	3 021 542	58 193	216 960	1 159 367	733 732	178 206
369 783	1 544 191	35 024	160 003	637 461	348 270	68 790
876 587	3 749 868	153 756	471 077	1 278 220	341 962	360 650
1 107 880	4 327 220	175 101	450 495	1 599 648	613 954	443 411
744 767	2 749 666	150 948	305 275	1 042 484	385 451	330 342
363 113	1 577 554	24 153	145 220	557 164	228 503	113 069
1 062 053	3 988 381	71 872	397 545	1 475 400	810 010	164 235
19 964	53 353	279	15 090	23 565	17 871	879
360 352	1 278 327	15 629	110 640	541 609	357 037	29 005
681 737	2 656 701	55 964	271 815	910 226	435 102	134 351

4-11 全市独立核算工业企业

续表一

(1996 年)

地区 行业	企业单位数(个)	≠亏损企业	工业总产值(现价)新规定	工业总产值(1990 价)新规定
市　区	2 018	387	4 575 154	4 319 911
国有经济	440	97	1 997 005	1 879 071
集体经济	1 104	174	949 949	893 536
私营经济	34	8	26 475	25 184
联营经济	41	4	138 194	135 604
股份制经济	80	13	143 614	144 052
外商投资经济	150	43	642 402	580 882
港、澳、台投资经济	167	47	677 362	661 432
其他经济	2	1	153	150
市区中:乡属企业	294	37	402 627	404 861
萧山市	853	193	1 607 423	1 490 882
桐庐县	355	180	275 692	243 188
富阳市	561	190	429 551	421 571
临安市	536	239	392 026	385 833
余杭市	814	280	960 398	883 816
建德市	354	96	350 661	306 468
淳安县	374	100	132 292	153 239
按国民经济行业分				
煤炭采选业	9	1	1 954	1 681
黑色金属矿采选业	1	–	1 663	1 252
有色金属矿采选业	12	1	15 641	11 405
非金属矿采选业	97	23	37 600	35 885
其他矿采选业	1	–	25	25
木材及竹材采运业	1	–	9	6
食品加工业	132	38	156 367	111 330
食品制造业	143	44	267 138	232 620
饮料制造业	146	57	336 235	293 548
烟草加工业	1	–	130 873	115 748

主要经济指标(一)

单位：万元

工业增加值（现价）	工业销售产值（现价）	对外加工费收入	全部职工年平均人数（人）	资本金合计	国家资本金	外商资本金
1 238 689	4 375 083	104 084	378 812	1 763 544	968 553	427 306
618 764	1 922 677	33 581	185 358	819 797	737 964	40 239
209 248	889 622	39 689	88 819	192 638	9 534	7 452
12 826	23 875	226	1 865	5 197	152	178
29 555	133 548	3 243	16 117	63 055	9 925	4 507
32 031	139 867	3 218	12 061	62 639	13 858	–
182 302	610 492	4 789	24 255	339 369	71 163	237 000
153 913	654 860	19 236	50 296	280 808	125 957	137 931
50	142	102	41	41	–	–
93 842	365 307	27 177	30 670	74 910	2 114	4 462
373 023	1 541 197	75 472	156 788	510 363	159 504	90 877
72 254	259 596	6 340	35 194	88 181	47 594	10 100
68 852	401 839	9 284	49 302	97 694	24 646	8 581
58 344	370 888	9 518	46 463	134 609	21 637	13 070
239 837	910 454	37 453	112 777	309 374	97 341	40 164
91 186	335 306	2 373	40 970	120 629	77 704	15 176
27 750	121 239	2 448	27 734	50 656	26 986	2 371
760	1 746	–	790	493	399	–
693	1 496	–	530	500	270	–
5 741	15 258	70	2 901	8 859	8 626	–
12 758	34 832	209	10 850	13 697	8 575	879
16	24	–	20	9	–	–
6	27	–	14	11	–	–
11 076	151 031	977	9 640	35 556	23 536	2 186
77 303	260 456	837	17 075	150 678	21 943	120 254
95 251	327 122	7 177	18 423	208 542	73 492	87 902
84 486	132 125	–	1 952	34 498	34 498	–

4-11 全市独立核算工业企业

续表二 (1996年)

地区 行业	企业单位数(个)	#亏损企业	工业总产值(现价)新规定	工业总产值(1990价)新规定
纺织业	559	198	867 304	887 672
服装及其他纤维制品制造业	322	109	276 682	250 855
皮革、毛皮、羽绒及其制品业	136	34	323 081	286 589
木材加工及竹藤棕草制品业	163	32	52 882	49 969
家具制造业	69	11	48 537	46 789
造纸及纸制品业	176	61	217 196	179 770
印刷业、记录媒介的复制业	205	34	75 542	67 097
文教体育用品制造业	68	19	66 553	65 160
石油加工及炼焦业	5	2	40 364	26 180
化学原料及化学制品制造业	338	88	618 175	607 574
医药制造业	54	20	162 711	173 367
化学纤维制造业	26	8	138 239	160 916
橡胶制品业	40	13	175 071	185 115
塑料制品业	282	78	246 608	240 169
非金属矿物制品业	416	141	432 933	331 928
黑色金属冶炼及压延加工业	36	11	414 863	260 859
有色金属冶炼及压延加工业	32	15	38 570	33 804
金属制品业	359	109	269 501	251 488
普通机械制造业	406	104	500 004	470 257
专用设备制造业	244	72	191 870	182 685
交通运输设备制造业	260	74	483 941	454 067
电气机械及器材制造业	407	100	818 972	865 111
电子及通信设备制造业	236	64	727 811	961 868
仪器仪表文化办公用机械制造业	186	43	152 640	150 255
其他制造业	128	26	80 586	75 651
电力蒸汽热水的生产和供应业	119	25	315 013	117 779
煤气生产和供应业	5	3	11 206	5 872

主要经济指标(一)

单位：万元

工业增加值(现价)	工业销售产值(现价)	对外加工费收入	全部职工年平均人数(人)	资本金合计	国家资本金	外商资本金
178 656	826 202	92 615	145 697	301 027	129 380	41 891
66 107	259 569	18 458	34 484	73 209	19 219	20 278
89 731	290 118	18 306	18 378	29 299	3 122	7 384
9 125	49 115	2 967	8 116	15 417	7 484	550
6 037	46 255	1 286	3 411	19 731	335	11 632
49 415	205 819	1 052	20 551	55 257	26 335	9 743
21 089	74 009	7 407	11 214	36 192	15 934	5 476
14 086	60 259	404	6 579	10 907	1 041	1 149
12 041	40 945	340	1 884	16 388	10 774	–
148 493	589 233	9 299	43 093	162 013	83 429	29 270
45 188	155 210	455	11 328	87 428	38 706	30 335
24 889	131 070	4 025	11 662	63 689	31 765	17 195
32 919	164 932	825	13 647	44 708	28 172	10 627
52 455	234 809	3 958	24 175	79 916	23 290	14 979
118 802	409 858	4 621	71 656	171 253	68 040	32 320
127 242	404 872	3 517	26 423	100 562	68 927	385
1 528	32 092	1 969	3 279	11 649	5 297	576
58 530	260 169	9 310	38 611	103 385	21 687	18 487
150 627	475 496	10 263	71 736	151 659	94 975	12 930
46 728	186 880	5 754	29 075	87 328	52 238	9 856
110 976	467 372	16 033	45 702	170 486	51 611	9 200
178 631	777 175	7 133	56 236	215 465	41 901	52 665
137 872	676 711	5 023	33 418	184 464	122 942	32 069
40 876	141 153	2 845	20 244	63 651	23 305	5 434
28 088	79 657	7 206	17 057	34 003	10 788	7 149
117 770	313 677	2 081	12 080	229 111	171 480	14 850
– 232	10 645	–	2 827	27 681	27 567	–

4-11 全市独立核算工业企业

(1996 年)

地区 行业	资产总计 合计	流动资产 合 计	存货	产成品	年平均余额
乡及乡以上工业总计	**11 130 916**	**5 615 328**	**2 077 408**	**882 034**	**5 336 239**
按隶属关系分					
中　央　属	1 219 509	648 887	256 317	44 044	591 811
省　　　属	907 447	487 327	120 321	37 437	450 515
市属(含区属)	4 887 677	2 456 371	945 369	431 533	2 375 482
县（市）属	4 116 283	2 022 743	755 401	369 020	1 918 431
按经济类型分					
国有经济	4 684 335	2 190 058	753 435	254 535	2 093 874
集体经济	3 325 559	1 803 621	711 048	347 205	1 709 624
私营经济	25 146	13 664	5 534	2 706	12 171
联营经济	238 780	149 733	47 027	22 148	144 471
股份制经济	528 222	264 288	82 367	33 257	232 082
外商投资经济	1 039 144	523 973	191 014	78 995	486 005
港、澳、台投资经济	1 289 074	669 674	286 758	143 021	657 790
其他经济	656	315	225	166	223
总计中:乡属企业	2 219 240	1 164 426	462 675	228 291	1 090 644
按企业规模分					
大型企业	4 615 849	2 339 284	823 316	290 726	2 221 973
中型企业	2 366 338	1 055 109	363 441	175 881	1 008 473
小型企业	4 148 729	2 220 935	890 651	415 426	2 105 793
按轻重工业分					
轻工业	5 270 072	2 583 149	1 030 716	483 911	2 452 030
以农产品为原料	3 394 934	1 535 681	619 714	273 023	1 456 797
以非农产品为原料	1 875 138	1 047 468	411 002	210 888	995 233
重工业	5 860 844	3 032 179	1 046 692	398 123	2 884 209
采掘工业	88 716	30 390	10 506	6 100	28 522
原材料工业	2 085 336	843 844	191 927	56 664	791 819
加工制造业	3 686 793	2 157 945	844 259	335 359	2 063 868
按市、县分					

主要经济指标(二)

单位：万元

固定资产				年末负债		
原价合计	累计折旧	本年折旧	净值年平均余额	合计	流动负债	长期负债
5 381 562	**1 458 642**	**306 564**	**3 575 056**	**6 738 422**	**5 380 635**	**1 357 787**
619 874	205 805	33 057	333 727	611 466	419 100	192 366
447 437	158 823	37 934	275 285	474 502	358 587	115 915
2 159 560	571 720	110 615	1 470 849	2 894 261	2 321 353	572 908
2 154 691	522 294	124 958	1 495 195	2 758 193	2 281 595	476 598
2 572 113	797 867	131 337	1 628 154	2 588 716	1 853 900	734 815
1 561 995	396 728	93 687	1 072 529	2 343 252	1 994 655	348 598
8 080	1 726	540	6 776	14 119	13 507	612
84 768	22 472	5 308	58 443	146 195	127 721	18 475
230 449	58 611	17 034	151 630	267 328	216 309	51 020
478 295	83 408	28 816	352 308	569 076	491 669	77 407
445 799	97 814	29 833	305 161	809 133	682 376	126 757
64	14	11	56	603	500	103
1 078 844	265 751	66 158	768 648	1 542 216	1 330 115	212 101
2 188 777	665 185	130 399	1 351 157	2 564 489	1 982 054	582 435
1 260 513	331 161	61 346	836 783	1 460 766	1 038 769	421 997
1 932 272	462 296	114 819	1 387 116	2 713 166	2 359 812	353 354
2 526 583	617 009	142 158	1 732 795	3 304 016	2 711 201	592 815
1 730 476	415 639	100 952	1 221 712	2 149 344	1 730 034	419 310
796 107	201 370	41 206	511 083	1 154 672	981 167	173 505
2 854 979	841 632	164 406	1 842 261	3 434 406	2 669 434	764 972
65 842	17 454	2 505	46 875	39 983	33 946	6 038
1 379 911	425 601	80 699	859 318	1 139 215	760 324	378 892
1 409 226	398 577	81 203	936 068	2 255 207	1 875 165	380 043

4-11 全市独立核算工业企业

续表一 (1996 年)

地区 行业	资产总计 合计	流动资产 年末余额	存货	产成品	年平均余额
市　区	6 298 495	3 311 462	1 225 764	480 035	3 138 925
国有经济	3 367 603	1 653 690	565 123	175 084	1 559 450
集体经济	914 660	575 948	247 842	111 634	535 451
私营经济	16 774	9 764	4 334	1 754	8 496
联营经济	198 996	129 010	41 464	19 995	129 023
股份制经济	187 594	99 200	35 779	16 882	90 056
外商投资经济	668 003	336 669	117 188	47 057	308 649
港、澳、台投资经济	944 642	507 009	213 892	107 525	507 758
其他经济	223	172	142	104	42
市区中:乡属企业	335 512	193 405	83 432	41 870	180 325
萧山市	1 823 650	846 775	312 922	135 135	803 176
桐庐县	273 555	138 926	60 372	29 856	134 159
富阳市	456 092	242 698	96 845	41 967	240 077
临安市	557 050	252 523	84 931	46 790	246 685
余杭市	1 185 887	585 492	196 949	99 167	541 479
建德市	380 255	171 040	73 662	35 057	168 219
淳安县	155 931	66 411	25 964	14 028	63 519
按国民经济行业分					
煤炭采选业	1 680	778	145	23	635
黑色金属矿采选业	3 621	892	455	336	850
有色金属矿采选业	32 479	8 763	3 618	2 055	8 718
非金属矿采选业	50 885	19 947	6 284	3 683	18 304
其他矿采选业	14	8	4	3	11
木材及竹材采运业	45	9	–	–	11
食品加工业	126 038	61 828	23 186	12 277	58 769
食品制造业	270 371	122 704	36 794	15 234	113 978
饮料制造业	508 147	219 340	69 967	18 720	207 121
烟草加工业	172 793	82 983	50 598	3 702	61 221

主要经济指标(二)

单位: 万元

固定资产				年末负债		
原价合计	累计折旧	本年折旧	净值年平均余额	合计	流动负债	长期负债
2 709 461	751 738	159 566	1 768 588	3 548 987	2 831 300	717 687
1 678 674	508 923	93 975	1 050 404	1 735 073	1 265 578	469 495
317 719	91 880	18 751	214 869	628 944	570 134	58 810
3 889	993	290	3 249	10 022	9 961	61
63 567	17 941	3 529	43 411	124 304	112 133	12 171
65 813	18 405	5 903	42 574	93 469	78 150	15 319
301 175	45 319	18 433	223 452	366 893	304 774	62 119
278 597	68 271	18 680	190 607	590 099	490 447	99 652
27	6	5	22	183	123	60
149 988	42 452	8 872	106 980	229 028	209 041	19 986
1 040 602	260 946	63 441	725 753	1 174 896	923 326	251 570
165 835	60 133	8 702	105 280	181 797	155 611	26 185
213 937	56 858	12 045	163 200	328 133	277 975	50 159
334 600	63 152	16 242	208 103	394 562	309 133	85 429
556 648	126 582	26 699	411 625	775 258	607 715	167 543
268 274	117 016	14 869	123 288	219 377	179 508	39 869
92 207	22 217	5 000	69 220	115 412	96 067	19 345
963	364	36	622	1 263	1 083	179
1 478	371	26	840	1 933	1 334	599
28 395	6 266	723	22 182	8 295	6 711	1 584
34 959	10 431	1 717	23 203	28 477	24 811	3 666
13	7	1	6	2	2	–
36	16	2	22	17	9	9
70 250	15 987	2 613	52 909	82 459	75 115	7 344
150 791	24 137	8 634	118 055	168 595	147 384	21 211
208 887	50 213	15 808	140 237	233 924	216 809	17 115
80 975	17 218	4 676	59 998	93 426	79 184	14 242

4-11 全市独立核算工业企业

续表二

(1996 年)

地区 行业	资产总计 合计	流动资产 年末余额	存货	产成品	年平均余额
纺织业	1 152 497	443 010	192 335	110 670	435 958
服装及其他纤维制品制造业	254 737	167 397	69 783	33 709	163 586
皮革、毛皮、羽绒及其制品业	175 252	117 690	54 585	22 426	110 350
木材加工及竹藤棕草制品业	62 421	32 972	13 712	6 319	30 618
家具制造业	40 178	25 939	9 807	3 606	24 158
造纸及纸制品业	228 943	104 230	38 067	18 515	100 531
印刷业、记录媒介的复制业	118 895	56 548	23 971	6 547	56 401
文教体育用品制造业	37 758	25 740	9 867	5 643	25 974
石油加工及炼焦业	61 940	28 514	4 183	752	31 332
化学原料及化学制品制造业	576 563	294 590	112 475	48 363	288 025
医药制造业	235 755	119 362	38 494	22 988	103 146
化学纤维制造业	214 447	67 663	29 049	12 034	67 882
橡胶制品业	188 401	98 705	41 639	22 474	96 311
塑料制品业	261 571	144 580	54 684	26 609	139 437
非金属矿物制品业	699 993	279 162	98 717	51 050	264 271
黑色金属冶炼及压延加工业	571 156	327 102	76 950	21 026	306 370
有色金属冶炼及压延加工业	49 945	26 272	14 120	2 426	25 658
金属制品业	364 677	196 924	80 394	36 200	183 012
普通机械制造业	793 462	481 440	191 632	78 225	461 672
专用设备制造业	292 058	164 550	70 686	26 690	157 620
交通运输设备制造业	634 890	342 881	135 719	58 053	331 184
电气机械及器材制造业	910 338	544 491	205 765	108 293	515 682
电子及通信设备制造业	754 573	566 422	236 082	65 889	539 516
仪器仪表文化办公用机械制造业	256 935	154 874	45 988	25 091	142 814
其他制造业	120 238	55 554	24 387	11 917	54 671
电力蒸汽热水的生产和供应业	671 204	186 074	10 388	289	161 070
煤气生产和供应业	65 784	7 634	904	182	7 738

主要经济指标(二)

单位: 万元

固定资产				年末负债		
原价合计	累计折旧	本年折旧	净值年平均余额	合计	流动负债	长期负债
699 053	190 150	41 724	490 487	809 922	568 501	241 421
88 435	20 441	5 262	64 823	185 942	177 167	8 776
60 624	16 145	4 046	41 726	131 287	120 116	11 171
30 769	6 694	1 057	23 342	38 623	34 194	4 429
14 740	3 888	762	10 965	28 525	26 905	1 620
113 920	24 069	5 525	77 847	154 310	119 363	34 947
57 522	14 453	3 464	41 324	56 557	50 389	6 168
14 296	4 419	959	9 473	25 206	23 412	1 794
28 619	9 293	1 224	19 584	15 020	9 655	5 365
285 000	92 515	15 364	191 584	322 422	272 717	49 706
96 793	20 373	5 494	67 431	115 094	103 664	11 431
130 500	26 180	6 102	99 493	143 076	92 329	50 747
48 387	11 866	3 802	33 513	107 018	87 901	19 116
130 740	37 234	7 713	82 546	180 232	144 374	35 858
408 272	106 651	23 880	282 966	439 856	334 066	105 790
271 860	119 451	25 019	155 774	257 106	237 793	19 312
26 153	5 798	1 558	21 460	35 870	29 221	6 649
168 854	42 020	8 541	118 160	237 270	205 427	31 843
318 503	109 418	16 725	201 254	531 564	435 505	96 060
126 275	39 067	4 792	86 528	175 974	148 027	27 947
259 128	68 726	13 261	177 491	380 752	323 528	57 224
296 354	69 559	17 080	199 411	597 958	542 628	55 330
178 224	53 811	16 477	101 716	403 736	364 900	38 837
118 468	22 198	3 209	62 953	167 110	131 003	36 108
65 832	19 117	2 826	30 503	74 459	59 719	14 740
575 659	167 228	29 172	344 005	402 697	157 729	244 967
56 512	8 263	523	30 349	20 170	9 526	10 644

4-11 全市独立核算工业企业

(1996 年)

地区 行业	年末所有者权益合计	产品销售			
		收 入	费 用	税金及附加	利 润
乡及乡以上工业总计	**4 392 494**	**8 075 197**	**270 628**	**118 986**	**1 004 912**
按隶属关系分					
中 央 属	608 044	900 963	16 978	56 142	89 844
省 属	432 945	660 622	6 957	2 888	68 834
市属(含区属)	1 993 416	3 381 622	155 759	25 002	466 377
县 (市) 属	1 358 089	3 131 990	90 934	34 954	379 857
按经济类型分					
国有经济	2 095 619	2 938 053	80 445	71 720	359 914
集体经济	982 307	2 750 532	68 865	23 809	315 886
私营经济	11 027	23 051	1 095	206	3 902
联营经济	92 585	192 604	7 083	774	21 400
股份制经济	260 894	413 511	20 239	9 802	69 488
外商投资经济	470 068	886 665	59 496	4 904	135 699
港、澳、台投资经济	479 940	870 419	33 403	7 773	98 540
其他经济	54	362	3	1	84
总计中:乡属企业	677 024	1 903 832	49 845	21 531	224 303
按企业规模分					
大型企业	2 051 359	3 167 057	119 558	77 052	424 152
中型企业	905 572	1 557 647	42 157	10 135	187 846
小型企业	1 435 563	3 350 493	108 913	31 799	392 914
按轻重工业分					
轻工业	1 966 056	4 029 751	173 801	89 649	468 931
以农产品为原料	1 245 590	2 568 261	105 980	77 195	295 635
以非农产品为原料	720 466	1 461 490	67 821	12 454	173 296
重工业	2 426 438	4 045 446	96 827	29 338	535 982
采掘工业	48 732	48 905	1 995	732	10 105
原材料工业	946 121	1 351 094	15 222	9 767	139 992
加工制造业	1 431 585	2 645 446	79 610	18 839	385 884
按市、县分					

主要经济指标(三)

单位：万元

管理费用	利息支出	营业利润	利润总额	利税总额	本年应交增值税
638 587	**313 078**	**124 599**	**228 197**	**692 166**	**344 983**
47 699	15 319	33 412	40 150	149 616	53 324
49 381	12 499	21 181	25 628	58 362	29 846
318 684	125 808	55 348	115 435	278 308	137 870
222 823	159 452	14 658	46 984	205 880	123 943
275 878	111 606	9 677	62 359	283 949	149 870
191 417	132 561	10 148	26 697	151 998	101 493
2 456	490	1 127	1 127	1 771	439
14 023	6 861	2 023	4 601	11 116	5 741
35 236	12 690	20 829	33 590	57 929	14 537
61 909	17 155	62 110	75 918	122 034	41 213
57 595	31 678	18 713	23 930	63 382	31 679
74	36	−27	−25	−12	12
111 369	90 978	29 621	38 505	133 425	73 389
243 306	114 705	97 242	138 926	372 726	156 748
132 942	70 303	−6 723	33 644	109 129	65 349
262 339	128 070	34 080	55 627	210 312	122 886
298 787	164 577	41 929	109 001	359 196	160 547
182 662	110 248	25 845	72 178	260 839	111 467
116 126	54 328	16 084	36 823	98 357	49 079
339 799	148 502	82 671	119 196	332 970	184 436
7 987	2 583	7	113	3 898	3 053
94 663	37 947	16 901	27 056	117 739	80 917
237 149	107 972	65 762	92 027	211 333	100 467

4-11 全市独立核算工业企业

续表一

(1996 年)

地区 行业	年末所有者权益合计	产品销售			
		收 入	费 用	税金及附加	利 润
市 区	2 749 508	4 519 445	174 554	82 150	571 800
国有经济	1 632 530	2 137 943	63 024	63 881	265 995
集体经济	285 716	844 199	20 855	5 450	92 518
私营经济	6 753	13 418	648	93	1 971
联营经济	74 693	161 172	6 446	450	17 912
股份制经济	94 125	131 790	6 548	1 113	18 443
外商投资经济	301 110	589 325	51 079	3 840	97 040
港、澳、台投资经济	354 543	641 457	25 953	7 323	77 872
其他经济	38	141	1	–	49
市区中:乡属企业	106 484	304 093	11 414	3 392	34 402
萧山市	648 754	1 489 671	34 879	17 365	188 310
桐庐县	91 759	208 808	5 619	1 704	22 629
富阳市	127 959	368 452	12 549	3 902	39 655
临安市	162 488	306 507	12 093	2 260	37 518
余杭市	410 629	817 543	19 447	8 585	102 462
建德市	160 879	258 758	8 679	2 019	30 583
淳安县	40 519	106 013	2 809	1 001	11 957
按国民经济行业分					
煤炭采选业	418	1 298	54	8	135
黑色金属矿采选业	1 688	1 441	26	30	609
有色金属矿采选业	24 183	17 614	403	175	4 270
非金属矿采选业	22 407	28 531	1 511	519	5 078
其他矿采选业	12	24	1	–	3
木材及竹材采运业	28	27	2	1	16
食品加工业	43 580	146 882	6 139	595	8 507
食品制造业	101 777	254 633	17 031	547	50 135
饮料制造业	274 223	318 248	41 332	13 123	38 943
烟草加工业	79 367	122 719	255	53 467	11 070

主要经济指标(三)

单位: 万元

管理费用	利息支出	营业利润	利润总额	利税总额	本年应交增值税
373 967	134 905	113 801	177 394	458 290	198 745
197 335	67 357	30 919	70 791	248 868	114 197
64 772	29 049	7 656	14 647	39 471	19 374
1 331	156	636	621	875	161
12 100	5 067	1 956	4 457	9 333	4 426
11 877	2 847	6 234	7 040	12 243	4 090
42 607	7 706	49 225	59 828	94 893	31 226
43 898	22 720	17 177	20 011	52 602	25 267
47	3	−2	−1	5	4
18 301	9 129	8 728	7 565	18 525	7 567
103 692	64 263	22 929	43 279	116 513	55 869
15 981	9 328	−2 104	− 797	8 577	7 669
24 135	18 631	−1 621	− 601	16 839	13 538
26 043	27 588	−15 419	−11 075	3 514	12 328
58 469	38 990	14 519	21 811	62 311	31 915
28 467	11 664	−5 135	38	22 514	20 457
7 833	7 711	−2 371	−1 854	3 609	4 461
312	40	− 142	−74	13	79
405	121	121	135	244	79
2 783	798	560	570	1 704	959
4 480	1 624	− 537	− 524	1 930	1 935
–	–	3	3	4	1
9	–	6	6	7	–
7 906	5 239	−2 415	−1 695	462	1 563
14 421	3 146	33 552	36 035	52 651	16 069
22 915	9 882	10 653	16 672	49 965	20 170
2 563	3 353	5 168	5 125	69 222	10 630

4-11 全市独立核算工业企业

续表二 (1996年)

地区 行业	年末所有者权益合计	产品销售			
		收 入	费 用	税金及附加	利 润
纺织业	342 575	740 563	8 580	3 922	64 963
服装及其他纤维制品制造业	68 794	237 118	5 077	1 087	19 392
皮革、毛皮、羽绒及其制品业	43 965	258 848	7 182	1 259	22 380
木材加工及竹藤棕草制品业	23 798	42 304	1 240	432	4 488
家具制造业	11 653	41 492	1 317	334	2 677
造纸及纸制品业	74 633	193 734	3 829	1 458	26 764
印刷业、记录媒介的复制业	62 338	72 458	1 025	632	13 107
文教体育用品制造业	12 552	39 383	1 200	257	6 854
石油加工及炼焦业	46 920	45 054	255	1 947	5 291
化学原料及化学制品制造业	254 141	553 182	16 244	6 302	82 023
医药制造业	120 661	151 165	24 988	712	36 035
化学纤维制造业	71 371	127 689	1 004	595	10 877
橡胶制品业	81 383	160 487	3 326	4 934	13 128
塑料制品业	81 340	221 402	5 997	1 374	28 829
非金属矿物制品业	260 137	378 453	8 467	3 771	46 031
黑色金属冶炼及压延加工业	314 050	408 243	3 441	1 909	35 244
有色金属冶炼及压延加工业	14 075	32 917	268	162	3 610
金属制品业	127 407	241 053	4 503	1 764	32 027
普通机械制造业	261 897	445 890	11 229	2 846	90 648
专用设备制造业	116 085	176 551	4 665	1 135	29 534
交通运输设备制造业	254 138	443 999	15 914	4 919	62 242
电气机械及器材制造业	312 380	752 090	39 058	2 483	96 935
电子及通信设备制造业	350 837	752 967	24 382	2 014	78 054
仪器仪表文化办公用机械制造业	89 825	143 558	6 744	604	22 334
其他制造业	45 779	89 307	2 489	1 647	11 286
电力蒸汽热水的生产和供应业	268 508	394 779	153	1 708	40 239
煤气生产和供应业	45 614	11 184	1 019	5	-3 028

主要经济指标(三)

单位: 万元

管理费用	利息支出	营业利润	利润总额	利税总额	本年应交增值税
60 492	47 244	−35 442	−8 944	21 901	26 923
16 039	9 806	−3 577	− 457	5 838	5 208
11 149	7 609	4 656	5 498	12 337	5 580
3 779	2 440	−26	321	2 734	1 981
1 602	999	341	943	1 760	483
15 013	9 619	2 747	3 521	14 128	9 149
9 718	2 535	3 381	3 360	7 582	3 591
3 880	1 161	1 923	2 032	3 708	1 418
4 099	− 443	1 781	2 679	6 467	1 841
44 127	17 633	23 008	22 235	47 928	19 392
19 653	6 649	10 665	14 416	26 122	10 994
7 017	6 531	−1 716	−1 675	3 488	4 568
4 094	6 903	3 153	4 239	11 509	2 337
18 511	10 714	1 919	2 204	10 887	7 309
38 343	15 221	−3 984	900	26 768	22 097
30 299	7 657	6 497	8 626	26 941	16 406
2 111	2 159	− 664	− 567	361	767
24 592	12 213	− 617	2 005	13 110	9 341
58 559	26 305	9 705	12 484	39 771	24 440
23 553	8 261	806	5 330	15 734	9 270
43 590	20 219	2 892	9 950	28 375	13 506
57 977	30 513	12 545	25 096	57 333	29 754
41 323	13 673	29 080	34 719	56 181	19 448
16 284	7 174	1 303	6 908	12 507	4 995
9 576	4 110	−1 687	702	5 531	3 183
11 787	10 864	12 711	18 132	57 517	37 676
2 143	317	−4 486	−3 937	−3 730	202

4-12 乡及乡以上工业企业万元产值综合能耗

(1996 年)

县区名称	总消耗(吨标准煤)		单耗(吨标准煤)		节能率(%)
	本年	上年	本年	上年	
总　计	6 217 466	5 959 023	0.81	0.84	4.02
按地区分					
市　　区	2 789 435	2 711 345	0.85	0.83	-2.21
萧 山 市	1 115 700	996 016	0.82	0.89	8.49
桐 庐 县	97 306	101 506	0.45	0.53	13.55
富 阳 市	273 233	253 430	0.71	0.75	4.65
临 安 县	254 036	279 829	0.65	0.76	13.77
余 杭 市	681 760	611 187	0.83	0.90	7.33
建 德 市	302 232	307 559	1.22	1.24	1.54
淳 安 县	106 627	112 436	0.76	1.08	29.68
市 属 合 计	**1 954 136**	**1 927 926**	**0.65**	**0.66**	**1.88**
建材冶金工业公司	363 946	356 890	3.86	4.01	3.64
机械工业局	62 953	69 997	0.25	0.25	1.32
电子仪表工业公司	7 754	9 959	0.04	0.05	12.32
化学工业公司	425 816	419 912	1.42	1.53	6.93
医药管理局	49 209	55 510	0.23	0.25	5.03
轻工业局	176 859	184 405	0.99	0.98	-1.12
纺织化纤工业公司	207 172	199 108	1.08	0.99	-9.34
丝绸工业总公司	89 990	98 355	0.59	0.55	-7.12
二轻工业总公司	42 503	42 456	0.12	0.14	10.95
交通管理局	998	952	0.28	0.32	11.94
商业局	19 964	21 154	0.98	1.07	8.89
供销联合社	3 742	3 666	0.07	0.09	20.93
粮食局	50 559	46 791	1.48	1.38	-7.53
教育委员会	658	849	0.07	0.08	15.89
民政局	4 924	5 632	0.42	0.59	29.04
物资局	25 975	24 695	2.33	2.19	-6.15
公用事业管理局	52 483	58 707	3.69	3.76	1.74
建筑业管理局	1 693	1 625	0.27	0.28	6.33
农业局	13 813	9 760	4.23	3.47	-22.02
园文局	282	284	0.06	0.09	31.66
房管局	15	19	0.03	0.03	-13.87
上城区	29 253	22 168	0.16	0.13	-23.14
下城区	5 696	6 261	0.09	0.09	-6.10
江干区	29 109	26 508	0.12	0.14	12.13
拱士区	22 480	22 304	0.19	0.21	9.15
西湖区	170 650	140 685	0.54	0.55	1.75

4-13 大中型工业企业科技活动情况

(1996 年)

指　标	计量单位	总 计	国有经济	集体经济	其他经济
企业技术开发机构数	个	**202**	**95**	**49**	**58**
企业技术开发人员合计	人	17 977	10 410	2 427	5 140
艹技术开发机构的人员	人	4 729	2 547	821	1 361
技术项目(课题)及经费					
项目(课题)数	项	2 233	1 280	514	439
艹当年已完成新产品项目数	项	798	430	143	225
当年已投产新产品项目数	项	709	399	134	176
专利受权数	件	47	9	16	22
本年技术开发经费筹集总额	万元	91 417	51 012	21 105	19 300
艹上级拨款	万元	774	448	142	184
银行贷款	万元	24 353	9 472	9 654	5 227
其中:专项贷款	万元	12 912	8 337	1 475	3 100
企业自筹	万元	59 922	35 182	10 929	13 811
横向技术性收入	万元	2 147	1 749	360	38
其它	万元	4 219	4 160	19	40
本年技术开发经费支出总额	**万元**	**92 001**	**46 721**	**14 208**	**31 072**
内部支出合计	万元	86 445	45 026	12 237	29 182
艹用于开发新产品	万元	39 850	14 285	9 811	15 754
外部支出合计	**万元**	**5 556**	**1 695**	**1 971**	**1 890**
技术改造经费支出总额	万元	181 585	97 663	19 860	64 062
技术开发活动产出					
艹新产品销售收入	万元	612 837	258 771	154 523	199 543
新产品税利	万元	75 538	46 369	9 298	19 871

4-14 村办工业

（1996年）

行 业	企业单位数（个）	工业总产值（现价）新规定	年末全部从业人员(人)	产品销售收入
总 计	**6 978**	**2 880 671**	**310 810**	**2 202 409**
轻工业	4 467	1 893 640	200 731	1 418 874
重工业	2 511	987 031	110 079	783 535
在总计中:大型企业	6	96 171	5 582	92 315
中型企业	17	92 869	8 791	84 565
按工业行业大类分				
煤炭采选业	13	1 333	308	1 887
石油和天然气开采业	–	–	–	–
黑色金属矿采选业	1	860	55	614
有色金属矿采选业	11	4 418	697	2 893
非金属矿采选业	228	38 810	11 057	26 230
其他矿采选业	3	318	55	177
木材及竹材采运业	6	358	43	358
食品加工业	567	36 552	4 054	28 966
食品制造业	110	31 362	2 410	23 339
饮料制造业	498	24 043	5 581	20 580
烟草加工业	–	–	–	–
纺织业	733	388 728	53 378	280 821
服装及其他纤维制品制造业	194	177 739	17 866	120 495
皮革、毛皮、羽绒及其制品业	131	161 310	8 526	112 688
木材加工及竹、藤、棕、草制品业	226	34 859	4 028	25 467
家具制造业	94	20 500	3 169	16 159
造纸及纸制品业	350	202 636	22 172	178 179

企业主要指标

单位:万元

产品销售税金及附加	应交增值税	应交所得税	利润总额	固定资产原价年末数	流动资产年末数
28 159	**58 306**	**15 259**	**66 507**	**780 443**	**1 206 650**
17 159	36 019	8 760	39 618	493 542	762 143
11 000	22 287	6 499	26 889	286 901	444 507
1 207	3 407	1 881	6 207	44 080	74 346
1 236	4 546	1 078	4 340	44 803	73 187
3	14	5	154	42	248
–	–	–	–	–	–
19	–	4	15	455	403
99	90	56	229	874	813
667	929	368	1 837	11 209	12 074
1	7	1	9	13	21
5	1	–	14	32	38
211	204	125	961	12 461	13 848
255	398	143	439	10 925	13 606
422	633	128	702	10 346	12 441
–	–	–	–	–	–
4 288	7 297	1 487	7 340	130 129	122 817
873	1 965	488	2 972	42 634	75 802
1 036	1 811	347	1 980	17 102	54 636
347	401	185	871	6 636	11 661
142	229	38	453	5 198	10 295
2 899	7 962	1 638	8 201	67 020	82 829

4-14 村办工业

续表一

(1996年)

行 业	企业单位数(个)	工业总产值(现价)新规定	年末全部从业人数	产品销售收入
印刷业、记录媒介的复制业	137	34 279	5 380	26 858
文教体育用品制造业	55	23 414	2 562	19 943
石油加工及炼焦业	14	2 956	167	2 541
化学原料及化学制品制造业	213	123 975	10 565	100 347
医药制造业	11	12 175	453	2 819
化学纤维制造业	9	2 805	364	1 890
橡胶制品业	41	5 128	1 131	5 089
塑料制品业	267	99 940	10 181	80 093
非金属矿物制品业	550	100 022	24 345	69 495
黑色金属冶炼及压延加工业	91	114 632	5 024	78 561
有色金属冶炼及压延加工业	42	24 601	2 077	20 290
金属制品业	768	269 637	33 127	218 106
普通机械制造业	469	242 366	22 936	177 139
专用设备制造业	90	21 238	3 640	18 611
交通运输设备制造业	190	76 057	9 254	85 100
电气机械及器材制造业	177	179 574	14 682	135 878
电子及通信设备制造业	96	175 688	8 642	135 671
仪器仪表及文化办公用机械制造业	44	22 735	2 460	10 839
其他制造业	499	216 194	19 877	166 042
电力、蒸汽、热水的生产和供应业	43	8 694	468	7 756
煤气生产和供应业	2	350	28	355
自来水的生产和供应业	5	385	48	133

企业主要指标

单位:万元

产品销售税金及附加	应交增值税	应交所得税	利润总额	固定资产原价年末数	流动资产年末数
450	653	132	416	10 444	14 707
218	298	65	531	4 196	8 842
39	56	2	42	871	1 761
1 157	2 181	597	2 130	35 439	53 826
24	42	19	89	2 119	9 419
18	42	4	-75	794	807
77	280	20	88	2 000	3 634
927	2 341	468	1 514	25 994	47 157
1 203	1 941	793	2 786	27 858	32 318
654	965	230	798	23 156	31 333
280	430	69	332	10 790	15 109
2 700	5 820	1 384	5 288	78 235	141 997
1 826	6 022	1 941	7 418	68 434	135 079
231	486	67	336	5 760	12 070
785	1 864	389	1 344	18 140	35 455
1 575	3 610	1 538	7 040	61 347	100 592
1 820	3 767	1 131	4 197	40 383	69 432
126	389	157	678	3 338	7 557
2 674	4 848	895	4 802	38 313	71 148
104	329	345	566	7 332	2 673
3	1	-	-	411	177
1	-	-	10	13	25

4-15 城乡合作经营工业和城乡个体工业主要指标

(1996年)

单位:万元

指　标	户　数 (个)	从业人数 (人)	工业总产值 (当年价) 新规定	上交税金	自有资金
一、城镇合作经营工业总计	**133**	**2 041**	**20 798**	**630**	**4 769**
轻工业	121	1 824	18 390	557	4 197
重工业	12	217	2 408	73	572
二、农村合作经营工业总计	**3 389**	**53 770**	**466 450**	**14 298**	**54 583**
轻工业	2 019	33 898	297 509	8 860	34 753
重工业	1 370	19 872	168 941	5 438	19 830
三、城镇个体工业总计	**393**	**3 770**	**30 218**	**1 294**	**8 308**
轻工业	267	2 554	21 557	855	5 163
重工业	126	1 216	8 661	439	3 145
四、农村个体工业总计	**54 522**	**304 402**	**2 562 889**	**69 555**	**253 730**
轻工业	39 417	209 768	1 757 198	45 751	164 425
重工业	15 105	94 634	805 691	23 804	89 305

五、交通运输、邮电

1996年杭州市交通邮电生产经营情况

1996年我市交通运输邮电基础设施进一步加强，交通运输邮电整体环境日趋好转，交通运输生产有较大发展，邮电通讯事业生产增势明显。

一、运输生产经营情况

据统计，1996年全社会（包括铁路、公路、水路、民航）完成货运量10963万吨，比上年增长6%，货运周转量完成628681万吨公里，比上年增长5.8%。完成客运量16714万人，比上年增长0.6%，旅客周转量完成591816万人公里，比上年增长5.8%。

从1996年全社会客、货运量的构成比重看，占最大比重的是公路运输。全市客运量中，公路运输占90.8%，而铁路仅占6.7%，水路占1.6%，民航只占0.9%；货运量中，公路运输占70.6%，水路占25.4%，铁路占4.1%，民航占0.02%。

1996年交通运输的发展有以下特点：

1、公路运输的增长货运好于客运，非交通系统高于交通系统。1996年公路运输完成货运量7735万吨，比上年增长10.2%，客运量完成15184万人，比上年增长1.8%。货运的增幅比客运的增幅大8.4个百分点。货运周转量完成345372万吨公里,比上年增长12.1%，旅客周转量完成580628万人公里，增长6.9%,货运周转量的增幅比客运周转量大5.2个百分点。非交通系统货运周转量、旅客周转量分别比上年增长14.9%和7.8%，增幅高于交通系统。

2、航空运输客、货运量同步增长。1996年我市航空运输发展迅速，开辟航线已增至35条，航线里程40847公里。航空运输部门重视改善运输环境，强化服务质量，客座率进一步提高。全年完成客运量145万人，货运量完成2.34万吨，分别比上年增长22.9%和29.3%。

3、铁路、水路经营情况不佳。随着高速公路兴建，城乡之间公路设施的改善，运输市场竞争加剧，铁路和水运受到冲击，使铁路客运量、货运量比上年下降10.5%和7.6%。水路客运量、货运量分别下降19.5%和2.2%。

促使公路的客、货运输增长的主要因素，一是交通基础设施进一步加强。钱江三桥顺利竣工通车，加之杭州与省内外各县之间公路条件改善，为公路运输的发展提供了条件；二是客源增加。随着劳动制度改革的不断深人，劳动力的流动性增强，外出旅游，休闲人数也日趋增多，为交通部门尤其是公路运输部门提供了客源。三是运力增加。随着运输市场开放程度的提高，社会车辆增加，使客、货运量呈上升趋势。

二、邮电通讯生产经营情况

1996年邮电通讯部门通过深化改革，加强管理，改善经营方式，使邮电通讯设施得到加强，生产经营有较大的增长。1996年全市邮电通讯完成业务总量19.55亿元，比上年增长35.4%。其中：电信部门完成业务总量18.52，比上年增长32.33%。

1996年，我市邮电通讯的交换，传输能力和通讯能力显著提高．城乡电话已达到一体化。实施了市内SDH环网和七县（市）环网的工程建设．投人运行不仅使杭州的传输网络上了一个台阶，而且真正实现了大杭州的传输本地网。同时还实现了萧山、余杭 6 个乡（镇）划入杭州市区后电信网的各项割接。无线寻呼完成了“129”全省联网 1 个基站的新建，3 个基站的扩容。开通杭州地区 FLEX 高速寻呼网。实施了“126”、人工座席的 25 个增加至 50 个扩容工程。长话业务有较大发展。全市国内长话达到 1.73 亿张（包括七县〔市〕），比上年增长 29.1%。年末市话用户达 60.23 万户，其中：住宅电话为 44.01 万户，分别比上年净增 6.14 万户和 4.06 万户。无线寻呼和移动电话用户达 37.37 万户和 9.77 万户，分别净增 9.06 万户和 4.15 万户。长途自动交换机容量全市已达 102240 路端，净增 12860 路端。市话话机总数达 725007 部,比上年增长 10.4%。

1996 年全市邮电通讯能力的增加和网络整体水平运行质量显著，使邮政业务量继续增长。特快专递完成 111.07 万件，比上年增长 30.88%。

5-01 全市交通运输系统客、货运量

年份	货物运输量(万吨)		旅客发送量(万人)	
	全 市	市 区	全 市	市 区
1978	1 706	1 006	2 878	609
1979	1 983	1 297	3 122	720
1980	2 070	1 309	3 905	878
1981	1 972	1 329	4 484	1 009
1982	2 261	1 445	5 263	1 100
1983	2 299	1 543	5 451	1 184
1984	2 385	1 559	6 056	1 358
1985	2 488	1 424	6 724	1 468
1986	2 558	1 479	6 765	1 303
1987	2 515	1 407	6 905	1 368
1988	2 416	1 212	6 593	1 469
1989	7 377	2 121	7 493	5 774
1990	6 522	1 768	8 119	5 972
1991	7 017	1 814	10 701	6 377
1992	8 434	1 947	13 358	6 207
1993	9 082	1 922	13 070	4 569
1994	8 962	1 752	13 373	4 056
1995	10 347	1 662	16 620	4 448
1996	10 962	1 550	16 714	3 809

5-02 全社会客货运输量

(1996 年)

项 目	全 市	
	本 年	为上年%
一、全市客运量合计(万人)	**16 714**	**100.6**
铁路	1 112	89.4
民航	145	122.9
公路	15 184	101.8
1.交通部门	3 026	109.2
2.非交通部门	12 158	100.1
#个体	4 624	115.6
水运	273	80.5
1.交通部门	251	79.4
2.非交通部门	22	91.7
#个体	20	95.2
非交通系统小计	**12 180**	**100.1**
个体运输	4 643	115.4
二、全市旅客周转量合计(万人公里)	**591 816**	**105.8**
公路	580 628	106.9
1、交通部门	171 711	104.7
2、非交通部门	408 917	107.8
#个体	88 433	86.0
水运	11 188	70.7
1、交通部门	10 678	69.9

5-02　全社会客货运输量

续表一

(1996 年)

项　目	全市	
	本年	为上年%
2、非交通部门	511	93.4
#个体	451	97.2
三、全市货运量小计(万吨)	**10 963**	**111.2**
铁路	445	92.3
民航	2.34	129.3
公路	7 735	110.2
1、交通部门	490	92.9
2、非交通部门	7 245	111.6
#个体	3 364	107.7
水运	2 780	97.8
1、交通部门	615	94.3
2、非交通部门	2 165	98.9
#个体	2 064	104.7
四、全市货物周转量合计(万吨公里)	**628 681**	**105.8**
公路	345 372	112.1
1、交通部门	27 770	88.2
2、非交通部门	317 603	114.9
#个体	90 642	111.9
水运	283 309	99.0
1、交通部门	154 609	97.8
2、非交通部门	128 699	100.5
#个体	123 394	113.5

5-03 交通系统客货运输量

(1996年)

地　区	总计 本　年	总计 为上年%	公路 本　年	公路 为上年	水路 本　年	水路 为上年%
一、旅客运输量合计(万人)	**3 277**	**106.1**	**3 026**	**111.1**	**251**	**79.4**
市区	696	115.2	645	121.7	51	68.9
县(市)属	2 581	103.9	2 381	106.2	200	82.6
萧山市	834	113.9	834	113.9	–	–
桐庐县	301	100.0	301	100.0	–	–
富阳市	277	100.0	277	100.0	–	–
临安市	439	97.6	439	97.6	–	–
余杭市	210	131.3	210	131.1	–	–
建德市	96	80.0	61	85.9	35	71.4
淳安县	423	95.3	258	102.8	165	85.5
旅客运输周转量合计（万人公里	**182 389**	**101.7**	**171 711**	**104.7**	**10 678**	**69.9**
市区	71 180	107.3	67 064	110.2	4 116	75.3
县(市)属	111 209	98.4	104 647	101.4	6 562	66.9
萧山市	26 806	115.7	26 806	115.7	–	–
桐庐县	14 734	86.8	14 734	86.8	–	–
富阳市	11 953	96.0	11 953	96.0	–	–
临安市	19 156	99.2	19 156	99.2	–	–
余杭市	7 456	119.0	7 456	119.0	–	–
建德市	9 738	96.7	9 202	98.10	535	77.4
淳安县	21 367	86.2	15 341	97.8	6 026	66.1
二、货物运输量合计(万吨)	**1 105**	**93.7**	**490**	**94.9**	**615**	**94.3**
市区	753	96.9	382	97.7	371	96.1
县(市)属	352	87.6	108	79.4	244	91.7
萧山市	73	89.0	30	85.7	42	89.4
桐庐县	44	110.0	21	116.0	623	104.5
富阳市	62	89.9	–	–	62	89.9
临安市	24	60.0	9	45	15	75
余杭市	110	88	29	73	81	98.8
建德市	29	100.0	14	82.4	15	125.0
淳安县	10	58.8	3	100	7	53.8
货物运输周转量合计(万吨公里)	**182 378**	**96.2**	**27 769**	**88.2**	**154 609**	**97.8**
市区	115 486	97.4	20 218	97.2	95 268	97.4
县(市)属	66 892	94.3	7 550	70.6	59 341	98.6
萧山市	15 317	91.4	3 385	81.3	11 931	94.7
桐庐县	7 669	98.5	807	62.6	6 862	105.9
富阳市	16 128	102.8	–	–	16 128	102.8
临安市	2 792	61.9	563	41.5	2 229	69.4
余杭市	18 913	95.4	1 269	76.4	17 644	97.1
建德市	5 043	117.4	815	65.9	4 227	138.5
淳安县	1 030	52.1	711	91.9	320	26.6

5-04 交通运输工具年末实有数

(1996年)

地区	客货汽车总计(辆)	载客汽车		载货汽车		人力车(辆)
		辆	客位	辆	吨位	
总计	**3 112**	**2 374**	**40 906**	**738**	**6 216**	**240**
为上年(%)	114.2	139.8	97.2	71.9	76.3	145.5
一、市属	1 648	1 174	13 562	490	4 336	–
二、县(市)属	1 448	1 200	27 344	248	1 880	240
萧山市	378	295	4 797	83	595	60
桐庐县	139	128	3 885	11	70	–
富阳市	108	108	4 055	–	–	–
临安市	142	126	4 589	16	105	–
余杭市	340	259	3 765	81	646	180
建德市	208	158	3 451	50	400	–
淳安县	133	126	2 802	7	64	–

5-05 年末社会机动车辆拥有量

(1996年)　　单位:辆

项目	全市		市区	
	本年	为上年%	本年	为上年%
总计	**170 416**	**92.5**	**59 798**	**102.8**
一、大型汽车	**27 343**	**71.1**	**12 857**	**74.7**
客车	3 345	79.2	2 470	88.2
货车	22 046	65.7	9 094	65.8
二、小型汽车	**64 285**	**107.4**	**34 576**	**116.2**
三、摩托车	**73 199**	**92.5**	**11 910**	**115.1**
二轮	58 391	96.6	9 930	157.2
三轮	8 026	83.0	1 342	116.8
轻便	6 782	95.2	638	22.1
四、其他机动车	**5 418**	**82.0**	**284**	**45.5**
五、无轨电车	**171**	**82.2**	**171**	**82.2**

5-06 独立核算交通运输企业财务状况

(1996 年)　　单位:万元

指　标	总　计	按经济类型分		按专业类型分		
		国有经济	集体经济	公路运输	水上运输	港　口
企业个数(个)	98	56	36	79	18	1
其中:亏损企业(个)	28	11	13	18	10	-
资本金合计	57 486	40 153	6 499	37 097	17 235	3 155
流动资产合计	57 086	41 891	7 197	39 660	16 414	1 012
其中:存货	6 482	5 535	719	4 083	2 198	200
固定资产合计	87 351	70 048	9 035	61 094	24 178	2 079
固定资产原价合计	125 731	99 483	14 208	82 551	40 112	3 067
其中:生产经营用	87 027	64 125	12 254	53 134	33 682	211
累计折旧	45 823	36 129	5 830	28 227	16 608	988
其中:本年折旧	7 298	5 429	557	5 175	2 021	103
无型及递延资产合计	1 461	526	125	1 356	105	-
资产合计	153 698	119 193	17 117	107 220	43 386	3 091
流动负债合计	59 813	43 547	8 022	44 040	15 333	440
长期负债合计	15 265	12 250	3 015	9 297	5 050	919
负债合计	75 081	55 797	11 039	53 340	20 383	1 359
所有者权益合计	78 083	62 898	6 078	53 833	22 517	1 733
其中:股本	7 753	514	86	7 747	6	-
营运业务收入	69 794	53 984	10 232	48 873	19 722	1 199
营运业务成本	50 570	39 232	7 471	34 453	16 034	84
营运费用	1 054	922	132	983	71	-
营运税金及附加	2 355	1 807	360	1 508	668	179
营运业务利润	15 425	11 880	2 101	11 631	2 858	936
管理费用	20 430	15 702	2 901	13 207	6 114	1 109
其中:税金	313	268	31	209	91	13
劳动、待业保险金	2 560	1 877	632	1 832	713	15
营业利润	-4 441	-3 241	- 640	-1 099	-3 214	- 128
利润总额(亏损为-)	- 102	754	- 588	793	- 894	0.2
应交所得税	481	396	52	478	3	-
转作奖金的利润	10	6	4	10	-	-
应付利润	275	36	12	275	-	-
其中:已分配股利	198	-	-	198	-	-
本年应付工资总额	20 471	16 929	2 643	10 081	7 281	3 109
本年应付福利费总额	2 953	2 515	359	1 523	1 019	410

5-07 邮政、电信主要指标

(1996 年)

指　标	计量单位	总计 本年	总计 为上年(%)	其中：市区
邮电局(所)数	处	496	101.8	125
其中:提供邮政全功能服务处	处	22	146.	22
电信邮政支局(所)数	个	127	117.6	127
邮路单程总长度	公里	24 899	96.6	19 589
农村单程投递线路	公里	13 024	100.7	1735
长途电话电路总数	路	58 763	149.6	48 850
公众电报业务电路总数	路	269	100.4	173
载报终端设备容量	路	1 317	100.5	1 157
用户传真期末户数	户	4 219	110.0	2 998
电话机总数	部	914 634	113.6	588 204
市话	部	725 007	107.5	567 339
农村电话	部	189 627	–	23 865
邮电业务总量	万元	195 474	135.4	126 947
函件、机要件	万件	8 972	96.2	6 491
其中:计费	万件	8 378	95.3	6 131
包件	万件	252.35	108.0	214.7
其中:计费	万件	225.34	109.2	187.7
出口汇票	万张	206.23	101.1	128.9
其中:计费	万张	198.89	101.1	126.8
订销报刊期发量	万份	158.89	92.3	96.4
订销报刊累计量	万份	17 151	101.9	84.33
电报	万份	61.72	67.1	33.38
其中:计费	万份	54.34	66.4	28.03
长话次数	万次	17 742	128.4	12 811
市话年末计次制	户	602 278	111.3	471 816
其中:计费	户	597 581	111.3	468 628
农话年末计次制	户	143 841	137.3	18 158
其中:计费	户	142 366	137.6	18 038
无线寻呼期末户数	户	373 733	132.0	243 438
其中:计费户数	户	367 975	132.4	239 315
年末移动电话户数	户	97 712	173.8	64 529
其中:计费户数	户	97 198	173.7	64 233
邮电业务总收入	万元	172 896	127.0	111 570
已通话的乡镇合计	个	230	100.0	22

六、固定资产投资

1996年杭州市固定资产投资运行情况

1996年，我市固定资产投资平稳增长，受宏观调控等因素的影响，增幅回落较大，全社会固定资产投资261.17亿元，比上年增长12.4%，增幅回落31个百分点。投资重点继续向基础设施和重点项目倾斜，城市建设成果显著，投资效益有所提高。投资运行主要呈现以下几个特点:

一，基本建设和其他投资增速居前，更新改造投资出现负增长。在全社会固定资产投资中，基本建设投资68.88亿元，比上年增长27.1亿元。其他投资30.23亿元.增长39.3%。房地产投资52.27亿元，增长8.5%。农村集体投资45.37亿元，与上年持平；农村私人投资33.97亿元，增长12.0%；更新改造投资25.45亿元，下降8.9%。导致更改投资下降的主要原因是由于我市国有企业经济效益下滑,亏损面增加,使企业自有资金减少,加上″八五″期间的一些限上项目相继竣工投产,而″九五″较大项目尚处于前期准备或刚起步阶段，使原本就偏低的更改投资出现了负增长。1996年，更新改造投资占全社会投资比重仅为10%，而同期基本建设投资所占比重达到26.4%。从隶属关系看，中央项目完成7.37亿元，增长63.0%，主要是杭州卷烟厂总投资9.28亿元的重点技改于年底开工，其完成投资达3.86亿元；省属项目完成3.65亿元，下降27.5%；市.县属项目完成14.42亿元，下降21.5%。从行业结构看，制造业完成18.76亿元，下降7.2%，其中黑色金属冶炼2.47亿元，下降43.1%；交通运输邮电业2.98亿元下降34.8%。从资金情况看，本年资金来源合计为28.67亿元，与上年持平，其中自筹资金17.07亿元，增长2%；国内贷款8.26亿元，增长34.6%；利用外资0.77亿元，下降54.2%。若扣除杭州卷烟厂资金来源3.86亿元（其中国内贷款1.2亿元，自筹资金2.66亿元）这个因素，则资金来源合计应为24.81亿元，下降13.5%，其中自筹资金14.41亿元，下降13.9%；国内贷款7.06亿元，增长14.9%。这表明有关部门虽然注意加大技改力度，但自筹资金的减少仍是制约我市更改投资增长的因素之一。

二.城市基础设施和重点项目建设继加强，成果明显。作为“九五”计划的起步年，我市继续加大对基础设施建设的投资力度。全市基本建设和更新改造投资中用于基础设施投资43.24亿元，增长22.8%，高于全社会投资增速10.4个百分点。基础设施建设尤其是道路建设有了突破性进展。为改善我市道路拥挤状况，年初市政府将城市道路建设作为基础设施建设的重中之重来抓，并向全市人民承诺年内建成的“10路、2桥、1隧”工程均已如期完成，还开工建设了体育场路高架桥，西山路拓宽等工程,使我市东西南北交通因周边高速公路的建成通车而造成的拥堵状况大为改善。市属30个重点项目完成投资27.56亿元，为年计划的102.6%，建成了绕城快速公路（祥符桥-留下段）、钱江三桥、三堡二线船闸、供水抗咸工程二期、液化石油气第一灌装场迁建工程、电网建设中的武林变、霹湾变等工程、这项项目的建成、强化了城市整体功能、有力地推动了我市社会经济的发展，同时也改观了城市面貌。

三.投资效益有所提高。1996年，全市城镇集体以上新增固定资产投资148.96亿元，比上年增长62.4%。固定资产交付使用率由上年的58.6%提高到81.9%。竣工房屋面积582.71万平方米，比上年增加58.13万平方米，其中住宅竣工面积354.55万平方米，增加35.13万平方米。形成了一批新的生产能力，主要有火力发电15.10万千瓦，11万伏以上输电线路长度95.84公里，变电设备能力44.80万千伏安，水泥20万吨／年，合成氨23000吨／年，化学农药3600吨／年，新建公路25.43公里.改建公路163.73公里，其中：一级公路24.99公里，改善内河航道里程28.24公里，有效灌溉面积7.5万亩，中.小学生席位34164个，医院病床1450张，自来水供水能力10万吨／日，城市煤气生产能力15万立方米／日和城市污水处理能力6.20万吨／日。

四.房地产投资增速趋缓。1996年，虽然我市房地产投资受前几年大规模开发的惯性作用，仍处于高位运行，投资比重占全社会投资的比重为22%，仅此于基本建设投资，但增速明显趋缓，比上年仅增长8.5%，增幅回落达35.7个百分点。全市新开工面积313.70万平方米，比上年减少31.67万平方米。与前几年过高的增速相比，显然我市房地产投资在市场机制的制约下，正按其自身的规律，逐步趋于正常运行态势。从投资结构看，普通住宅投资32.29亿元，增长5.4%，占住宅投资比重由上年的81.2%提高到88.3%；高挡公寓别墅投资4.28亿元，下降39.6%，比重由上年的18.8%下降到11.8%。与此同时，开工建设的25万平方米安居工程(其中新开工20万平方米)，年内已建成10万平方米,大关南等住宅小区已开始启用，为解决城市居民的住宅困难和改善居住条件提供了保证。此外，为配合我市道路等基础设施建设的折迁还建.统建代建和公益性建筑竣工面积达82.06万平方米，占房地产竣工面积比重为23.4%。但由于前几年房地产市场的过快发展和偏高的房价，导致供大于求的现象严重，销售情况不尽理想。1996年我市销售面积138.40万平方米，比上年下降15.2%，销售额26.96亿元，下降3.1%；空置面积89.17万平方米，比上年增加31.56万平方米，占浚工面积的比重25.5%。

综上所述，我市固定资产投资在平稳增长的同时，仍存在投资的再生产结构不尽合理，主要反映在更新改造投资总量不足，比重过底，1996年更新改造投资只为基本建设投资的36.9%，房地产投资的44.4%。房地产投资产、销衔接也不理想。1997年，在国家仍将采取适度从紧的财政货币政策，对投资继续从严控制总规模的大前提下，结合我市的实际情况，对于技术改造，除了加大对技改的投人外，还应结合企业的改革和改组制定一系列优惠政策，鼓励和调动企业技术改造的极极性，通过加大技术改造力度，促进其经济增长方式的转变。作为“九五”期间新的经济增长点的房地产业，要继续控制规模，优化投资结构，提高普通住宅投资的比重，大力发展安居工程，规范房地产市场，并出台一些激活房地产市场的相应措施，使我市房地产投资产销平衡，稳步健康地发展。

6-01 历年固定资产投资

单位:万元

年　份	全市总计	基本建设	更新改造	市区总计	基本建设	更新改造
1978	30 022	23 941	5 316	20 411	16 451	3 403
1979	34 407	25 008	8 327	24 404	18 085	5 499
1980	45 752	33 257	9 190	33 139	24 385	6 904
1981	51 538	23 772	21 423	38 470	19 478	15 248
1982	66 123	32 518	25 596	48 755	26 703	17 174
1983	66 214	35 269	22 181	49 298	29 654	15 431
1984	91 947	52 313	27 269	72 427	45 993	20 494
1985	140 798	85 718	33 219	103 493	70 527	22 495
1986	182 398	95 102	52 701	135 810	81 678	36 880
1987	200 516	93 113	73 099	140 115	80 079	46 885
1988	205 967	80 939	77 481	132 775	63 482	46 636
1989	202 131	87 320	72 994	130 054	65 322	44 310
1990	229 214	99 805	73 933	153 143	79 792	48 131
1991	255 696	96 589	92 103	154 394	66 724	56 497
1992	384 136	119 216	136 850	199 171	62 271	84 548
1993	825 382	273 991	204 412	411 513	140 113	119 235
1994	1 059 437	397 651	205 109	593 809	207 983	129 824
1995	1 566 280	541 890	279 388	1 007 111	339 016	162 799
1996	1 818 333	688 794	254 507	1 269 082	523 573	165 631

注:本表不含农村集体和私人投资。

6-02 全社会固定资产投资

(1996 年)　　　　单位:万元

项　目	本　年	为上年(%)
全 市 总 计	**2 611 772**	**112.4**
基本建设投资	688 794	127.1
更新改造投资	254 507	91.1
房地产开发投资	572 749	108.5
其他固定资产投资	302 283	139.3
农村集体固定资产投资	453 720	99.9
农村私人投资	339 719	111.9
䒑私人建房投资	238 753	116.2
市 区 总 计	**1 485 008**	**120.8**
基本建设投资	523 573	154.4
更新改造投资	165 631	96.4
房地产开发投资	439 245	107.6
其他固定资产投资	140 633	108.6
农村集体固定资产投资	148 576	112.2
农村私人投资	67 350	121.7
䒑私人建房投资	62 701	135.6
萧山市总计	**400 043**	**130.4**
基本建设投资	42 339	83.8
更新改造投资	11 763	107.8
房地产开发投资	52 865	108.9
其他固定资产投资	84 181	389.8
农村集体固定资产投资	129 435	122.2
农村私人投资	79 460	120.3
䒑私人建房投资	62 012	118.7
桐庐县总计	**50 344**	**106.6**
基本建设投资	15 038	100.8
更新改造投资	4 579	88.6
房地产开发投资	6 979	79.1
其他固定资产投资	1 235	64.2
农村集体固定资产投资	9 894	218.2
农村私人投资	12 619	106.6
䒑私人建房投资	11 480	119.1
富阳市总计	**140 349**	**85.7**
基本建设投资	21 227	102.7
更新改造投资	15 735	77.8
房地产开发投资	18 673	86.6

6-02 全社会固定资产投资

续表一　　(1996 年)　　单位:万元

项　目	本　年	为上年(%)
其他固定资产投资	4 099	75.3
农村集体固定资产投资	44 860	73.8
农村私人投资	35 755	102.1
#私人建房投资	29 619	104.5
临安市总计	**124 785**	**104.9**
基本建设投资	18 238	103.3
更新改造投资	15 043	117.4
房地产开发投资	7 952	70.9
其他固定资产投资	28 636	112.6
农村集体固定资产投资	32 522	113.9
农村私人投资	22 394	96.3
#私人建房投资	18 684	104.8
余杭市总计	**289 677**	**90.0**
基本建设投资	32 536	43.2
更新改造投资	21 941	76.2
房地产开发投资	36 186	146.7
其他固定资产投资	32 237	201.7
农村集体固定资产投资	70 681	72.0
农村私人投资	96 096	104.4
#私人建房投资	38 038	113.6
建德市总计	**66 008**	**85.5**
基本建设投资	12 767	94.8
更新改造投资	12 963	55.2
房地产开发投资	7 058	87.2
其他固定资产投资	4 756	56.3
农村集体固定资产投资	8 899	80.7
农村私人投资	19 565	154.2
#私人建房投资	15 373	154.9
淳安县总计	**55 558**	**121.1**
基本建设投资	23 076	224.4
更新改造投资	6 852	96.4
房地产开发投资	3 791	69.9
其他固定资产投资	6 506	74.5
农村集体固定资产投资	8 853	104.5
农村私人投资	6 480	110.5
#私人建房投资	846	16.9

6-03 固定资产投资额

(1996 年)

行业	总计	市区	萧山市
本年完成投资额总计	**1 818 333**	**1 269 082**	**191 148**
住宅	442 141	348 372	29 934
按行业分			
农林牧渔业	3 100	206	1 106
采掘业	1 139	70	228
制造业	469 877	310 071	75 612
电力、煤气及热水生产和供应业	132 484	82 334	11 015
建筑业	36 773	5 903	1 736
地质勘查、水利管理业	5 480	731	-
交通运输、仓储及邮电通信业	133 240	89 476	4 914
批发和零售贸易、餐饮业	58 529	39 606	5 578
金融保险业	20 374	10 169	1 533
房地产业	577 175	442 607	52 865
社会服务业	214 432	179 209	20 243
卫生、体育和社会福利业	21 840	15 888	1 245
教育、文化艺术和广播电视业	67 183	35 553	9 997
科研和综合技术服务业	8 803	7 739	47
国家机关、政党机关和社会团体	56 497	38 973	5 029
其他行业	11 407	10 547	-

注:本表不含农村集体和私人投资

完成情况

单位：万元

桐庐县	富阳市	临安市	余杭市	建德市	淳安县
27 831	**59 734**	**69 869**	**122 900**	**37 544**	**40 225**
4 654	14 950	9 743	22 870	6 265	5 353
–	70	761	383	–	574
–	10	25	590	216	–
1 539	5 881	26 239	29 171	13 909	7 455
3 336	7 577	7 023	10 335	4 126	6 738
227	–	221	27 424	–	1 262
310	1 720	–	1 730	989	–
6 755	10 482	3 739	7 856	2 436	7 582
477	6 175	4 373	406	580	1 334
1 355	929	760	2 763	–	2 865
7 416	18 673	8 579	36 186	7 058	3 791
2 747	1 593	649	135	4 440	5 416
550	975	2 348	430	345	59
2 192	2 775	10 904	2 375	2 165	1 222
–	1 005	6	–	–	6
927	1 827	3 424	3 116	1 280	1 921
–	42	818	–	–	–

6-04 房屋建筑面积及造价

(1996年)

指　标	施工面积(万平方米)	竣工面积(万平方米)	竣工房屋的价值(万元)	每平方米造价(元)
全　市				
房屋建筑面积	**1 399.7**	**582.7**	**688 569**	**1 182**
#住宅	758.0	354.5	370 485	1 045
基本建设	392.1	158.4	181 574	1 149
#住宅	102.3	50.0	39 937	799
更新改造	48.9	21.5	26 282	1 222
#住宅	4.4	2.7	1 763	653
其它投资	95.1	52.7	67 441	1 280
#住宅	13.2	10.4	7 143	687
房地产开发投资	863.6	350.1	413 272	1 180
#住宅	638.1	291.4	321 642	1 104
市　区				
房屋建筑面积	**969.1**	**350.1**	**437 239**	**1 249**
#住宅	538.5	229.0	274 244	1 196
基本建设	254.8	80.5	91 054	1 131
#住宅	64.7	25.8	25 238	978
更新改造	30.4	10.8	17 350	1 606
#住宅	1.2	0.6	371	618
其它投资	42.1	20.2	18 829	932
#住宅	2.5	1.7	1 702	1 001
房地产开发投资	641.8	238.6	310 006	1 299
#住宅	470.1	200.9	246 933	1 299
萧山市				
房屋建筑面积	**145.3**	**88.2**	**127 319**	**1 443**
#住宅	72.4	42.9	42 188	983
基本建设	40.4	29.5	40 389	1 369
#住宅	8.1	4.1	2 762	674
更新改造	1.4	1.1	790	718
#住宅	–	–	–	–
其它投资	19.2	14.7	36 722	2 498
#住宅	1.4	1.1	1 595	1 450
房地产开发投资	84.3	42.9	49 418	1 152
#住宅	62.9	37.7	37 831	1 003

注:本表不含农村集体和私人投资。

6-04 房屋建筑面积及造价

续表一

(1996 年)

指 标	施工面积(万平方米)	竣工面积(万平方米)	竣工房屋的价值(万元)	每平方米造价(元)
桐 庐 县				
房屋建筑面积	**24.2**	**12.5**	**8 953**	**716**
#住宅	12.0	7.3	4 068	557
基本建设	10.2	5.6	4 279	764
#住宅	4.2	2.4	1 320	550
更新改造	0.4	0.1	71	710
#住宅	—	—	—	—
其它投资	1.2	0.8	310	387
#住宅	0.6	0.6	225	375
房地产开发投资	12.4	6.0	4 293	716
#住宅	7.2	4.3	2 523	587
富 阳 市				
房屋建筑面积	**73.8**	**32.9**	**25 850**	**786**
#住宅	41.3	20.8	12 062	580
基本建设	26.1	12.1	10 887	900
#住宅	8.9	6.4	3 548	554
更新改造	3.9	1.6	1 272	795
#住宅	1.4	0.6	345	575
其它投资	3.3	0.4	285	713
#住宅	0.8	0.3	140	467
房地产开发投资	40.5	18.8	13 406	713
#住宅	30.2	13.5	8 029	594
临 安 市				
房屋建筑面积	**45.8**	**26.8**	**25 858**	**965**
#住宅	21.7	14.1	8 839	627
基本建设	21.3	13.8	17 620	1 277
#住宅	8.5	5.5	3 560	647
更新改造	2.6	1.7	794	467
#住宅	0.2	0.1	53	530
其它投资	10.3	5.6	2 982	532
#住宅	3.7	3.3	1 528	463
房地产开发投资	11.6	5.7	4 462	783
#住宅	9.3	5.2	3 698	711
余 杭 市				

注:本表不含农村集体和私人投资。

6-04 房屋建筑面积及造价

续表二

(1996年)

指 标	施工面积(万平方米)	竣工面积(万平方米)	竣工房屋的价值(万元)	每平方米造价(元)
房屋建筑面积	**69.5**	**35.9**	**36 107**	**1 006**
䓁住宅	41.5	21.0	17 258	822
基本建设	10.7	5.8	8 675	1 496
䓁住宅	0.4	0.5	492	984
更新改造	4.0	2.2	2 898	1 317
䓁住宅	0.3	0.3	179	596
其它投资	7.3	4.0	2 862	716
䓁住宅	1.0	1.0	638	638
房地产开发投资	47.5	23.9	21 672	907
䓁住宅	39.8	19.2	15 949	831
建 德 市				
房屋建筑面积	**32.1**	**19.0**	**14 839**	**781**
䓁住宅	17.3	9.8	6 417	655
基本建设	6.9	4.9	3 937	803
䓁住宅	2.4	2.1	1 067	508
更新改造	3.8	2.8	2 172	776
䓁住宅	0.8	0.8	615	769
其它投资	3.1	3.1	2 606	841
䓁住宅	0.4	0.4	228	570
房地产开发投资	18.3	8.2	6 124	747
䓁住宅	13.7	6.5	4 507	693
淳安县				
房屋建筑面积	**39.9**	**17.3**	**12 404**	**717**
䓁住宅	13.3	9.6	5 409	563
基本建设	21.7	6.2	4 733	763
䓁住宅	5.1	3.2	1 950	609
更新改造	2.4	1.2	935	779
䓁住宅	0.5	0.3	200	667
其它投资	8.6	3.9	2 845	729
䓁住宅	2.8	2.0	1 087	543
房地产开发投资	7.2	6.0	3 891	649
䓁住宅	4.9	4.1	2 172	530

注:本表不含农村集体和私人投资。

6-05 固定资产投资新增生产能力(或效益)

(1996年)

项 目	计量单位	合 计	基本建设	更新改造	其他投资
火力发电	万千瓦	15.1	13.7	1.4	–
水泥	万吨/年	20	–	–	20
化学原料药	吨/年	–	–	–	–
中成药	吨/年	–	–	–	–
金属切削机床制造	台/年	250	–	250	–
合成纤维	吨/年	–	–	–	–
棉纺锭	万锭	–	–	–	–
丝织机	台	822	–	728	94
啤酒	吨/年	164 000	60 000	104 000	–
新建公路	公里	25.4	25.4	–	–
改建公路	公里	163.7	112.1	27.6	24
其中;一级公路	公里	24.9	24.9	–	–
市内电话自动交换机	门	122 000	32 000	90 000	–
商业饮食服务网点	处	26	15	–	11
	平方米	57 488	46 351	–	11 137
中等学校;学生席位	个	16 738	16 738	–	–
建筑面积	平方米	84 237	84 237	–	–
小学校;学生席位	个	17 426	14 396	–	3 030
建筑面积	平方米	55 530	45 465	–	10 065
医院病床	张	1 450	1 330	120	–
城市自来水供水能力	万吨/日	10	10	–	–
城市道路扩建长度	公里	41.7	38.7	2.3	0.7
城市道路扩建面积	万平方米	103.9	98.8	3.3	1.8
城市污水处理能力	万吨/日	6.2	6.0	0.2	–

6-06 市属固定资产

（包括国有和集体

项 目	总计 本年	总计 为上年(%)	工业系统	农业系统
本年完成投资额总计	**545 838**	**129.7**	**52 315**	**2 477**
国家和省项目	43 843	103.9	3 065	–
自筹占额度项目	14 712	33.9	186	–
更新改造项目	33 025	150.9	28 965	230
不纳入计划考核项目	454 258	145.1	20 099	2 247
其中:集体所有制项目	8 119	60.9	2 127	–
按建设用途分				
农林牧渔业用	1 870	623.3	–	1 870
工业建筑业用	152 689	256.5	44 692	–
商业运输邮电业用	124 452	144.9	4 330	–
住宅	173 829	113.4	1 491	370
其他	92 997	76.5	1 802	237
施工面积(万平方米)	565.0	106.6	31.6	4.1
其中:住宅(万平方米)	336.5	110.7	2.6	0.7
竣工面积(万平方米)	230.8	139.6	11.1	0.9
其中:住宅(万平方米)	156.9	143.3	1.3	0.7
本年新增固定资产	489 144	522.1	20 749	–

注:表内数据是市计委下达的投资项目完成情况。市经委下达技改项目完成投资 132890 万元。

投资完成情况

1996年)

单位：万元

交通系统	商业系统	建工系统	城　区	文教体科研系统	城建系统	商品房开发	其他系统
66 652	**15 397**	**558**	**60 907**	**15 704**	**125 750**	**193 601**	**12 477**
36 589	380	–	913	147	2 614	–	135
910	480	–	5 324	–	7 747	–	65
600	2 478	552	–	–	130	–	70
28 553	12 059	6	54 670	15 557	115 259	193 601	12 207
–	438	–	5 554	–	–	–	–
–	–	–	–	–	–	–	–
235	671	552	8 205	907	96 627	–	800
64 717	11 407	–	16 813	–	–	24 800	2 385
–	3 319	6	22 788	305	8 314	136 900	336
1 700	–	–	13 101	14 492	20 809	31 900	8 956
1.7	24.2	1.6	43.1	21.6	27.8	393.8	15.5
–	2.8	0.4	14.3	0.9	18.6	295.3	0.9
–	3.2	1.6	15.9	13.6	14.1	162.5	7.9
–	0.1	0.4	8.8	0.7	10.9	133.1	0.9
71 205	2 528	1 638	105 820	6 795	117 069	157 700	5 640

6-07 基本建设完

(1996年)

分类行业	总计 本年	总计 为上年(%)	市区
本年完成投资额总计	**688 794**	**127.1**	**523 573**
按构成分,其中:			
建筑工程	422 509	121.9	302 452
安装工程	53 554	120.0	40 010
设备、工器具购置	80 766	82.2	63 284
按建设性质分,其中:			
新建	384 214	142.8	306 137
扩建	216 500	134.9	170 346
改建	46 421	92.0	25 353
按工程用途分			
农林牧渔业用	1 775	57.4	1 120
工业建筑业用	180 666	125.6	129 723
商业运输邮电业用	145 992	111.9	106 995
住宅	62 837	150.8	47 175
其他	297 524	133.5	238 560
按行业分			
农林牧渔业	2 099	61.6	206
采掘业	238	6.4	–
制造业	72 102	96.2	66 031
电力、煤气及热水的生产供应业	105 562	140.1	71 205
建筑业	19 812	84.3	5 903
地质勘查、水利管理业	3 779	132.6	530
交通运输、仓储及邮电通信业	100 199	105.8	74 716
批发和零售贸易、餐饮业	44 536	368.4	30 445
金融保险业	17 152	84.2	10 169
房地产业	1 904	1 046.2	840
社会服务业	171 744	149.3	157 999
卫生体育和社会福利业	21 193	141.4	15 695
教育、文化艺术和广播电视业	54 815	117.2	32 825
科研和综合技术服务业	8 797	115.6	7 739
国家机关、政党机关和社会团体	53 850	143.9	38 723
其他行业	11 012	124.1	10 547
附:本年新增固定资产总计	**581 228**	**155.7**	**414 576**

成投资额

单位：万元

萧山市	桐庐县	富阳市	临安市	余杭市	建德市	淳安县
42 339	**15 038**	**21 227**	**18 238**	**32 536**	**12 767**	**23 076**
29 183	11 262	13 540	12 091	28 223	7 435	18 323
6 063	440	633	4 003	1 228	440	737
3 220	1 354	4 029	1 171	1 952	3 506	2 250
20 956	8 598	3 194	920	17 690	5 304	21 415
11 418	2 158	15 058	9 685	3 561	4 184	90
2 189	2 480	–	2 698	10 635	2 067	999
281	–	–	37	294	–	43
9 035	2 333	2 686	1 363	23 751	4 116	7 659
9 339	4 646	7 699	5 878	1 512	1 960	7 963
3 732	1 660	3 192	3 338	492	927	2 321
19 952	6 399	7 650	7 622	6 487	5 764	5 090
1 106	–	70	242	53	–	422
228	–	10	–	–	–	–
1 407	255	–	723	1 628	1 800	258
9 792	2 702	2 767	1 372	8 017	3 248	6 459
–	–	–	–	12 871	–	1 038
–	310	220	–	1 730	989	–
3 694	4 017	4 377	3 739	1 202	1 366	7 088
4 201	477	5 894	1 980	406	580	553
250	1 235	929	760	1 425	–	2 384
–	437	–	627	–	–	–
5 530	2 547	543	649	–	1 740	2 736
1 245	500	975	2 348	430	–	–
9 997	1 631	2 775	1 945	2 375	2 165	1 102
47	–	1 005	6	798	–	–
4 842	927	1 620	3 424	2 399	879	1 036
–	–	42	423	–	–	–
60 230	**25 620**	**17 465**	**19 110**	**24 902**	**8 763**	**10 562**

6-08 更新改造完

(1996 年)

分类行业	总计 本年	总计 为上年(%)	市区
本年完成投资额总计	**254 507**	**91.1**	**165 631**
按构成分,其中:			
建筑工程	46 258	63.2	21 141
安装工程	30 853	132.1	19 515
设备、工器具购置	144 826	89.7	96 388
按建设性质分,其中:			
新建	23 805	50.1	11 129
扩建	124 637	79.5	74 383
改建	80 115	142.4	70 019
按工程用途分			
农林牧渔业用	977	50.1	201
工业建筑业用	213 955	99.5	147 416
商业运输邮电业用	32 773	61.3	17 002
住宅	2 247	71.9	642
其他	4 555	79.9	370
按行业分			
农林牧渔业	849	41.4	–
采掘业	876	261.5	70
制造业	187 593	92.8	137 183
电力、煤气及热水的生产供应业	20 992	133.3	11 129
建筑业	121	19.3	–
地质勘查、水利管理业	1 701	76.2	201
交通运输、仓储及邮电通信业	29 838	65.3	14 160
批发和零售贸易、餐饮业	288	7.9	120
金融保险业	–	–	–
房地产业	–	–	–
社会服务业	4 038	72.1	2 768
卫生体育和社会福利业	–	–	–
教育、文化艺术和广播电视业	8 004	2 478.0	–
科研和综合技术服务业	–	–	–
国家机关、政党机关和社会团体	207	41.4	–
其他行业	–	–	–
附:本年新增固定资产总计	**259 768**	**132.3**	**162 867**

成投资额

单位:万平方米

萧山市	桐庐县	富阳市	临安市	余杭市	建德市	淳安县
11 763	**4 579**	**15 735**	**15 043**	**21 941**	**12 963**	**6 852**
1 600	508	6 841	3 214	4 900	6 059	1 995
1 565	1 760	439	3 923	1 793	1 360	498
8 014	2 268	6 962	7 419	14 396	5 273	4 106
–	806	1 500	–	5 255	5 049	66
5 579	2 875	8 839	14 922	6 312	5 716	6 011
3 576	634	1 203	–	1 837	2 198	648
–	–	–	519	257	–	–
10 978	1 734	6 177	14 422	15 067	12 130	6 031
581	2 138	6 140	20	6 438	–	454
–	–	611	53	179	615	147
204	707	2 807	29	–	218	220
–	–	–	519	330	–	–
–	–	–	–	590	216	–
9 959	1 284	1 917	6 980	12 265	11 869	6 136
1 223	634	4 810	–	2 318	878	–
–	–		121	–	–	–
–	–	1 500	–	–	–	–
581	2 100	6 105	–	6 438	–	454
–	–	146	–	–	–	22
–	–	–	–	–	–	–
–	–	–	–	–	–	–
–	–	1 050	–	–	–	220
–	–	–	–	–	–	–
–	561	–	7 423	–	–	20
–	–	–	–	–	–	–
–		207	–	–	–	–
–	–	–	–	–	–	–
21 191	**3 823**	**8 366**	**19 293**	**19 499**	**22 853**	**1 876**

6-09 其他固定资产

(1996 年)

分类行业	总计		市 区
	本 年	为上年(%)	
本年完成投资额总计	**302 283**	**139.3**	**140 633**
按构成分,其中:			
建筑工程	103 145	114.8	43 077
安装工程	15 654	97.7	2 094
设备、工器具购置	151 640	193.8	85 979
按建设性质分,其中:			
新建	224 051	215.2	113 781
扩建	55 544	65.5	13 581
改建	6 795	79.4	3 908
按工程用途分			
农林牧渔业用	158	27	–
工业建筑业用	207 321	159.1	100 368
商业运输业用	23 512	143.6	14 785
住宅	11 378	110.1	6 270
其他	59 914	100.8	19 210
按行业分			
农林牧渔业	152	42.0	–
采掘业	25	6.3	–
制造业	210 182	159.1	106 857
电力、煤气及热水的生产供应业	5 930	139.5	–
建筑业	16 840	117.4	–
地质勘查、水利管理业	–	–	–
交通运输、仓储及邮电通信业	3 203	176.8	600
批发和零售贸易、餐饮业	13 705	84.1	9 041
金融保险业	3 222	272.1	–
房地产业	2 522	3 800.0	2 522
社会服务业	38 650	225.3	18 442
卫生体育和社会福利业	647	45.6	193
教育、文化艺术和广播电视业	4 364	134.4	2 728
科研和综合技术服务业	6	–	–
国家机关、政党机关和社会团体	2 440	689.3	250
其他行业	395	1.1	–
附:本年新增固定资产总计	**218 241**	**181.7**	**78 780**

完成投资额

单位:万元

萧山市	桐庐县	富阳市	临安市	余杭市	建德市	淳安县
84 181	**1 235**	**4 099**	**28 636**	**32 237**	**4 756**	**6 506**
19 404	1 130	2 900	11 069	18 166	4 098	3 301
8 047	80	–	2 626	2 266	27	514
44 256	–	348	7 307	10 766	582	2 402
70 460	450	3 000	21 280	8 130	2 400	4 550
10 304	–	785	6 027	23 791	540	516
–	508	–	625	36	1 588	130
–	–	–	–	–	–	158
63 247	–	3 875	23 716	15 183	240	692
1 447	838	35	2 393	982	1 070	1 962
1 136	227	154	1 673	638	228	1 052
18 351	170	35	854	15 434	3 218	2 642
–	–	–	–	–	–	152
–	–	–	25	–	–	–
64 246	–	3 964	18 536	15 278	240	1 061
–	–	–	5 651	–	–	279
1 736	227	–	100	14 553	–	224
–	–	–	–	–	–	–
639	638	–	–	216	1 070	40
1 377	–	135	2 393	–	–	759
1 283	120	–	–	1 338	–	481
–	–	–	–	–	–	–
14 713	200	–	–	135	2 700	2 460
–	50	–	–	–	345	59
–	–	–	1 536	–	–	100
–	–	–	–	–	–	6
187	–	–	–	717	401	885
–	–	–	395	–	–	–
89 464	**1 345**	**862**	**6 888**	**28 881**	**6 831**	**5 190**

6-10 房地产开发(经营)

(1996年)

项 目	计量单位	总 计	市 区
房地产开发			
本年完成开发投资额	**万元**	**572 749**	**439 245**
住宅	万元	365 679	294 285
办公楼	万元	88 195	74 608
商业营业用房	万元	66 082	41 200
其他	万元	52 793	29 152
房屋建筑面积			
施工面积	万平方米	863.6	641.8
其中:住宅	万平方米	638.1	470.1
竣工面积	万平方米	350.1	238.6
其中:住宅	万平方米	291.4	200.9
全年销售情况			
销售金额	万元	269 639	185 751
销售面积	万平方米	138.4	66.9
全年新增固定资产	**万元**	**430 353**	**320 921**
农村私人投资			
竣工房屋建筑面积	万平方米	648.4	142.4
艹住宅	万平方米	603.2	137.9
竣工房屋投资额	万元	238 753	57 913
艹住宅	万元	224 874	56 369
购买生产性固定资产投资额	**万元**	**100 966**	**9 437**

及农村私人投资情况

萧山市	桐庐县	富阳市	临安市	余杭市	建德市	淳安县
52 865	**6 979**	**18 673**	**7 952**	**36 186**	**7 058**	**3 791**
25 066	2 767	10 993	4 679	21 561	4 495	1 833
6 454	468	4 167	189	983	772	554
12 556	3 070	2 485	1 932	3 321	882	636
8 789	674	1 028	1 152	10 321	909	768
84.3	12.4	40.5	11.6	47.5	18.3	7.2
62.9	7.2	30.2	9.3	39.8	13.7	4.9
42.9	6.0	18.8	5.7	23.9	8.2	6.0
37.7	4.3	13.5	5.2	19.2	6.5	4.1
34 103	5 182	10 199	5 371	17 615	7 720	3 698
22.9	6.2	9.9	8.1	12.8	7.5	4.1
51 165	**4 438**	**15 515**	**5 434**	**22 502**	**6 125**	**4 253**
182	44.8	64.6	48.2	112.7	37.4	16.3
172	41.3	63.6	44.5	95.9	35.1	12.9
62 012	11 480	29 619	18 684	38 038	15 373	5 634
59 112	10 711	29 274	17 398	32 384	15 005	4 621
17 448	**1 139**	**6 136**	**3 710**	**58 058**	**4 192**	**846**

6-11 农村集体固

(1996 年)

行业	全市	市区	萧山市
本年完成投资额	**453 720**	**148 576**	**129 435**
为上年%	99.9	141.2	105.9
农林牧渔业	6 831	1 327	214
工业	362 451	94 572	118 531
建筑业	20 766	16 099	3 019
地质勘查、水利管理业	3 625	8	–
交通运输、仓储及邮电通信业	11 842	7 040	271
批发和零售贸易、餐饮业	19 037	16 638	2 366
金融保险业	111	–	–
房地产业	–	–	–
社会服务业	12 385	9 282	3 025
卫生体育和社会福利业	5 199	15	16
教育、文化艺术和广播电视业	6 328	–	1 085
科研和综合技术服务业	–	–	–
机关和社会团体	1 693	305	908
其他行业	3 452	3 290	–
房屋建筑施工面积(万平方米)	**210.9**	**101.6**	**35.7**
其中:住宅	13.7	8.3	1.1
房屋建筑竣工面积(万平方米)	**190.0**	**74.7**	**34.8**
其中:住宅	12.4	7.3	1.1

定资产投资

桐庐县	富阳市	临安市	余杭市	建德市	淳安县
9 894	**44 860**	**32 522**	**70 681**	**8 899**	**8 853**
218.2	73.8	113.9	62.6	80.7	104.5
242	2 021	1 150	150	500	1 227
8 531	38 209	27 874	61 520	6 968	6 246
98	1 300	100	50	–	100
157	29	–	2 000	1 431	–
389	1 069	3 073	–	–	–
–	–	7	26	–	–
–	111	–	–	–	–
–	–	–	–	–	–
18	60	–	–	–	–
–	672	–	4 396	–	100
297	1 229	318	2 539	–	860
–	–	–	–	–	–
–	160	–	–	–	320
162	–	–	–	–	–
3.1	**11.9**	**9.6**	**66.4**	**2.0**	**3.7**
0.3	0.2	0.6	1.3	1.0	1.2
2.5	**9.7**	**8.3**	**57.6**	**1.2**	**3.7**
0.3	0.2	0.6	1.3	0.7	1.2

七、国内商业

1996年杭州市场货足价稳销售平稳

1996年，我市国民经济稳步发展，商品供应充裕，物价涨幅明显回落，流通规模进一步扩大，市场销售稳步增长。

一、货源充裕，购销平稳。1996年我市市场商品丰富，水果、蔬菜、水产品等农副产品无季节之分，常年不断。各商店存列商品琳琅满目。众商家纷纷降价，竟相提高服务质量等促销手段拓展市场，流通领域的购销业务比上年扩大。1996年全市批发零售贸易业商品购进总额为959.53亿元，比上年增长5.1%。其中，从生产者和国外进口的商品总额为610.41亿元，比上年增长8.7%；从批发零售贸易业购进略有下降。全市批发零售贸易业商品销售总额超千亿达1064.40亿元，比上年增加74.77亿元，增长7.6%。

二、生活资料销售好于生产资料。1996年全市批发零售贸易业商品销售总额中生产资料类商品销售额为536.93亿元，比上年增加3.3%。生活用品类销售额达527.47亿元，比上年增长12.3%，增幅比生产资料类高9个百分点。统计年报显示，全市社会消费品零售总额达272.73亿元（已扣除居民购买住房金额），比上年增长16.2%，增幅比批发零售贸易业商品销售总额高8.6个百分点。

三、主要消费品零售量有增有减。据1996年全年销售总额批发贸易企业在2000万元以上，零售贸易企业在500万元以上的大中型批发零售贸易业统计，22种主要消费品零售数量比上年增加的有水产品、食盐、卷烟、酒、服装、照相机、自行车、录音机、洗衣机、电冰箱、家用空调器、抽油烟机等12种，其中增长幅度超1倍的有水产品、卷烟，其次是照相机，比上年增长78.5%。下降的商品有粮食、食用植物油、猪肉、蛋、食糖、鞋、摩托车、电视机、录像机、电风扇等10种，其中下降幅度最大的是鲜蛋,比上年下降66.8%,其次是摩托车下降46.6%。随着居民收入差距的拉大，消费档次和消费差距明显拉开。一部分消费者对穿着类商品和耐用消费品已开始注重品牌，追求高质高价的名优产品，享受类及保健类商品已拥有一定的消费群体。据解百、百大统计，全年零售影碟机1085台、家用电脑461台，分别比上年增长2.3倍和2倍。百大零售各类健身器440台，比上年增长近1倍。

四、商业网点增多，市场进一步扩大。自党的十一届三中全会以来，我市第三产业得到了快速发展，商业网点星罗棋布，商品市场门类齐全。1996年末全市批发零售贸易网点达10.48万个，比上年增加2527个。各类市场578个,比上年末增加25个。

五、消费领域扩大，商品购买力分流增多。随着改革的不断深化，居民生活水平的不断提高，市民消费心理也发生新的变化，消费心理稳定，消费趋向多元化，金融意识增强。居民购买力出现明显分流。1996年末,全市城乡居民储蓄存款为463.85亿元，其中1996年新增储蓄存款达119.75亿元，达历史最高水平，此外股票、保险、房地产、教育、旅游等支出明显增长。据我市城调队资料反映，1996年城市居民人均用于旅游支出的费用为92.93元，比上年增长40.9%。

六、大中型企业竞争实力有所增强，经营效益略有好转。1996年我市大中型批发零售贸易企业在激烈的市场竞争中注重深化企业经营机制的改革，积极壮大经济实力，努力提高竞争能力。企业拥有的资金增加，经营成本下降，营业利润上升、利税总额增加。据统计，全市大中型批发零售贸易业每百万元销售额所拥有的资本金由上年的6.52万元上升到7.29万元；每百万元销售额所实现的利税由上年的1.6万元上升到1.7万元；每百万元经营成本、经营费用、管理费用、财务费用（简称成本费用)所实现的利润由上年的1.29万元上升到1.36万元,但资本金利润率下降。1996年每百万元资本金所实现的利润由上年的19.68万元下降至18.57万元；经营费用、管理费用、财务费用仍趋上升。1996年每百万元销售额所支出的三项费用为7.11万元,比上年的6.51万元增加0.60万元。

7-01 历年社会消费品零售总额

单位:万元

年 份	总 计	市 区	县（市）合 计
1978	93 580	47 724	45 856
1979	117 840	60 720	57 120
1980	160 795	83 855	76 940
1981	184 988	99 467	85 521
1982	196 598	110 112	86 486
1983	214 356	110 200	104 156
1984	369 263	141 442	127 821
1985	374 528	205 312	169 216
1986	437 234	239 750	197 484
1987	515 383	284 290	231 093
1988	678 995	369 996	308 999
1989	726 822	400 619	326 203
1990	770 011	438 576	331 435
1991	906 103	528 186	377 917
1992	1 104 687	624 748	479 939
1993	1 491 075	839 924	651 151
1994	2 051 922	1 110 338	941 584
1995	2 620 357	1 485 791	1 134 566
1996	2 727 330	1 586 238	1 141 092

7–02 社会消费品

(1996 年)

分类行业	全市		市区		萧山市
	合计	为上年(%)	合计	为上年(%)	
社会消费品零售总额	**2 727 330**	**116.0**	**1 586 238**	**119.7**	**350 385**
(一)按销售地区分:					
(3)市的零售额	2 086 163	121.1	1 586 238	119.7	220 504
(3)县的零售额	154 448	115.7	–	–	–
(3)县以下的零售额	486 719	99.1	–	–	129 881
(二)按经济类型分:					
国有经济	587 998	91.7	367 506	93.8	60 248
集体经济	507 855	127.4	329 580	173.9	55 476
私营经济	107 149	234.0	20 174	217.3	46 663
个体经济	521 870	122.8	175 189	139.3	90 405
联营经济	42 171	420.2	41 363	418.7	531
股份制经济	244 253	107.6	209 714	99.9	13 698
其中: 国有控股	64 231	–	41 488	–	12 377
外商投资经济	72 626	125.5	71 906	124.4	610
港澳台投资经济	3 332	123.0	686	–	2 571
其他经济	640 076	118.6	370 120	95.1	80 184
(三)按行业分:					
批发和零售贸易业	1 685 772	115.7	1 037 551	121.9	196 522
餐饮业	177 319	146.8	109 991	156.1	22 024
制造业	181 307	100.3	57 807	93.8	35 357
其他	682 932	115.8	380 889	111.4	96 482
农民对城镇居民零售	639 956	122.1	370 000	118.8	80 184

零售总额

单位：万元

桐庐县	富阳市	临安市	余杭市	建德市	淳安县
104 440	**184 085**	**131 543**	**241 586**	**75 076**	**53 978**
–	133 944		104 780	40 697	–
69 407	–	60 260	–	–	24 781
35 033	50 141	71 283	136 806	34 379	29 197
15 847	23 745	23 239	70 494	15 712	11 207
5 938	25 605	20 735	50 984	10 538	8 999
13 750	9 086	8 013	6 821	2 349	293
47 021	78 259	52 362	37 193	19 371	22 070
264	–	–	13	–	–
995	13 692	2 508	3 010	177	458
–	4 653	2 508	3 010	57	139
–	–	–	110	–	–
–	–	–	–	–	75
20 625	33 698	24 686	72 960	26 928	10 875
68 701	110 264	97 103	104 358	40 003	31 270
6 392	14 796	5 247	9 361	3 404	6 103
3 789	20 086	4 507	51 916	4 450	3 395
25 558	38 939	24 686	75 951	27 218	13 209
20 625	33 698	24 686	72 960	26 928	10 875

7-03 批发零售贸易业商品

(1996 年)

分类行业	商品购进总额					
	合计	从生产者购进	农副产品购进	从批发零售贸易业购进	进口	其 他
总 计	**9 595 304**	**5 481 837**	**208 011**	**3 467 658**	**622 303**	**23 505**
一、按经济类型分:						
国有经济	6 882 200	4 028 151	133 460	2 367 192	480 568	6 289
集体经济	1 618 095	869 199	72 742	684 784	47 232	16 880
私营经济	5 700	4 824	–	876	–	–
联营经济	156 087	80 227	–	75 859	–	2
股份制经济	892 428	481 472	1 809	316 118	94 504	334
外资投资经济	38 917	16 615	–	22 302	–	–
港澳台投资经济	68	–	–	68	–	–
其他经济	1 808	1 348	–	460	–	–
二、按国民经济行业(中类)分:						
食品.饮料.烟草和家庭用品批发业	**4 009 903**	**2 086 136**	**181 674**	**1 523 231**	**390 000**	**10 537**
食品、饮料、烟草批发业	1 733 487	530 208	122 010	1 020 729	180 113	2 436
棉、麻、土畜产品批发业	368 575	218 868	48 133	75 543	74 117	47
纺织品、服装和鞋帽批发业	913 935	692 599	6 838	116 951	102 175	2 211
日用百货批发业	300 361	191 202	384	81 111	27 589	459
日用杂品批发业	38 796	26 582	525	11 016	1 130	67
五金、交电、化工批发业	370 929	236 899	47	125 401	3 566	5 063
药品及医疗器械批发业	283 822	189 778	3 737	92 480	1 309	255
能源.材料和机械电子设备批发业	**4 114 890**	**2 647 392**	**3 754**	**1 252 149**	**206 497**	**8 852**
能源批发业	1 153 299	839 647	85	306 877	6 576	200
化工材料批发业	380 935	292 793	848	70 354	16 698	1 090
木材批发业	15 829	5 291	1 919	8 291	2 242	6

购进销售库存总额

单位：万元

商品销售总额							年末库存总额
合计	批发合计	对生产经营者批发	对农民农业生产资料批发	对批发零售贸易业批发	出口	零售	
10 643 952	**9 604 855**	**2 057 530**	**64 608**	**5 429 797**	**2 117 528**	**1 039 097**	**1 017 153**
7 494 088	7 012 685	1 313 319	25 147	4 194 522	1 504 843	481 403	646 823
1 793 175	1 544 707	586 868	39 282	830 849	126 990	248 467	252 890
6 120	5 712	1 578	73	2 305	1 829	408	717
161 488	142 539	48 975	30	86 478	7 085	18 949	18 461
1 124 178	886 849	105 972	75	305 395	475 481	237 330	90 897
63 000	10 581	443	–	10 123	15	52 419	7 287
124	124	–	–	124	–	–	–
1 780	1 660	375	2	–	1 285	120	78
4 749 014	**4 483 770**	**527 237**	**21 361**	**2 258 715**	**1 697 817**	**265 244**	**462 823**
2 088 610	2 004 130	137 947	10 290	1 555 334	310 850	84 479	164 479
380 354	376 994	86 237	2 608	29 693	261 065	3 360	40 248
1 202 006	1 191 890	132 454	4 986	126 032	933 404	10 116	105 937
314 594	273 488	22 456	3 234	167 866	83 166	41 107	39 867
44 111	41 618	13 085	7	16 642	11 891	2 493	7 753
409 991	381 332	110 706	12	217 352	53 274	28 658	60 501
309 349	214 316	24 352	225	145 797	44 167	95 032	44 039
4 249 542	**4 137 705**	**1 323 406**	**5 832**	**2 529 168**	**285 131**	**111 837**	**327 174**
1 247 725	1 225 133	287 115	1 192	938 018	–	22 592	48 413
401 389	399 618	171 132	602	173 982	54 504	1 770	30 168
18 972	16 919	4 760	471	12 160	–	2 053	7 130

7-03 批发零售贸易业商品

续表一 (1996 年)

分类行业	商品购进总额					
	合计	从生产者购进	农副产品购进	从批发零售贸易业购进	进口	其 他
建筑材料批发业	117 582	61 067	93	54 196	1 946	373
矿产品批发业	2 442	1 343	44	606	–	493
金属材料批发业	1 318 703	793 699	10	452 454	72 145	406
机械、电子设备批发业	929 405	560 687	214	263 110	105 092	516
汽车、摩托车及零配件批发业	141 127	64 757	–	76 366	–	4
再生物资回收批发业	55 568	28 109	541	19 895	1 799	5 765
其他批发业	**595 276**	**376 538**	**5 897**	**196 819**	**21 065**	**854**
工艺美术品批发业	90 480	86 246	–	3 741	494	–
图书报刊批发业	88 574	85 387	–	2 499	–	687
农业生产资料批发业	320 194	152 313	3 927	151 396	16 361	125
其他类未包括的批发业	96 028	52 593	1 970	39 183	4 210	42
零售业	**875 234**	**371 771**	**16 685**	**495 459**	**4 742**	**3 262**
食品、饮料和烟草零售业	137 113	33 059	7 826	103 827	–	227
日用百货零售业	531 919	252 006	8 403	276 862	1 801	1 251
纺织品、服装和鞋帽零售业	31 691	15 874	100	15 808	–	9
日用杂品零售业	8 933	6 879	32	2 027	–	27
五金、交电、化工零售业	86 256	35 299	256	48 110	2 529	318
药品及医疗器械零售业	9 386	1 541	67	7 738	–	107
图书报刊零售业	22 637	8 915	–	13 719	–	2
其他零售业	47 301	18 199	–	27 368	413	1 321
三、按企业规模分:						
1、大型企业	5 663 395	3 557 151	98 593	1 546 039	558 521	1 684
2、中型企业	2 727 121	1 354 342	59 175	1 318 271	42 323	12 186
3、小型企业	1 204 788	570 344	50 243	603 348	21 460	9 636

注：大、中、小型企业包括已达大、中、小型标准的产业活动单位，与上年资料不可比。

购进销售库存总额

单位：万元

商品销售总额							年末库存总额
合计	批发合计	对生产经营者批发	对农民农业生产资料批发	对批发零售贸易业批发	出口	零售	
122 913	119 247	56 777	198	53 141	9 329	3 667	15 516
2 684	2 674	2 287	–	387	–	10	283
1 332 344	1 327 208	459 761	877	804 279	63 169	5 136	121 397
907 559	851 418	244 008	17	462 037	145 373	56 140	81 227
154 616	134 526	58 718	2 461	66 139	9 670	20 089	16 811
61 341	60 960	38 849	14	19 024	3 087	380	6 229
634 887	**621 528**	**105 949**	**19 001**	**388 682**	**126 897**	**13 359**	**69 472**
109 341	108 961	756	–	4 048	104 157	380	6 043
86 559	85 123	2 047	–	82 103	973	1 437	11 589
335 661	328 054	58 573	18 985	269 481	–	7 608	40 056
103 326	99 391	44 573	16	33 050	21 768	3 935	11 784
1 010 510	**361 853**	**100 937**	**18 414**	**253 232**	**7 683**	**648 657**	**157 685**
154 483	68 959	8 438	1 759	60 460	61	85 524	21 835
623 121	183 016	61 606	15 453	114 704	6 705	440 106	89 872
34 239	17 270	2 073	–	15 197	–	16 969	6 022
10 569	5 732	2 339	–	3 393	–	4 838	2 259
100 878	53 621	14 119	372	38 586	916	47 256	17 034
12 390	2 724	119	–	2 605	–	9 666	2 491
21 246	3 656	80	–	3 576	–	17 590	4 691
53 584	26 876	12 165	830	14 711	–	26 708	13 481
6 300 982	5 934 248	746 908	270	3 491 962	1 695 378	366 734	430 814
3 004 568	2 558 824	869 609	42 420	1 428 350	260 864	445 745	367 229
1 338 402	1 111 783	441 012	21 918	509 485	161 286	226 618	219 109

7-04 批发、零售贸易业商品

(1996年)

分类	大中型			
	销售额合计	批发额	对生产经营单位批发	出口
总计	**9 299 617**	**8 487 139**	**1 616 500**	**1 956 242**
食品、饮料、烟酒类	1 967 053	1 815 037	74 585	295 202
纺织品类	615 162	577 340	94 326	388 466
服装、鞋帽类	673 176	562 227	7 591	486 027
日用品类	238 003	171 334	4 239	84 428
家用电器类	392 146	266 818	13 616	22 044
文化体育用品类	196 646	171 670	7 031	125 897
化妆品类	49 761	28 809	84	41
首饰类	38 759	9 873	27	775
中西药品类	298 071	206 376	21 305	55 562
书报、杂志类	100 114	80 038	–	–
石油及制品类	909 990	897 684	148 455	–
煤炭及制品类	291 474	282 365	121 025	1 838
化工材料及制品类	568 033	565 662	272 909	53 373
木材类	15 759	13 359	1 397	914
建筑材料类	71 255	69 105	35 869	7 715
黑色金属材料类	985 370	985 134	276 882	13 591
有色金属材料类	109 654	109 403	47 119	465
机电设备类	704 913	639 452	210 448	137 262
其他类	1 074 281	1 035 454	279 593	282 642
其中：生活消费品	46 135	24 578	8 155	5 310

注：大、中、小型企业包括已达大、中、小型标准的产业活动单位，与上年资料不可比。

销售、库存类值

单位：万元

企业		小型企业				
零售额	年末库存额	销售额合计	批发额	对生产经营单位批发	零售额	年末库存额
812 478	**798 043**	**1 344 335**	**1 117 716**	**441 030**	**226 618**	**219 109**
152 017	153 941	253 506	197 222	44 039	56 285	28 606
37 822	62 462	95 370	88 734	33 205	6 635	24 950
110 949	34 231	100 411	72 727	1 309	27 685	10 209
66 668	29 559	54 308	39 264	5 454	15 044	14 195
125 328	61 141	61 579	33 756	2 724	27 823	11 946
24 976	14 449	34 425	27 101	5 179	7 323	5 309
20 952	6 021	8 444	3 532	829	4 912	1 190
28 886	10 123	7 904	1 715	–	6 189	5 087
91 695	38 832	25 921	13 075	1 766	12 846	4 848
20 076	11 900	10 364	9 284	2 173	1 080	4 615
12 306	29 966	41 058	34 261	11 068	6 798	3 366
9 109	13 209	33 228	31 882	25 965	1 347	2 531
2 371	42 800	106 861	102 403	64 581	4 458	14 080
2 399	6 728	11 363	10 051	4 813	1 312	2 651
2 150	5 953	51 760	45 773	19 864	5 986	11 183
236	84 406	116 180	114 250	65 596	1 930	17 169
251	7 837	30 837	30 450	15 729	388	4 578
65 461	41 734	83 925	75 494	36 865	8 431	10 911
38 827	142 753	216 892	186 743	99 871	30 149	41 685
21 558	7 966	7 396	3 257	1 345	4 139	1 731

7-05　全市批发贸易业

(1996 年)

分类行业	全市 法人机构(个)	全市 产业活动单位(个)	全市 网点(个)	全市 人员(人)	市 法人机构(个)	市 产业活动单位(个)	市 网点(个)
总　　计	**3 893**	**31**	**8 592**	**89 010**	**3 387**	**22**	**5 678**
一、按经济类型分:							
国有经济	1 246	14	3 048	46 228	1 009	13	2 145
集体经济	2 366	14	5 018	35 009	2 124	6	3 194
私营经济	23	–	51	472	20	–	20
个体经济	–	–	121	168	–	–	–
联营经济	66	1	76	1 125	62	1	72
股份制经济	181	1	262	5 930	164	1	234
外商投资经济	2	–	2	19	2	–	2
港澳台投资经济	3	–	7	31	3	–	7
其他经济	6	1	7	28	3	1	4
二、按国民经济行业(中类)分:							
食品.饮料.烟草和家庭用品批发业	**1 827**	**11**	**4 974**	**49 228**	**1 614**	**9**	**3 123**
食品、饮料、烟草批发业	537	7	1 722	17 908	444	6	1 104
棉、麻、土畜产品批发业	32	–	287	2 095	23	–	40
纺织品、服装和鞋帽批发业	449	–	651	8 387	418	–	501
日用百货批发业	197	3	1 202	7 668	170	2	613
日用杂品批发业	33	–	102	1 089	25	–	71
五金、交电、化工批发业	507	1	801	8 092	469	1	630
药品及医疗器械批发业	72	–	209	3 989	65	–	164
能源、材料和机械电子设备批发业	**1 763**	**16**	**2 564**	**32 130**	**1 522**	**10**	**2 123**
能源批发业	216	–	388	4 723	158	–	286
化工材料批发业	204	1	268	3 880	183	–	230
木材批发业	39	2	96	1 007	27	2	60
建筑材料批发业	367	5	509	4 373	317	3	439
矿产品批发业	13	1	30	205	11	–	27
金属材料批发业	430	3	549	7 875	371	2	464
机械、电子设备批发业	305	1	393	6 430	286	1	367
汽车、摩托车及零配件批发业	132	3	183	2 121	118	2	161
再生物资回收批发业	57	–	148	1 516	51	–	89
其他批发业	**303**	**4**	**1 054**	**7 652**	**251**	**3**	**432**
工艺美术品批发业	13	–	14	627	13	–	14
图书报刊批发业	30	1	40	656	29	1	36
农业生产资料批发业	97	1	762	3 891	52	1	190
其他类未包括的批发业	163	2	238	2 478	157	1	192
三、按企业规模分:							
大型企业	62	–	269	15 548	62	–	269
中型企业	402	–	2 511	28 292	337	–	1 372
小型企业	3 429	–	5 654	44 702	2 988	–	4 012
产业活动单位	–	31	158	468	–	22	25

机构、网点、人员

	县				县以下			
人员 (人)	法人机构 (个)	产业活动单位 (个)	网点 (个)	人员 (人)	法人机构 (个)	产业活动单位 (个)	网点 (个)	人员 (个)
72 957	**198**	**5**	**760**	**6 554**	**308**	**4**	**2 154**	**9 499**
37 797	117	1	414	4 037	120	–	489	4 394
28 122	66	4	302	2 069	176	4	1 522	4 818
186	2	–	21	208	1	–	10	78
–	–	–	–	–	–	–	121	168
1 110	1	–	1	6	3	–	3	9
5 668	12	–	22	234	5	–	6	28
19	–	–	–	–	–	–	–	–
31	–	–	–	–	–	–	–	–
24	–	–	–	–	3	–	3	4
38 826	**64**	**1**	**369**	**3 624**	**149**	**1**	**1 482**	**6 778**
13 564	30	–	189	1 638	63	1	429	2 706
1 163	4	–	24	145	5	–	223	787
7 658	12	–	52	377	19	–	98	352
5 383	3	1	20	435	24	–	569	1 850
842	5	–	24	197	3	–	7	50
6 786	7	–	32	460	31	–	139	846
3 430	3	–	28	372	4	–	17	187
29 068	**116**	**3**	**237**	**2 115**	**125**	**3**	**204**	**947**
4 039	33	–	75	544	25	–	27	140
3 596	9	1	22	174	12	–	16	110
457	8	–	31	525	4	–	5	25
3 997	18	1	30	236	32	1	40	140
195	–	1	1	2	2	–	2	8
7 205	25	–	34	302	34	1	51	368
6 306	8	–	13	73	11	–	13	51
1 944	10	–	12	119	4	1	10	58
1 329	5	–	19	140	1	–	40	47
5 063	**18**	**1**	**154**	**815**	**34**	**–**	**468**	**1 774**
627	–	–	–	–	–	–	–	–
637	1	–	4	19	–	–	–	–
1 705	12	–	114	491	33	–	458	1 695
2 094	5	1	36	305	1	–	10	79
15 548	–	–	–	–	–	–	–	–
22 189	29	–	210	2 470	36	–	929	3 633
34 985	169	–	543	4 044	272	–	1 099	5 673
235	–	5	7	40	–	4	126	193

7-06 全市零售贸易业

(1996 年)

分类行业	全市 法人机构 (个)	全市 产业活动单位 (个)	全市 网点 (个)	全市 人员 (人)	市 法人机构 (个)	市 产业活动单位 (个)	市 网点 (个)
总　　计	**5 959**	**58**	**96 236**	**209 014**	**4 697**	**45**	**46 347**
一、按经济类型分:							
国有经济	447	41	1 222	19 009	381	34	889
集体经济	1 721	17	4 942	25 260	1 548	11	2 330
私营经济	3 718	–	4 398	43 184	2 705	–	3 011
个体经济	–	–	85 547	111 231	–	–	40 008
联营经济	14	–	21	906	8	–	8
股份制经济	53	–	87	8 585	50	–	83
港澳台投资经济	5	–	17	799	4	–	16
其他经济	1	–	2	40	1	–	2
二、按国民经济行业(中类)分:							
食品、饮料和烟草零售业	1 776	25	36 217	68 166	1 568	20	16 911
日用百货零售业	780	8	11 438	43 879	532	5	4 730
纺织品、服装和鞋帽零售业	1 084	1	19 895	33 350	1 079	1	14 705
日用杂品零售业	257	–	5 921	10 527	250	–	3 854
五金、交电、化工零售业	354	5	2 715	8 266	320	2	975
药品及医疗器械零售业	62	2	303	1 440	59	2	116
图书报刊零售业	66	1	830	2 090	64	1	538
其他零售业	1 580	16	18 917	41 296	825	14	4 518
三、按企业规模分:							
大型企业	9	–	23	8 400	9	–	23
中型企业	245	–	2 543	25 034	188	–	795
小型企业	5 705	–	79 021	154 208	4 500	–	43 348
产业活动单位	–	58	14 649	21 372	–	45	2 181

机构、网点、人员

人员(人)	县 法人机构(个)	产业活动单位(个)	网点(个)	人员(人)	县以下 法人机构(个)	产业活动单位(个)	网点(个)	人员(个)
123 377	**246**	**6**	**2 078**	**6 908**	**1 016**	**7**	**47 811**	**78 729**
16 240	31	4	155	1 492	35	3	178	1 277
17 722	27	2	160	902	146	4	2 452	6 636
28 029	186	–	269	2 163	827	–	1 118	12 992
51 343	–	–	1 492	2 130	–	–	44 047	57 758
859	–	–	–	–	6	–	13	47
8 346	2	–	2	221	1	–	2	18
798	–	–	–	–	1	–	1	1
40	–	–	–	–	–	–	–	–
40 838	107	2	705	1 377	101	3	18 601	25 951
28 303	100	1	550	3 535	148	2	6 158	12 041
26 380	2	–	246	595	3	–	4 944	6 375
7 480	1	–	71	173	6	–	1 996	2 874
5 116	20	1	109	384	14	2	1 631	2 766
1 083	2	–	28	79	1	–	159	278
1 624	2	–	50	156	–	–	242	310
12 553	12	2	319	609	743	–	14 080	28 134
8 400	–	–	–	–	–	–	–	–
18 633	11	–	178	1 573	46	–	1 570	4 828
92 872	235	–	1 878	5 264	970	–	33 795	56 072
3 472	–	6	22	71	–	7	12 446	17 829

7-07 全市餐饮业

(1996年)

分类行业	全市				市		
	法人机构(个)	产业活动单位(个)	网点(个)	人员(人)	法人机构(个)	产业活动单位(个)	网点(个)
总计	717	56	13 723	37 400	668	36	7 157
一、按经济类型分:							
国有经济	100	31	167	4 307	81	27	135
集体经济	526	24	615	5 189	509	8	566
私营经济	60	–	79	975	47	–	53
个体经济	–	–	12 789	24 851	–	–	6 330
联营经济	2	–	4	302	2	–	4
股份制经济	11	1	30	400	11	1	30
外商投资经济	14	–	31	1 257	14	–	31
其它经济	4	–	8	119	4	–	8
二、按国民经济行业(中类)分:							
正餐	488	46	7 145	23 700	442	31	3 605
快餐	33	–	4 059	8 485	32	–	2 233
其他餐饮业	196	10	2 519	5 215	194	5	1 319
三、按企业规模分:							
大型企业	11	–	33	2 818	11	–	33
中型企业	39	–	72	2 200	37	–	58
小型企业	667	–	12 202	28 649	620	–	6 828
产业活动单位	–	56	1 416	3 733	–	36	238

机构、网点、人员

	县				县以下			
人员(人)	法人机构(个)	产业活动单位(个)	网点(个)	人员(人)	法人机构(个)	产业活动单位(个)	网点(个)	人员(个)
24 271	17	2	461	1 325	32	18	6 105	11 804
3 899	8	2	11	198	11	2	21	210
4 769	3	–	4	35	14	16	45	385
708	6	–	15	156	7	–	11	111
12 817	–	–	431	936	–	–	6 028	11 098
302	–	–	–	–	–	–	–	–
400	–	–	–	–	–	–	–	–
1 257	–	–	–	–	–	–	–	–
119	–	–	–	–	–	–	–	–
16 192	16	1	147	747	30	14	3 393	6 761
5 030	1	–	242	482	–	–	1 584	2 973
3 049	–	1	72	96	2	4	1 128	2 070
2 818	–	–	–	–	–	–	–	–
1 991	1	–	11	162	1	–	3	47
18 293	16	–	448	1 154	31	–	4 926	9 202
1 169	–	2	2	9	–	18	1 176	2 555

7-08 批发、零售贸易、餐饮业机构、网点、人员

(1996年)

单位:个

地区	批发零售贸易业				餐饮业			
	机构	产业活动单位	网点	人员	机构	产业活动单位	网点	人员
全市	**9 852**	**89**	**104 828**	**298 024**	**717**	**56**	**13 723**	**37 400**
大型企业	71	–	292	23 948	11	–	33	2 818
中型企业	647	–	5 054	53 326	39	–	72	2 200
小型企业	9 134	–	84 675	198 910	667	–	12 202	28 649
活动单位	–	89	14 807	21 840	–	56	1 416	3 733
市区	**6 657**	**53**	**34 733**	**144 841**	**614**	**22**	**4 799**	**17 890**
大型企业	65	–	244	23 413	11	–	33	2 818
中型企业	394	–	1 146	26 848	30	–	49	1 802
小型企业	6 198	–	33 145	93 676	573	–	4 695	12 843
活动单位	–	53	198	904	–	22	22	427
萧山市	1 385	2	17 198	42 781	26	23	1 402	3 509
桐庐县	128	9	6 116	12 215	8	1	952	1 907
富阳市	525	–	10 805	29 112	20	–	1 435	4 317
临安市	299	7	8 360	16 923	6	3	1 033	2 538
余杭市	538	–	13 211	25 305	30	–	1 306	2 784
建德市	213	16	8 521	17 009	9	5	1 729	3 024
淳安县	107	2	5 884	9 838	4	2	1 067	1 431

7-09 市区批发贸易业机构、网点、人员

(1996 年)

分类行业	法人机构(个)	产业活动单位(个)	网点(个)	人员(人)
总　　计	**2 693**	**14**	**3 748**	**57 683**
一、按经济类型分:				
国有经济	645	10	1 224	28 863
集体经济	1 838	2	2 260	22 926
私营经济				
个体经济	16	–	16	140
联营经济	47	1	54	952
股份制经济	142	1	185	4 748
外商投资经济	2	–	2	19
港澳台投资经济	2	–	6	30
其他经济	1	–	1	5
二、按国民经济行业(中类)分:				
食品.饮料.烟草和家庭用品批发业	**1 326**	**7**	**1 959**	**30 276**
食品、饮料、烟草批发业	349	4	691	10 099
棉、麻、土畜产品批发业	14	–	14	875
纺织品、服装和鞋帽批发业	317	–	373	6 482
日用百货批发业	151	2	227	3 871
日用杂品批发业	16	–	29	509
五金、交电、化工批发业	425	1	535	5 794
药品及医疗器械批发业	54	–	90	2 646
能源材料和机械电子设备批发业	**1 152**	**4**	**1 498**	**23 369**
能源批发业	66	–	101	2 149
化工材料批发业	134	–	152	2 808
木材批发业	16	1	38	319
建筑材料批发业	278	–	383	3 637
矿产品批发业	7	–	8	91
金属材料批发业	255	1	312	5 744
机械、电子设备批发业	263	1	336	5 958
汽车、摩托车及零配件批发业	93	1	116	1 637
再生物资回收批发业	40	–	52	1 026
其他批发业	**215**	**3**	**291**	**4 038**
工艺美术品批发业	10	–	11	576
图书报刊批发业	27	1	34	634
农业生产资料批发业	30	1	63	839
其他类未包括的批发业	148	1	183	1 989
三、按企业规模分:				
大型企业	56	–	221	15 013
中型企业	242	–	586	14 887
小型企业	2 395	–	2 924	27 597
产业活动单位	–	14	17	186

7-10 市区零售贸易业机构、网点、人员

(1996 年)

分类行业	法人机构(个)	产业活动单位(个)	网点(个)	人员(人)
总　　计	**3 964**	**39**	**30 985**	**87 158**
一、按经济类型分:				
国有经济	328	30	784	14 113
集体经济	1 460	9	1 981	13 948
私营经济	2 125	—	2 125	22 252
个体经济	—	—	26 011	29 226
联营经济	7	—	7	856
股份制经济	40	—	64	5 946
港澳台投资经济	3	—	11	777
其他经济	1	—	2	40
二、按国民经济行业(中类)分:				
食品、饮料和烟草零售业	1 495	17	10 500	28 544
日用百货零售业	452	3	2 809	19 805
纺织品、服装和鞋帽零售业	1 077	—	13 226	24 012
日用杂品零售业	245	—	2 483	4 750
五金、交电、化工零售业	288	2	448	3 636
药品及医疗器械零售业	56	2	91	971
图书报刊零售业	59	1	448	1 389
其他零售业	292	14	980	4 051
三、按企业规模分:				
大型企业	9	—	23	8 400
中型企业	152	—	560	11 961
小型企业	3 803	—	30 221	66 079
产业活动单位	—	39	181	718

7-11 市区餐饮业机构、网点、人员

(1996 年)

分类行业	法人机构(个)	产业活动单位(个)	网点(个)	人员(人)
总　　计	**614**	**22**	**4 799**	**17 890**
一、按经济类型分:				
国有经济	65	16	90	3 291
集体经济	487	5	539	4 227
私营经济	35	-	35	496
个体经济	-	-	4 066	7 846
联营经济	2	-	4	302
股份制经济	10	1	29	386
外商投资经济	11	-	28	1 223
其他经济				
二、按国民经济行业(中类)分:				
正餐	396	21	2 169	11 731
快餐	26	-	1 912	4 355
其他餐饮业	192	1	718	1 804
三、按企业规模分:				
大型企业	11	-	33	2 818
中型企业	30	-	49	1 802
小型企业	573	-	4 695	12 843
产业活动单位	-	22	22	427

7-12 大中型批发、零售贸易、

(1996 年)

分类行业	资本金合计	国家	流动资产合计	存货	固定资产合计
一、批发零售贸易企业总计	**612 740**	**410 915**	**3 134 649**	**846 645**	**773 668**
(一)按经济类型分					
国有经济	336 586	298 106	2 092 731	528 688	464 086
集体经济	109 369	36 263	431 858	166 335	123 326
私营经济					
联营经济	14 410	6 753	60 256	14 830	14 173
股份制经济	140 427	62 625	535 709	134 383	161 201
外商投资经济	11 947	7 168	14 095	2 409	10 882
港澳台投资经济					
其它经济					
(二)按国民经济行业(中类)分组					
食品饮料烟草和家庭用品批发业	**275 246**	**201 288**	**1 728 733**	**441 580**	**327 188**
食品、饮料、烟草批发业	89 526	79 335	747 126	193 693	153 758
棉、麻、土畜产品批发业	27 017	7 628	186 772	56 267	24 130
纺织品、服装和鞋帽批发业	107 197	72 452	494 226	102 218	78 401
日用百货批发业	15 060	12 825	96 915	24 978	31 019
日用杂品批发业	1 865	–	11 950	4 508	2 121
五金、交电、化工批发业	17 326	12 224	94 095	26 007	18 077
药品及医疗器械批发业	17 255	16 825	97 649	33 910	19 683
能源材料和机械电子设备批发业	**170 654**	**125 238**	**963 969**	**239 372**	**218 037**
能源批发业	39 176	30 975	187 246	49 576	55 796
化工材料批发业	13 099	6 507	107 487	20 412	18 719
木材批发业	1 899	1 727	11 193	5 554	3 501
建筑材料批发业	3 241	3 241	21 866	4 446	4 512
矿产品批发业					
金属材料批发业	65 768	42 782	398 894	99 247	73 682
机械、电子设备批发业	37 814	30 404	200 440	49 058	49 792
汽车、摩托车及零配件批发业	5 456	5 399	21 926	6 726	8 126
再生物资回收批发业	4 202	4 202	14 917	4 352	3 910

餐饮企业财务状况（一）

单位：万元

固定资产原价合计	本年提取折旧	资产总计	流动负债计	长期负债合计	负债合计	所有者权益合计
630 884	**27 734**	**4 418 595**	**2 914 182**	**242 024**	**3 164 487**	**1 252 585**
348 788	15 238	2 893 350	2 022 006	160 096	2 185 296	707 505
129 690	6 512	621 086	371 662	27 769	400 910	220 176
10 196	211	81 268	62 339	3 175	65 514	15 754
129 459	5 118	795 857	444 502	50 984	498 739	296 143
12 750	654	27 035	13 673	–	14 027	13 008
279 262	**11 666**	**2 297 874**	**1 600 135**	**109 188**	**1 714 154**	**582 493**
134 673	5 598	973 786	728 168	36 030	764 218	208 501
16 685	662	225 424	166 430	3 528	169 958	55 466
59 479	2 651	690 007	414 434	49 050	468 267	221 580
28 591	1 539	147 552	105 796	5 390	111 186	36 365
2 996	89	14 501	9 713	571	10 284	4 217
17 975	668	125 112	87 894	12 988	100 882	24 230
18 863	460	121 493	87 700	1 630	89 358	32 134
145 567	**6 938**	**1 366 778**	**921 687**	**92 112**	**1 014 920**	**351 561**
37 561	2 557	278 856	178 723	7 593	186 317	92 539
13 091	531	137 263	100 740	3 871	104 611	32 356
3 059	139	18 899	11 620	2 727	14 347	4 552
4 347	238	31 234	21 717	1 288	23 004	8 230
45 845	1 878	571 050	376 045	66 799	442 844	128 206
30 560	1 170	277 777	196 917	9 259	207 296	70 481
7 404	294	31 127	20 859	214	21 073	10 055
3 701	133	20 573	15 066	363	15 429	5 143

7-12 大中型批发、零售贸易、

续表一 (1996 年)

分类行业	资本金合计	国家	流动资产合计	存货	固定资产合计
其他批发业	**50 488**	**32 186**	**182 958**	**74 059**	**66 307**
工艺美术品批发业	11 228	10 908	42 915	16 159	25 664
图书报刊批发业	2 644	2 644	18 787	12 137	5 020
农业生产资料批发业	22 717	5 470	81 662	40 734	31 117
其他类未包括批发业	13 900	13 164	39 594	5 029	4 507
零售业	**116 351**	**52 204**	**258 989**	**91 635**	**162 137**
食品、饮料和烟草零售业	8 205	6 289	29 037	11 437	14 559
日用百货零售业	101 783	42 490	197 233	65 536	137 922
纺织品、服装和鞋帽零售业	1 470	353	8 469	2 507	1 745
日用杂品零售业	162	62	1 059	796	71
五金、交电、化工零售业	1 717	685	12 214	5 802	2 732
药品及医疗器械零售业	110	57	1 076	495	114
图书报刊零售业	1 678	1 678	4 736	2 402	3 105
其他零售业	1 227	591	5 165	2 661	1 889
二、餐饮企业总计	**14 217**	**9 447**	**10 100**	**2 039**	**21 084**
(一)按经济类型分组					
国有经济	4 313	4 046	4 350	603	10 419
集体经济	2 287	551	1 675	119	1 675
私营经济					
联营经济	2 490	2 490	1 017	176	3 966
股份制经济	467	50	343	28	948
外商投资经济	4 576	2 296	2 635	1 108	3 981
港澳台投资经济	84	15	82	5	94
(二)按国民经济行业(中类)分组					
正餐	9 333	6 850	7 058	827	16 689
快餐	4 682	2 401	2 667	1 123	4 041
其他餐饮业	202	196	376	90	354

餐饮企业财务状况（一）

单位：万元

固定资产原价合计	本年提取折旧	资产总计	流动负债合计	长期负债合计	负债合计	所有者权益合计
49 960	**2 476**	**277 577**	**131 625**	**18 761**	**150 730**	**126 848**
11 772	642	73 565	32 080	2 047	34 430	39 135
3 350	194	23 981	17 778	－397	17 381	6 601
31 557	1 326	130 011	53 718	16 051	69 810	60 201
3 282	313	50 020	28 049	1 060	29 109	20 911
156 095	**6 654**	**476 366**	**260 735**	**21 963**	**284 683**	**191 683**
16 999	1 219	48 553	32 005	841	34 408	14 145
128 224	5 072	382 508	200 188	19 250	219 792	162 716
1 996	107	11 571	8 517	120	8 638	2 933
90	10	1 157	988	53	1 041	116
3 281	52	15 936	9 422	1 171	10 662	5 274
152	3	1 197	617	7	624	573
3 359	113	8 159	4 254	115	4 370	3 790
1 995	79	7 285	4 743	406	5 149	2 137
24 248	**1 815**	**36 850**	**16 088**	**2 199**	**18 293**	**18 520**
12 327	579	16 258	7 796	164	7 960	8 261
1 848	187	3 888	1 794	78	1 872	2 017
3 966	460	4 982	1 282	1 350	2 632	2 350
1 109	91	1 497	1 045	8	1 052	445
4 840	480	9 982	3 996	600	4 596	5 387
160	18	243	176	－	182	62
18 798	1 257	25 350	10 892	1 569	12 467	12 846
4 935	487	10 173	4 086	600	4 686	5 488
515	71	1 326	1 110	30	1 140	186

7-12 大中型批发、零售贸易、

(1996 年)

分类行业	商品销售收入	商品销售收入净额	商品销售成本	经营费用	商品销售税金及附加费
一、批发零售贸易企业总计	**8 402 010**	**8 356 238**	**7 741 183**	**257 524**	**8 562**
(一)按经济类型分					
国有经济	6 103 878	6 063 486	5 647 037	182 533	4 357
集体经济	1 082 598	1 079 941	1 003 966	33 890	1 458
私营经济					
联营经济	129 596	127 041	119 066	3 889	165
股份制经济	1 031 756	1 031 587	929 612	34 449	2 092
外商投资经济	54 183	54 183	41 503	2 764	489
港澳台投资经济					
其它经济					
(二)按国民经济行业(中类)分组					
食品饮料烟草和家庭用品批发业	**3 738 813**	**3 733 350**	**3 421 494**	**118 605**	**2 699**
食品、饮料、烟草批发业	1 595 755	1 591 071	1 449 705	47 296	1 397
棉、麻、土畜产品批发业	324 435	324 433	299 985	11 737	58
纺织品、服装和鞋帽批发业	1 024 451	1 024 448	944 525	32 735	388
日用百货批发业	224 111	223 448	201 955	9 215	443
日用杂品批发业	18 889	18 889	17 431	771	20
五金、交电、化工批发业	281 372	281 371	263 311	8 697	151
药品及医疗器械批发业	269 802	269 689	244 581	8 155	242
能源材料和机械电子设备批发业	**3 330 402**	**3 326 471**	**3 167 890**	**86 638**	**1 965**
能源批发业	961 531	961 531	903 675	36 419	710
化工材料批发业	376 292	375 066	354 910	8 601	176
木材批发业	11 327	11 327	10 140	616	11
建筑材料批发业	42 713	42 712	37 790	3 020	12
矿产品批发业					
金属材料批发业	1 108 026	1 107 014	1 068 267	23 312	301
机械、电子设备批发业	663 137	661 445	630 852	12 136	578
汽车、摩托车及零配件批发业	124 202	124 202	121 209	1 403	144
再生物资回收批发业	43 174	43 174	41 047	1 132	32

餐饮企业财务状况（二）

单位：万元

商品销售利润	管理费用	营业利润	利润总额	本年应付工资总额	本年应付福利费总额	本年应缴增值税额
348 970	**200 510**	**50 109**	**113 757**	**73 236**	**11 697**	**46 571**
229 560	130 907	18 296	65 008	41 960	6 668	32 714
40 627	32 213	4 247	10 216	13 660	1 974	4 896
3 922	2 884	−1 207	−97	1 567	180	1 219
65 434	30 052	23 179	32 780	13 731	2 543	6 584
9 427	4 453	5 594	5 850	2 318	332	1 158
190 552	**87 818**	**38 466**	**63 202**	**30 623**	**4 545**	**21 662**
92 673	39 072	29 905	44 305	12 961	1 940	10 952
12 654	6 859	− 246	345	1 574	546	121
46 800	19 525	4 656	13 144	6 199	898	1 698
11 835	7 900	− 511	601	4 212	327	4 994
667	403	− 705	102	388	46	239
9 213	5 602	1 820	832	2 180	334	1 408
16 710	8 458	3 547	3 873	3 109	453	2 250
69 979	**55 514**	**−13 255**	**17 579**	**15 004**	**2 633**	**10 444**
20 727	14 454	1 686	7 655	2 887	588	4 381
11 379	5 567	1 769	2 101	1 569	226	1 245
560	874	− 547	− 551	329	41	479
1 890	2 072	− 622	153	511	89	−
15 134	15 798	−9 506	2 470	4 293	788	1 319
17 880	14 031	−4 639	6 298	4 373	681	1 707
1 446	1 867	− 862	− 303	590	92	1 228
962	851	− 534	− 245	454	127	86

7-12 大中型批发、零售贸易、

续表一

(1996年)

分类行业	商品销售收入	商品销售收入净额	商品销售成本	经营费用	商品销售税金及附加费
其他批发业	**627 398**	**598 352**	**553 251**	**17 523**	**336**
工艺美术品批发业	110 177	110 177	94 770	6 026	10
图书报刊批发业	104 447	75 447	68 636	3 179	130
农业生产资料批发业	328 647	328 634	311 846	6 734	37
其他类未包括批发业	84 126	84 094	77 999	1 584	159
零售业	**705 398**	**698 065**	**598 548**	**34 759**	**3 562**
食品、饮料和烟草零售业	100 823	100 584	88 730	5 453	222
日用百货零售业	509 619	503 331	428 626	24 308	2 844
纺织品、服装和鞋帽零售业	12 956	12 956	10 549	1 015	43
日用杂品零售业	4 538	4 538	4 128	229	13
五金、交电、化工零售业	41 538	41 526	38 247	1 326	149
药品及医疗器械零售业	2 767	2 415	1 672	277	10
图书报刊零售业	16 955	16 515	12 762	1 239	44
其他零售业	16 201	16 201	13 834	912	237
二、餐饮企业总计	**47 880**	–	**22 982**	**13 016**	**2 545**
(一)按经济类型分组					
国有经济	21 738	–	12 095	3 795	1 123
集体经济	4 654	–	2 455	1 358	267
私营经济					
联营经济	1 349	–	404	298	75
股份制经济	1 227	–	729	266	68
外商投资经济	18 371	–	6 974	7 178	985
港澳台投资经济	542	–	326	121	27
(二)按国民经济行业(中类)分组					
正餐	26 472	–	14 367	5 314	1 403
快餐	18 609	–	7 110	7 242	997
其他餐饮业	2 799	–	1 505	460	144

餐饮企业财务状况（二）

单位：万元

商品销售利润	管理费用	营业利润	利润总额	本年应付工资总额	本年应付福利费总额	本年应缴增值税额
27 243	**17 703**	**6 110**	**7 730**	**3 886**	**621**	**1 713**
9 372	3 842	3 680	3 004	976	165	97
3 502	2 958	541	555	400	88	718
10 017	8 607	− 478	1 408	1 678	270	447
4 352	2 297	2 366	2 763	831	98	451
61 196	**39 475**	**18 789**	**25 246**	**23 723**	**3 899**	**12 752**
6 180	5 731	− 130	800	3 712	554	1 686
47 552	28 563	17 333	22 607	17 414	3 022	9 602
1 350	808	547	610	498	59	289
168	105	62	73	46	3	16
1 803	1 219	172	336	593	58	346
457	200	262	233	153	20	100
2 469	2 031	394	366	790	124	368
1 218	818	150	219	519	59	345
−	**6 307**	**2 587**	**3 308**	**3 689**	**477**	−
−	2 738	1 876	2 449	2 023	315	−
−	467	−17	26	441	32	−
−	615	−3	20	236	30	−
−	128	−5	40	170	5	−
−	2 322	710	773	768	95	−
−	38	24	−	50	−	−
−	3 645	1 536	2 147	2 697	345	−
−	2 369	689	753	810	101	−
−	294	361	408	182	32	−

7-13 大中型批发、零售贸易企业商品销售、库存量

(1996 年)

名　　称	计量单位	批发	对生产经营者批发	出口	零　售	年末库存
粮食	吨	2 455 741	223 102	11 500	156 246	362 157
食用植物油	吨	120 121	4 884	–	11 322	9 288
猪和猪肉	吨	34 931	10 125	15 811	4 452	730
鲜蛋	吨	585	110	28	63	23
水产品	吨	19 157	–	12 543	267	1 800
盐	吨	377 361	365 676	–	4 554	31 819
食糖	吨	45 210	14 209	5	2 000	2 754
卷烟	箱	977 587	60	17 150	21 541	19 240
酒	吨	23 406	122	38	7 662	3 469
棉花	吨	22 443	19 185	–	–	2 392
布	百	1 302 829	227 779	787 274	36 878	155 987
其中:棉布	百	1 231 881	218 495	744 988	21 220	120 825
呢绒	百	3 493	892	412	4 660	4 861
绸缎	百	255 080	54 176	190 821	10 978	76 863
服装	百	1 724 331	620	1 700 917	42 086	25 585
针织内衣裤	百	101 328	207	77 992	33 860	34 349
鞋	百	278 110	44	223 348	39 934	41 534
其中:皮鞋	百	33 674	14	27 504	17 740	5 036
黄金饰品	千	90 516	–	–	263 338	72 108
照相机	架	9 185	145	–	40 828	9 085
自行车	辆	313 023	5 078	149 947	141 752	49 651
摩托车	辆	77 313	12 853	1 101	8 310	6 235
电视机	台	284 280	6 242	72 094	65 938	87 087
其中:彩色电视机	台	167 629	6 226	1 800	57 557	65 902
录音机	台	34 531	1 153	2 600	72 040	32 049
其中:组合音响	台	6 108	951	–	4 694	1 723
摄像机	台	27	–	–	1 734	553
录像机	台	6 429	96	–	11 316	4 453
家用电脑	台	–	–	–	982	157
家用电风扇	台	243 304	4 168	16 150	113 381	107 297
家用洗衣机	台	217 249	5 815	180	51 377	29 132
家用电冰箱	台	71 739	5 628	–	54 760	26 833
房间空调器	台	136 239	10 207	–	54 355	30 368
抽油烟机	台	126 630	284	–	27 536	8 487
化学肥料	吨	1 429 299	254 241	363	–	170 202
化学农药	吨	18 479	5 534	3 089	–	3 118
农用塑料薄膜	吨	81 259	62 299	–	–	9 278
农用动力机械	台	12 971	7 666	–	–	2 126
汽车	辆	25 456	8 932	–	2 864	2 214

7-14 个体工商业发展情况

(1996年)

项目	全市			市区		
	合计	城镇	农村	合计	城镇	农村
户　数(户)	**148 672**	**42 421**	**106 281**	**38 541**	**19 234**	**19 307**
农、林、牧、渔业	295	18	277	10	2	8
采掘业	297	24	273	–	–	–
制造业	18 791	2 631	16 160	1 986	542	1 444
建筑业	234	58	176	11	6	5
交通运输业、仓储业	10 558	1 711	8 847	843	105	738
批发零售贸易业	85 668	26 259	59 409	26 011	13 547	12 464
餐饮业	12 789	4 372	8 417	4 066	1 910	2 156
社会服务业	19 789	7 281	12 508	5 561	3 097	2 464
其他行业	251	67	184	53	25	28
从业人员(人)	**227 878**	**59 771**	**168 107**	**48 180**	**22 763**	**25 417**
农、林、牧、渔业	458	30	428	23	3	20
采掘业	1 162	75	1 087	–	–	–
制造业	51 677	5 573	46 104	2 982	676	2 306
建筑业	668	152	516	13	6	7
交通运输业、仓储业	11 808	1 939	9 869	956	115	841
批发零售贸易业	111 349	32 907	78 442	29 226	14 194	15 032
餐饮业	24 871	9 306	15 565	7 846	3 738	4 108
社会服务业	25 481	9 674	15 807	7 049	3 980	3 069
其他行业	404	115	289	85	51	34
营业额(万元)	**1 441 005**	**687 293**	**723 712**	**832 704**	**472 228**	**360 476**
农、林、牧、渔业	1 104	50	1 054	–	–	–
采掘业	–	–	–	–	–	–
制造业	–	–	–	–	–	–
建筑业	–	–	–	–	–	–
交通运输业、仓储业	124 408	43 368	43 368	7 902	6 114	1 788
批发零售贸易业	1 149 831	573 680	573 680	781 033	440 690	340 343
餐饮业	77 906	29 181	29 181	21 751	11 457	10 294

八、物资、能源

1996年杭州市节能工作取得新成效

1996年，全市乡及乡以上工业企业消耗煤炭794.20万吨，焦炭53.54万吨，电力61.51亿千瓦时，成品油17.05万吨，剔除用于火力发电、供热、炼焦、炼油和制气的能源加工转换消费，净耗标煤621.75万吨，比上年的595.90万吨，增长了4.3%，实现同口径的不变价工业总产值767.50亿元，比上年增长8.7%，因能耗增幅小于工业总产值的增幅，使万元产值综合能耗在“八五”期间连续下降的基础上，又从上年的0.84吨标煤下降到0.81吨，节能率为4.0%，全市共节约和少用标煤26.02万吨。从列人考核的33个县（市）、区、局（公司）看，比上年降低的有24家，节能面达72.7%。

市属工业企业消耗煤炭184.68万吨，焦炭6.23万吨，电力20.69亿千瓦时，成品油7.75万吨，剔除加工转换消费能源后，净耗标煤195.41万吨，比上年的192.79万吨，增长1.4%，实现同口径的产值301.62亿元，增长3.3%，使万元产值综合能耗从上年的0.66吨下降到0.65吨，下降1.9%，节约标煤3.73万吨。其中：43家年耗标煤万吨以上的市属重点企业，1996年净耗标煤138.93万吨，占全部市属企业总消耗的71.0%，实现产值81.42亿元，仅占市属总产值的27.0%，由于这些重点企业的节能率下降了2.95%，对全部市属企业能耗的下降起着很大的作用，他们在节能降耗方面主要抓了以下几方面的工作。

一、加强领导，把节能工作落到实处。重点企业的能源消耗在企业成本中占有很大的比重，能源消耗的变化都对企业成本产生较大的影响，他们都有分管的厂长抓节能工作，配有能源管理网，并建立了一套比较完善的考核制度和基础工作，能源从进厂就进行确切地计量，对各个环节进行严密地考核。杭州协联热电有限公司由于用户单位生产不景气，用热量逐年下降，1996年又比上年下降9.3%，该公司将供热机组改为发电调峰任务后，机组达不到较高的经济运行状态，效率下降，发电煤耗比上年上升36克／千瓦时，以此推算全年将多耗标煤7435吨，针对这一问题，该公司领导采取一系列的措施，加强内部管理，挖掘潜力，首先把好煤炭的质量关，保证锅炉燃烧的稳定性，使锅炉的效率从1995年的82.7%提高到85.1%，节约标煤8775吨。其次抓了锅炉运行人员的业务培训，提高了运行人员的操作水平和业务能力，开展班组小指标竞赛，提高了运行人员的生产积极性，其中仅锅炉点火升炉的助燃油从上年的483吨下降到165吨，节约标煤507吨。杭州蓝孔雀化学纤维(股份)有限公司，学邯钢，狠抓内部管理，采取严格现場管理，控制空调，改造不合理的烘干疏水方式，拆封不必要的散热片73只，改造不合理的取热方式等，使能源消费量明显下降，累计全年节电355万千瓦时，节约蒸汽53772百万千焦。

二、利用经济杠杆的作用，实行责任承包制。杭州民生药业集团公司根据年初上级下达的能源考核指标，分解到各车间（产品），由能源管理部门制定公司内部的能源价格，各部门的用能量每月和财务部门结算，用能情况直接与奖金挂钩，提高了车间职工节能的自觉性，各车间（产品）始终把节能与降低成本放在首位，节能工作年年有成效，该公司除部份产品由于销售等原因减产，能耗有所上升外，其余97%的产品都完成上级下达的考核指标，全年累计发放节能奖65万元。杭州灯泡厂加强企业管理，落实内部产品单耗指标的考核，使煤气的单耗比上年下降了17.1%，节约标煤487吨。

三、采用新技术，新工艺进行技改，降低能源消耗。杭州玻璃集团公司1996年4月份，把工艺老、能耗高的平板垂直引上窑炉拆除，建成浮法玻璃生产线，从根本上解决了平板玻璃能耗较高的状况，1995年原生产线的平板玻璃能耗达31.11公斤／重量箱，1996年采用浮法玻璃生产工艺后,能耗降到26公斤／重量箱左右，节能率达15.69%。建德水泥厂8月份起采用黄铁渣作为矿化剂实施低温煅烧熟料新工艺，实施结果节煤效益显著，实施前平均煤耗为124.52公斤／吨，实施后为115.95公斤／吨，节煤率为6.9%。杭州钱江水泥厂投人600余万元资金，建造了石子均化库，解决了因石料供应不足而使主机停开局面，且降低了人磨粒度和水份，提高了生料磨台时产量，从上年的33.78吨／时提高到34.43吨／时，节电3.10万千瓦时。同时对生料GX500螺旋改为FO350链运机,改造后每小时节电10千瓦时,年节电6.05万千瓦时。

8-01 全市主要原材料、能源消费量

(1996 年)

	计量单位	本年消费					
		合计	为上年%	#工业企业	#建筑企业	#运输邮电企业	市区
生铁	吨	837 265	108.2	837 146	13	–	799 916
钢材	吨	749 680	103.1	430 505	318 457	687	467 499
铜	吨	9 290	79.9	9 290	–	–	4 260
铝	吨	11 358	86.7	11 358	–	–	8 058
铅	吨	377	58.9	377	–	–	14
锌	吨	1 420	81.8	1 420	–	–	118
锡	吨	244	55.1	244	–	–	70
铜材	吨	15 573	84.7	15 352	220	1	9 613
铝材	吨	7 042	73.8	6 583	459	–	3 370
硫酸	吨	115 290	100.3	115 290	–	–	37 237
烧碱	吨	53 741	99.8	53 741	–	–	34 294
纯碱	吨	91 916	113.7	91 912	4	–	81 324
天然橡胶	吨	23 793	103.1	23 793	–	–	22 413
水泥	吨	1 373 677	125.9	246 611	1 126 975	39	879 814
平板玻璃	重量箱	192 980	63.0	176 637	16 177	4	158 212
原木	立方米	88 694	85.2	27 719	60 156	350	26 302
#原木直接消费	立方米	74 178	176.2	15 124	58 235	350	23 029
锯材	立方米	23 698	57.5	19 359	4 220	34	13 803
润滑油	吨	7 748	70.0	7 496	40	200	3 627
煤炭	吨	6 275 629	100.1	6 213 845	777	705	3 606 066
焦炭	吨	518 602	105.4	518 379	–	–	465 049
焦炉煤气	万立方米	19 110	108.7	18 781	–	–	19 110
原油	吨	226 685	92.4	226 685	–	–	226 685
汽油	吨	54 160	96.1	30 287	3 406	19 716	33 929
煤油	吨	3 110	101.7	3 016	70	2	2 719
柴油	吨	73 204	100.7	44 670	5 034	23 081	38 538
燃料油	吨	95 545	118.8	94 953	–	–	47 155
液化石油气	吨	5 190	99.6	5 083	43	–	367
炼厂干气	吨	4 857	66.4	4 857	–	–	4 857
热力	百万千焦	7 194 965	100.2	7 061 327	–	–	5 351 060
电力	万千瓦时	508 838	101.0	485 161	12 070	4 368	323 694

8-02 全市主要原材料

(1996)

行业	钢材（吨）	铜材（吨）	铝材（吨）	原木直接消费（立方米）	锯木（立方米）
总 计	**749 680**	**15 573**	**7 042**	**74 178**	**23 698**
一、采掘业	**991**	**51**	**1**	**815**	**–**
二、制造业	**425 311**	**15 292**	**6 573**	**14 694**	**19 265**
食品加工业	146	–	–	2	6
食品制造业	1 876	–	–	121	17
饮料制造业	5 134	12	1	15	793
烟草加工业	44	2	–	–	–
纺织业	583	2	1	2 517	97
服装及其他纤维制品制造业	14	52	9	1	–
皮革、毛皮、羽绒及其制品业	3	–	–	92	133
木材加工及竹、藤、棕、草制品业	247	1	1	141	1 905
家具制造业	5 242	–	621	1 499	2 109
造纸及纸制品业	857	1	2	8	96
印刷业	110	–	1	10	–
文教体育用品制造业	2 945	20	52	104	580
化学原料及化学制品制造业	5 348	3	211	4 926	220
医药制造业	563	1	–	94	73
化学纤维制造业	347	1	2	3	3
橡胶制品业	813	3	2	64	8
塑料制品业	1 002	155	9	50	24
非金属矿物制品业	16 629	182	24	121	3 127
黑色金属冶炼及压延加工业	11 417	6	11	226	4
有色金属冶炼及压延加工业	160	171	33	34	–
金属制品业	106 536	1 664	1 789	180	1 415
普通机械制造业	101 072	1 593	841	1 490	3 816
专用设备制造业	39 147	130	43	233	2 194
交通运输设备制造业	63 195	690	484	1 243	294
电气机械及器材制造业	43 388	9 446	1 832	685	1 772
电子及通信设备制造业	9 892	430	301	37	78
仪器仪表及文化、办公用机械制造业	6 212	605	301	24	21
其他制造业	847	122	2	764	480
三、电力	**5 915**	**8**	**7**	**139**	**130**
四、建筑业	**313 792**	**221**	**458**	**58 162**	**4 247**
五、交通运输、邮电通信业	**3 671**	**1**	**3**	**368**	**56**
邮电通信业	898	–	–	–	–

能源消费量按行业分

原　煤 (吨)	焦　炭 (吨)	汽　油 (吨)	煤　油 (吨)	柴　油 (吨)	燃料油 (吨)	热　力 (百万千焦)	电　力 (万千瓦时)
5 635 199	**518 602**	**54 160**	**3 110**	**73 204**	**95 545**	**7 194 965**	**508 838**
28 434	**31**	**401**	**13**	**929**	**2 769**	**28 219**	**6 293**
2 518 914	**501 759**	**30 430**	**3 021**	**28 531**	**73 217**	**7 150 791**	**360 170**
20 086	–	205	–	200	–	–	5 002
125 671	–	1 384	12	700	–	130 794	8 636
143 400	–	2 130	3	1 726	610	780 135	7 520
10 043	–	81	–	9	–	–	1 691
199 865	11	1 731	58	1 760	438	1 527 404	35 728
9 145	–	338	1	219	–	3 846	1 841
1 733	–	250	–	46	–	–	913
32 492	–	52	–	115	898	–	2 563
4 156	42	157	–	104	–	–	808
56 646	–	331	6	512	–	944 318	11 341
1 936	–	416	8	57	–	3	1 150
236	–	165	7	8	–	2 064	486
461 210	29 993	6 512	1 444	5 440	20 840	1 661 678	67 119
28 177	–	730	10	146	10	615 463	6 719
37 512	–	644	3	240	–	1 094 215	16 740
7 700	–	2 262	2	131	267	–	8 847
16 828	–	894	11	692	1 265	174 702	8 391
763 522	2 067	2 400	67	5 908	26 762	94 050	43 135
279 280	446 336	912	7	1 008	–	–	75 902
4 728	6 463	101	–	236	1 173	–	1 643
31 356	4 125	1 080	817	1 394	5 153	87 676	7 378
19 672	9 098	2 352	244	3 504	478	–	13 251
9 035	2 213	791	50	529	536	27	4 894
14 368	897	1 339	84	946	4 163	–	7 840
11 562	224	1 408	105	1 875	3 272	33 322	9 571
3 312	82	707	37	471	–	–	4 015
3 457	168	446	14	228	–	–	2 592
221 743	40	463	13	157	–	1 094	2 139
3 084 390	**16 812**	**926**	**3**	**16 288**	**19 559**	**13 170**	**124 888**
1 354	–	**3 837**	**70**	**5 369**	–	–	**12 605**
2 107	–	**18 566**	**3**	**22 087**	–	**2 785**	**4 882**
521	–	1 456	–	1 557	–	–	3 231

8-03 原材料、能源消费与库存总值

(1996 年)　　单位:万元

	年初库存总值	本年消费总值				年末库存总值
		合计	工业企业	建筑企业	运输邮电企业	
全市总计	**482 611**	**3 984 160**	**3 645 065**	**301 650**	**28 464**	**494 572**
能源类	17 164	549 580	517 269	11 583	12 162	22 810
黑色金属材料类	88 726	534 859	441 972	92 407	406	90 133
有色金属材料类	14 422	126 106	122 008	4 062	15	15 377
化工类	52 279	554 150	549 701	3 830	593	63 003
建材类	10 062	159 836	68 040	91 659	73	7 047
木材类	3 069	21 415	11 999	9 397	7	3 336
金属制品类	5 943	53 144	51 239	1 862	22	6 727
一次转移价值的机电设备类	100 150	695 439	636 206	45 052	14 163	92 585
其他类	190 798	1 289 631	1 246 632	41 797	1 024	193 555
市区总计	**362 915**	**2 769 488**	**2 511 002**	**235 230**	**16 970**	**377 131**
能源类	9 650	347 990	324 084	9 990	7 830	13 988
黑色金属材料类	68 503	369 090	303 433	65 560	89	65 654
有色金属材料类	8 999	58 820	55 271	3 538	11	9 712
化工类	36 154	351 889	347 890	3 474	507	49 785
建材类	5 394	111 441	44 531	66 799	49	3 864
木材类	2 019	11 470	8 085	3 380	3	2 673
金属制品类	3 813	40 403	38 725	1 656	21	4 660
一次转移价值的机电设备类	86 097	619 980	567 282	44 899	7 786	79 227
其他类	142 286	858 405	821 703	35 935	675	147 569

8-04 原材料、能源消费与库存总值按行业分

(1996 年)

单位:万元

行业	年初库存总值	本年消费总值				年末库存总值
		合计	工业企业	建筑企业	运输邮电企业	
总计	482 611	3 984 160	3 645 065	301 650	28 464	494 572
一、采掘业	1 766	12 074	11 978	1	–	1 592
二、制造业	449 454	3 497 646	3 488 156	903	584	460 261
食品加工业	8 445	76 008	75 925	–	2	4 728
食品制造业	7 694	95 851	95 623	7	–	7 893
饮料制造业	31 276	193 012	192 188	122	–	27 268
烟草加工业	31 890	87 490	87 322	19	–	55 335
纺织业	22 665	294 318	293 327	3	8	20 849
服装及其他纤维制品制造业	6 866	64 649	64 471	–	2	6 876
皮革、毛皮、羽绒及其制品业	5 852	72 763	72 759	–	2	9 754
木材加工及竹、藤、棕、草制品业	1 149	16 524	16 478	–	–	1 688
家具制造业	2 843	16 093	16 023	–	–	1 945
造纸及纸制品业	10 837	70 643	70 228	56	13	12 125
印刷业	3 102	24 756	24 729	2	–	3 220
文教体育用品制造业	1 247	11 063	11 005	–	–	1 172
化学原料及化学制品制造业	42 849	318 416	317 544	61	11	43 474
医药制造业	5 646	75 855	75 734	–	–	7 872
化学纤维制造业	13 679	67 405	67 271	–	34	5 665
橡胶制品业	7 242	78 347	78 211	65	64	7 850
塑料制品业	11 743	121 761	121 642	–	7	13 205
非金属矿物制品业	14 850	141 911	140 817	278	296	15 693
黑色金属冶炼及压延加工业	48 433	305 067	303 746	33	69	43 923
有色金属冶炼及压延加工业	3 136	18 109	18 109	–	–	2 174
金属制品业	10 400	85 303	84 808	42	–	13 423
普通机械制造业	45 644	227 033	226 417	97	72	46 231
专用设备制造业	11 303	68 049	67 826	5	2	13 119
交通运输设备制造业	29 706	135 874	135 444	85	4	22 309
电气机械及器材制造业	33 404	344 313	344 186	7	–	38 072
电子及通信设备制造业	26 994	374 236	373 933	–	2	19 323
仪器仪表及文化、办公用机械制造业	4 708	42 326	42 281	–	–	6 140
其他制造业	4 354	41 641	41 280	22	–	4 685
三、电力	13 774	144 899	137 517	6 694	6	11 830
四、建筑业	15 301	294 175	461	293 286	352	17 396
五、交通运输、邮电通信业	2 317	35 365	6 954	766	27 522	3 492
邮电通信业	1 068	15 829	–	639	15 191	1 985

8-05 电力消费量

(1996年)　　　　单位:万千瓦时

	总计		杭州市电力局	建德市电力局	淳安县电力局
	本年	为上年(%)			
总计	**1 024 410**	**108.9**	**930 379**	**72 727**	**21 304**
#线路损失电量	69 392	103.6	65 172	2 785	1 435
农林牧渔水利业	29 753	111.3	27 083	2 040	630
工业	761 131	106.0	682 327	62 294	16 510
#乡村工业	268 826	105.3	257 249	9 050	2 527
轻工业	287 415	110.1	274 811	6 001	6 603
重工业	473 716	103.6	407 516	56 293	9 907
采掘业	25 933	99.5	21 267	3 512	1 154
制造业	735 198	106.2	661 060	58 782	15 356
建筑业	15 425	111.3	15 142	182	101
地质普查和勘探业	241	117.0	238	8	–
交通运输业	3 793	104.5	3 560	131	102
邮电通讯业	4 497	120.4	4 289	130	78
批发和零售贸易、餐饮业和仓储业	31 114	122.4	30 386	491	237
房地产管理公用居民服务和咨询业	19 126	117.1	17 829	746	551
卫生体育和社会福利业	7 085	125.2	6 762	206	117
教育、文化艺术和广播电视业	13 452	117.7	13 070	273	109
科研和综合技术服务业	3 260	111.0	3 236	14	10
国家机关、政党机关和社会团体	8 079	122.4	7 718	240	121
其他行业	3 273	166.8	3 064	109	100
城乡居民生活用电	124 176	119.3	115 675	5 863	2 638
#乡村	63 519	110.5	58 402	3 177	1 940
城市	60 657	130.2	57 273	2 686	698

九、对外经济贸易、旅游

1996年杭州市对外经济继续保持较快增长

1996年我市继续抓住对外开放这个突破口，扩大外贸出口，提高引资质量，促进开发区经济，推动旅游市场发展，对外经济保持持续快速增长势头。

一、克服困难，外贸出口继续扩大

1996年我市广大外贸单位积极转化内部经营机制，努力克服困难，消化不利因素，拓展外贸经营业务。全年自营进出口总额达到15.57亿美元，比上年增长22.6%，其中自营出口12.05亿美元，增长24.4%。全社会出口供货总值278.9亿元，增长20.1%。增幅不仅远高于全国，且比全省10.5%的出口增幅也高出一截，超额完成了全年出口计划。

继续拓展多渠道出口。1996年我市继续把一些有竞争力的企业直接推向国际市场，参加国际竞争，至年末全市已有112家企业取得外贸自营权，比上年增加17家，当年实际出口6.27亿美元，增长10.3%。同时积极帮助和指导三资企业扩大直接出口，使三资企业出口提高到5.78亿美元，几乎占全市自营出口额一半，比上年增长44.4%，对促进全市出口的持续增长发挥了重要作用。一些企业通过国际市場竞争，脱颖而出，成为我市的创汇大户，其中，自营出口超过1000万美元的企业就达19家，比上年增加8家。

努力开拓多元化市場。除巩固香港、美国、日本、西欧主市場外，重点开拓周边、东南亚、南美和非洲市場。去年对阿联酋、新加坡、印尼、菲律宾、泰国、阿根庭等国家出口额均超过和接近1000万美元，对非洲的埃及、贝宁、尼日利亚等出口也有较大突破。全市直接出口的市場达到120个国家和地区，比上年增加16个，其中出口额超过100万美元的国家和地区达48个，增加3个，出口市場不断扩大，为今后我市外贸更快发展打下了基础。

着力扩大机电产品出口比重。机电产品占全部出口比重达36.4%，比上年提高8.4个百分点，大大优于全国、全省的比重结构。一些出口产品如电子元器件、汽车零配件、收音机、黑白电视机、各类机械配件及工具等出口额都超过500万美元。全市出口超百万美元的骨干商品已达到175个，其中上千万美元的重点拳头产品有22个，比上年增加7个，这些以质取胜的大宗产品为我市赢得了较大的出口市場。

二、转变方式，利用外资质量不断提高

1996年我市围绕推进经济体制和经济增长方式两个根本性转变的方针，有重点地推出了一批适合我市产业结构调整和经济发展的招商项目，吸引世界各地的投资者，使全年利用外资取得新突破。全市新批外商直接投资项目221个，协议外资金额7.1亿美元，实际利用外资5.37亿美元，其中实际利用外资较上年增长25.5%，达到历史最高水平。

一批资金雄厚、技术先进、管理经验丰富的国际著名公司来杭投资，加入我市经济的开发建设。其中总投资1000万美元以上的大项目26个，总投资8.56亿美元，虽占项目总数11.8%，但占全市总投资额达到79.1%，比上年提高21.3个百分点。资金密集度明显提高，全市单项投资规模及单项利用外资分别达到489万美元、321万美元，较上年增长52.8%、

52.1%。投资来源中，经济强国的比重继续上升，其中经批准的来自美日两国的协议外资额达到3.03亿美元，增长10.7%，占全市协议外资比重由上年30.3%提高为42.7%，同时港台引资额相对减少，较上年下降47.2%，比重由42.9%降为28.8%，随着我市经济不断发展，也吸引了一些欧洲国家和周边国家投资者来杭投资。投资结构趋向合理，前几年过热的宾馆未有新的投资，房地产、饮食娱乐项目减少，工业、高新技术比例提高，生产性项目达89.6%，基本上集中于适合我市经济发展和结构调整的产业，如化工、机械、电子、能源等，优化了我市产业结构，表明我市引进外资正从数量型转向质量效益型。

三、滚动发展，开发区成为经济新增长点

1996年我市四个国家级开发区基本建设及项目招商、开发步人一个新阶段，投产企业日渐增多，在我市经济发展中的作用逐渐显露。至年末，进人开发区的各类企业达到910个，比上年末增长25%，总投资达22.5亿美元和54.8亿元人民币，分别增长18.4%、41.2%，其中三资企业有266家，协议外资17.1亿美元，增长22.4%，实际外资5.3亿美元，增长65.4%。短短几年中，凭藉各开发区对境外企业的吸引力和本身扎实有效的招商引资工作，引人的协议外资和实际外资已占全市利用外资17年累计的35.6%、27.7%。

当年经营产出形势十分喜人，目前各开发区已有近半数的中外企业投人正常生产经营，当年各项技工贸总收人达到87.1亿元，比上年增长67.4%，实现利税9.9亿元，其中利润7.3亿元，增长64.6%，工业企业总产值87.4亿元，占全市工业产值5.9%，相当于乡及乡以上工业企业产值10%强，成为推动我市经济发展的新增长点。区内已汇集了一批诸如东方通信、顶益食品、民生药业等大型企业，西湖电子、金鱼电器、娃哈哈等集团公司也在区内设有分支。

四、加大促销，接待境外游人稳定增长

1996年，我市采用多种形式进一步加大海外旅游促销力度，除继续精心组织“西湖桂花节”、“钱江观潮节”等传统旅游节目外，还推出“1996年休闲度假游.杭州宋城”活动、“西湖风情大型灯会”等一批新的旅游产品，吸引了不少境外旅游者。全年接待境外旅游者达46.2万人，比上年增长4.8%，其中外国游客27.3万人，较上年增长9.6%，台湾同胞10.2万人，增长9.7%。我市旅游促销的主要目标市場的东南亚、韩国、日本，通过去年多次派员参加上述国家、地区的旅游博览会、展销会，并组团独立举办杭州旅游展示会，收到较好成效。泰国、马来西亚、印尼游客分别比上年增长了32.5%、24.9%、21.7%，韩国、新加坡、菲律宾游人增长18.8%、12.8%、12.3%。日本也保持了稳定上升趋势。千岛湖景区日益受到海内外游人欢迎。全年接待境外观光游客达到4.1万人，增幅继上年上升36%后，又上升33.2%，显示了良好的发展前景。

旅游经济效益继续有所提高，全年实现旅游创汇1.67亿美元，比上年增长15.3%。

9-01 利用外资情况

(1996 年)　　单位:万美元

项　目	利用外资协议(合同)				实际利用外资金额	
	合同数(个)		金额			
	本年	上年	本年	上年	本年	上年
总计	**515**	**626**	**75 339**	**93 691**	**55 731**	**45 776**
对外借款	**5**	**6**	**3 008**	**2 385**	**1 455**	**2 750**
外商直接投资	**221**	**427**	**70 982**	**90 207**	**53 651**	**42 659**
合资企业	136	277	31 526	52 297	24 824	27 429
合作企业	10	28	2 809	9 203	1 464	3 471
独资企业	75	122	36 647	28 707	27 363	11 759
外商其他投资	**289**	**193**	**1 349**	**1 099**	**625**	**370**
补偿贸易	–	3	–	10	–	–
加工装配	289	190	1 349	1 089	625	370

9-02 外商投资企业分国别(地区)情况

(1996 年)　　单位:万美元

国别(地区)	到 1996 年底止累计			本　年			
	项目(个)	总投资	协议外资金　额	项目(个)	总投资	协议外资金额	实际利用外　资
合计	**3 264**	**825 366**	**479 591**	**221**	**108 150**	**70 982**	**53 651**
香港	1 592	445 335	237 620	78	34 296	18 780	16 734
日本	193	67 710	48 925	19	17 221	13 425	9 296
美国	371	83 695	49 613	39	23 254	16 857	3 890
新加坡	76	27 355	15 102	6	7 741	3 994	7 312
澳大利亚	33	3 363	2 023	4	225	147	521
泰国	19	6 746	2 963	2	1 230	626	–
意大利	45	12 013	4 665	7	6 108	2 443	193
澳门	31	15 624	11 025	2	120	–20	15
台湾	610	66 811	39 603	27	2 502	1 656	11 644
荷兰	16	4 961	3 182	–	–	–	262
西班牙	11	928	377	1	500	125	–
马来西亚	22	8 068	4 915	7	2 732	1 673	593
韩国	39	2 549	1 441	9	348	252	366
德国	17	5 303	3 166	–	–	–	466
法国	28	5 136	2 805	1	300	180	5 223
玻利维亚	10	425	215	1	20	20	–
加拿大	21	1 601	810	–	30	24	12
英国	15	7 846	6 945	2	411	402	1 609
奥地利	8	403	208	–	3	2	14
波兰	3	190	127	–	–	–	–
洪都拉斯	6	1 118	563	–	–	–	21

9-03 外贸产品供货总值

(1996年)　　　　　　　　　　　　　　单位:万元

县区名称	实际价		1990年不变价		
	本年	上年	本年	上年	为上年(%)
总计	**2 820 033**	**2 411 829**	**2 789 170**	**2 322 305**	**120.1**
一、一般贸易企业	2 092 340	1 945 170	2 061 477	1 855 646	111.1
市区	829 159	778 988	783 162	694 675	112.7
萧山市	502 027	451 063	502 027	451 063	111.3
桐庐县	152 442	131 123	152 442	131 123	116.3
富阳市	205 007	197 632	205 007	197 632	103.7
临安市	80 923	85 687	87 872	85 687	102.5
余杭市	210 087	198 000	210 087	198 000	106.1
建德市	80 367	75 436	80 507	68 608	117.3
淳安县	32 328	27 241	40 373	28 858	139.9
二、三资企业	727 693	466 659	727 693	466 659	155.9

9-04 外贸自营出口情况

(1996 年)　　　　单位:万美元

项　目	实际出口			构成比重(%)	
	本　年	上　年	为上年(%)	本　年	上　年
全市出口总值	**120 446**	**96 847**	**124.4**	**100**	**100**
一般贸易	62 691	56 837	110.3	52.0	58.7
市属外贸公司	24 677	22 595	109.2	39.4	39.8
县（市）属外贸公司	11 194	10 536	106.2	17.8	18.7
自营出口生产企业	26 820	23 706	113.1	42.8	41.5
三资企业	57 755	40 010	144.4	48.0	41.3

9-05　出口1000万美元以上企业排序表

(1996年)　　单位:万美元

企业名称	位　次	出口额
杭州市轻工工艺纺织品进出口公司	1	10 035
萧山市进出口公司	2	5 502
杭州市五矿机械化工进出口公司	3	4 311
杭州西湖电子进出口公司	4	4 050
杭州市粮油食品土畜产品进出口公司	5	2 217
杭州市丝绸进出口公司	6	2 163
淳安县对外贸易总公司	7	1 504
杭州钢铁集团公司	8	1 411
桐庐县对外贸易公司	9	1 403
杭州电视机二厂	10	1 365
浙江兽王集团公司	11	1 325
浙江万向集团公司	12	1 308
余杭市对外贸易公司	13	1 208
杭州兔毛纺织品集团公司	14	1 120
华立集团	15	1 026
浙江省二轻企业集团	16	1 021
浙江新安江化工(集团)股份有限公司	17	1 018
浙江北天鹅集团公司	18	1 009
杭州青春服装厂	19	1 000

9-06 旅游事业发展情况

项　目	全市			市区		
	1996 年	1995 年	为上年(%)	1996 年	1995 年	为上年(%)
全年接待人数总计(人)	**462 313**	**441 262**	**104.8**	**380 450**	**360 326**	**105.6**
#外国人	273 477	249 418	109.6	231 575	211 104	109.7
华侨	9 991	14 608	68.4	8 958	9 986	89.7
港澳台同胞	178 845	177 236	100.9	139 917	139 236	100.5
全年接待人天数(人天)	**957 194**	**910 058**	**105.2**	**827 572**	**787 493**	**105.1**
#外国人	568 318	509 183	111.6	498 594	449 249	111.0
华侨	23 569	30 587	77.1	21 830	25 479	85.7
港澳台同胞	365 307	370 288	98.7	307 148	312 765	98.2
平均逗留天数(天)	**2.07**	**2.06**	**100.5**	**2.18**	**2.19**	**99.5**
#外国人	2.08	2.04	102.0	2.15	2.13	100.9
华侨	2.36	2.09	112.9	2.44	2.55	95.7
港澳台同胞	2.04	2.09	97.6	2.20	2.25	97.8
旅游外汇总收入(万美元)	16 739	14 519	115.3	14 472	12 557	115.3

十、财政、金融、保险

9-07　杭州市国家级开发区建设发展情况

(1996 年末)

项　目	计量单位	合　计	杭州经济技术开发区	杭州高新技术产业开发区	杭州之江国家旅游渡假区	萧山经济技术开发区
规划面积	平方公里	78.82	27	23.14	9.88	18.8
已开发面积	平方公里	18.84	5	6.13	4.21	3.5
有偿出让土地面积	平方公里	9	2.95		3	3.05
由开发区投入基础设施款	万元	118 487	41 204	6 791	21 728	48 764
批准进区企业	个	910	315	469	14	112
其中:三资企业	个	266	76	95	13	82
企业总投资	万元	547 606	243 567	155 760	104 100	44 179
	万美元	225 026	114 659	36 172	23 883	50 312
协议利用外资	万美元	170 720	88 787	22 171	20 142	39 620
实际利用外资	万美元	53 132	30 170	3 114	9 417	10 431
投产企业个数	个	434	176	194	10	54
销售收入	万元	870 622	170 787	589 885	2 052	107 898
工业总产值（现价）	万元	874 455	223 870	527 039		123 546
实现利润	万元	72 932	12 940	56 126		3 866
上交税金（不含所得税）	万元	25 733	8 011	14 852		2 870

1996年杭州市财政、金融、保险事业稳步发展

一、财政收支稳定增长

1996年，我市财税工作抓好财源建设，加强税收征管，严格预算管理，财政收支保持稳定增长，基本保证了经济建设和社会各项事业发展的需要。全市实现财政总收入63.53亿元，比上年增长15.3%，其中地方财政收入26.84亿元，增长16.5%，全市财政支出合计30.24亿元，比上年增长21.4%。全市各级财政均达到当年收支平衡。预算收入增收的主要项目是工商税收实现26.45亿元，比上年增长20%，减收的主要项目有企业所得税比上年减少13.9%，国有企业亏补比上年上升了13.5%。从财政在农业、科技、教育、文化、交通等方面支出看，1996年支援农业支出2.13亿元，比上年增长17.6%；工业交通等部门的事业费支出增长54.1%；文教卫生事业费增长16.8%；科学事业费增长17.9%，科技三项费用增长82.7%；城市维护费增长32.4%；教育费附加增长20.8%。

二、金融事业平稳发展

1996年，我市金融系统贯彻适度从紧的货币政策，加强信贷管理，积极吸收各项存款，调整优化信贷结构，金融形势平稳。1996年末全市金融系统存款余额961.95亿元，比年初增加233.39亿元，增长32%，其中企业存款449.81亿元，增长32%，城乡居民储蓄存款463.85亿元，增长34.8%。全市金融系统贷款余额743.42亿元，比年初增加137.02亿元，增长22.6%。从信贷资金的投向看，增加了对大中型企业的扶优扶强、省市重点建设项目和农业等的支持，短期贷款中用于农业15.77亿元，比上年增长了50.6%。全年银行现金收支相抵货币净回笼116.09亿元，比上年多回笼32.59亿元。

三、保险业务进一步拓宽

1996年，我市保险业积极拓展业务，加快发展。全市承保金额1789.46亿元，比上年增长24%，其中国内业务、人身险、国外业务分别占61.6%、10.8%、27.6%。全年保险费收入11.32亿元，比上年增长36.6%，其中国内业务、人身险、国外业务分别占42.7%、39.6%、17.7%。全年保险赔款金额5.08亿元。

10-01 历年国家预算内财政收入及支出

(1996年)　　　　单位:万元

年份	财政收入		财政支出	
	全市	市区	全市	市区
1952	8 984	5 425		1 408
1957	17 382	11 169		2 518
1962	26 632	18 524	5 928	2 203
1965	29 928	19 911	5 459	2 784
1970	57 790	45 812	8 985	3 758
1971	69 253	56 432	12 300	5 992
1972	76 254	61 449	14 655	8 103
1973	78 692	62 618	15 373	8 999
1974	57 174	42 940	17 010	9 572
1975	44 338	30 925	13 134	6 198
1976	47 127	33 745	10 300	4 202
1977	71 049	54 008	11 550	5 085
1978	94 102	73 396	16 170	7 779
1979	103 259	81 885	20 334	11 289
1980	118 529	94 015	21 726	11 867
1981	128 564	100 645	23 964	13 891
1982	140 510	107 298	24 945	13 687
1983	153 941	116 559	32 765	17 822
1984	172 996	130 757	46 937	28 710
1985	186 472	131 923	57 710	35 435
1986	205 952	141 943	73 213	43 959
1987	226 262	152 268	70 717	41 011
1988	246 961	161 208	95 655	53 031
1989	255 003	156 649	113 571	61 534
1990	252 503	149 904	118 167	62 587
1991	267 597	158 130	123 134	62 403
1992	286 394	168 341	132 814	65 984
1993	394 946	233 670	185 168	90 545
1994	484 597	300 014	215 415	102 430
1995	551 262	339 828	249 050	120 084
1996	635 334	414 557	302 390	151 016

10—02 国家预算内

(1996 年)

指标	总计 本年	总计 为上年%	市区 本年	市区 为上年%	萧山市
合计	**635 334**	**115.3**	**414 557**	**115.1**	**79 807**
一、地方财政收入	**268 438**	**116.5**	**169 987**	**116.4**	**38 288**
(一) 分税制分成收入	251 214	116.4	157 065	116.3	36 715
1、工商税收	264 501	120.0	173 884	119.8	30 807
#增值税	102 320	119.8	63 424	122.9	12 858
营业税	81 593	121.3	55 305	116.9	9 787
城建税	33 178	115.6	24 184	121.7	3 514
2、企业所得税	34 777	86.1	21 553	83.3	6 347
#国有企业	12 890	58.9	9 422	57.4	1 647
地方股份制	6 920	119.7	5 500	122.8	683
集体企业	24 657	92.0	13 845	96.5	3 693
3、国有企业亏补	−70 902	113.5	−49 359	114.4	−4 626
4、农业、农牧税	8 493	105.8	951	68.5	2 455
5、耕地占用税	2 635	165.9	1 107	177.7	892
6、其他收入	10 993	156.1	8 229	186.3	840
7、土地有偿收入	717	102.4	700	100.0	−
(二) 地方专项收入	17 224	117.8	12 922	118.5	1 573
1、能源交通建设基金	−3	−	−3	−	−
2、预算调节基金	2	−	−1	−	−
3、教育费附加	13 227	123.8	10 396	126.1	1 024
4、排污费	3 998	114.0	2 530	111.7	549
二、上交中央二税	**366 896**	**114.4**	**244 570**	**114.1**	**41 519**
(一) 消费税	59 264	91.8	53 629	90.0	2 944
(二) 增值税	306 956	119.8	190 265	122.9	38 575
(三) 二税罚没收入	676	−	676	−	−

财政收入

单位：万元

桐庐县	富阳市	临安市	余杭市	建德市	淳安县
14 400	**26 478**	**18 965**	**54 416**	**19 377**	**7 334**
6 651	**10 382**	**7 468**	**22 299**	**9 401**	**3 962**
6 344	10 022	7 072	21 332	8 871	3 793
6 776	12 553	7 964	21 119	7 966	3 432
2 520	5 291	3 774	10 162	3 200	1 092
2 191	3 604	1 583	5 648	2 099	1 376
552	1 343	507	1 952	867	259
671	1 355	1 090	2 287	1 174	300
353	389	340	310	302	127
51	–	22	81	583	–
848	730	1 625	3 475	268	173
−1 726	−4 675	−3 334	−4 343	−1 842	− 997
495	730	918	1 356	585	1 003
66	30	245	205	70	20
45	29	189	708	918	35
17	–	–	–	–	–
307	360	396	967	530	169
–	–	–	–	–	–
1	1	–	1	–	–
206	299	219	534	400	149
100	60	177	432	130	20
7 749	**16 096**	**11 497**	**32 117**	**9 976**	**3 372**
190	223	176	1 632	375	95
7 559	15 873	11 321	30 485	9 601	3 277
–	–	–	–	–	–

10-03 国家预算内

(1996 年)

指 标	总计		市区		萧山市
	本 年	为上年%	本 年	为上年%	
财政支出合计	**302 390**	**121.4**	**151 016**	**121.9**	**47 532**
一、行政事业费	221 783	119.8	96 666	123.8	37 223
支援农业支出	21 324	117.6	4 706	114.1	5 283
工业交通等部门的事业费	4 931	154.1	1 428	175.6	2 074
文教卫生事业费	100 606	116.8	42 809	119.1	16 958
科学事业费	1 809	117.9	1 248	123.6	334
抚恤和社会福利救济费	11 390	135.5	5 266	121.0	1 135
行政管理费	35 330	119.5	12 716	123.6	5 029
公检法司支出	22 317	130.7	13 310	128.9	2 661
其他支出及其他事业费	24 076	114.4	15 183	135.6	3 749
二、地方机动财力基建	6 430	118.7	4 513	88.1	395
三、企业挖潜改造资金	9 991	114.6	4 920	120.2	1 152
四、简易基建费	255	150.0	140	103.7	-
五、科技三项费用	2 999	182.7	2 136	164.3	390
六、土地开发建设支出	700	100.0	700	100.0	-
七、城市维护费	40 682	132.4	28 571	125.8	6 310
八、环境保护补助资金	4 144	117.2	2 600	118.2	549
九、财政价格补贴支出	3 324	108.3	1 616	75.1	438
十三、教育费附加支出	12 082	120.8	9 154	123.7	1 075

财政支出

单位：万元

桐庐县	富阳市	临安市	余杭市	建德市	淳安县
12 875	**18 223**	**15 389**	**31 053**	**13 888**	**12 414**
11 324	16 027	13 876	23 802	12 070	10 795
1 781	2 049	1 369	3 168	1 586	1 382
257	260	212	287	130	283
5 466	7 906	5 626	11 222	5 836	4 783
36	60	28	71	16	16
663	511	806	1 207	711	1 091
2 105	3 212	3 504	5 034	1 918	1 812
857	993	842	2 070	880	704
159	1 036	1 489	743	993	724
164	326	201	149	89	593
100	120	100	3 581	18	–
15	–	–	70	–	–
20	164	46	145	78	20
–	–	–	–	–	–
825	1 094	606	2 011	797	468
100	60	177	531	92	35
88	135	146	214	421	266
239	297	237	550	323	207

10-04 金融机构存、

(1996 年)

指 标	总计		市区		萧山市
	本 年	为上年%	本 年	为上年%	
一、各项存款	**9 619 490**	**132.04**	**6 828 786**	**135.76**	**1 001 474**
1、企业存款	4 498 140	131.98	3 675 729	132.34	305 578
2、财政存款	70 067	148.23	55 005	159.07	3 906
3、机关团体部队存款	95 797	109.75	79 466	108.70	5 538
4、城乡储蓄存款	4 638 458	134.80	2 734 904	146.32	680 188
其中：城镇储蓄存款	3 459 440	140.27	2 371 657	143.26	346 807
5、农村存款	35 389	125.07	21 120	122.07	5 792
6、信托存款	182 932	119.19	183 715	122.77	-3 565
7、其他存款	98 707	82.39	78 847	72.57	4 037
二、各项贷款	**7 434 243**	**122.60**	**5 350 499**	**127.34**	**735 530**
1、短期贷款	5 654 067	120.83	3 982 572	124.70	618 290
工业贷款	1 652 779	117.92	1 287 667	119.02	117 953
商业贷款	2 090 822	117.56	1 722 836	117.80	126 612
乡镇贷款	880 951	119.98	316 372	164.22	233 696
农业贷款	157 697	150.57	42 403	199.74	50 277
2、中长期贷款	955 888	119.85	748 052	125.76	54 197
3、信托贷款	182 384	134.25	182 364	134.26	–
4、其他贷款	641 904	142.19	437 511	157.86	63 043

贷款余额

单位：万元

桐庐县	富阳市	临安市	余杭市	建德市	淳安县
202 057	**314 545**	**258 153**	**653 029**	**228 323**	**133 123**
47 700	102 345	67 194	201 939	52 936	44 719
805	3 094	2 938	1 220	2 648	451
1 641	1 383	1 144	2 062	2 650	1 913
151 126	202 643	182 471	436 806	167 025	83 295
97 132	125 225	110 562	242 143	117 643	48 271
210	296	928	3 459	1 724	1 860
83	139	1 011	719	770	60
492	4 645	2 467	6 824	570	825
152 794	**244 929**	**208 970**	**460 680**	**172 991**	**107 850**
126 980	188 997	151 070	358 703	141 027	86 428
35 950	47 295	31 147	64 080	46 979	21 708
28 812	43 762	38 263	72 004	29 689	28 844
40 516	54 769	46 962	142 480	31 658	14 498
5 221	15 144	11 778	19 611	8 568	4 695
17 708	20 287	22 649	54 178	25 595	13 222
–	–	–		20	–
8 106	35 645	35 251	47 799	6 349	8 200

10—05 银行现金收支

(1996 年)

指　标	总　计		市　区		萧山市
	本 年	为上年%	本 年	为上年%	
一、现金收入	**13 036 339**	**124.33**	**7 744 897**	**125.53**	**2 344 502**
其中：商品销售收入	3 173 598	112.41	1 885 707	118.06	622 560
二、现金支出	**11 875 455**	**123.06**	**6 556 785**	**125.76**	**2 134 064**
其中：城镇工资及对个人支出	1 281 292	104.17	784 016	104.88	168 967
三、货币回笼（-）投放（+）	**-1 160 884**	**139.01**	**-1 188 112**	**124.27**	**- 210 438**
四、年末存款余额	**6 985 790**	**134.12**	**5 262 667**	**134.82**	**552 747**
其中：企业存款	3 536 192	129.94	2 904 398	129.41	211 251
财政性存款	165 796	123.22	134 472	124.88	9 375
农村存款	35 389	125.07	21 120	122.07	5 792
五、年末贷款余额	**5 575 111**	**123.63**	**4 288 831**	**126.35**	**406 439**
1、短期贷款	4 434 151	125.06	3 426 036	127.40	327 926
其中：工业贷款	1 509 094	124.51	1 174 368	128.68	99 480
商业贷款	1 974 305	120.29	1 625 860	121.42	122 292
农业贷款	71 480	144.85	12 965	151.80	27 869
2、中长期贷款	907 841	120.44	725 127	125.05	50 353
3、其他贷款	233 119	110.87	137 668	109.88	28 160

及存贷款余额

单位：万元

桐庐县	富阳市	临安市	余杭市	建德市	淳安县
319 454	**603 474**	**539 578**	**945 311**	**353 755**	**185 368**
52 929	143 546	100 823	251 786	77 151	39 096
346 678	**690 153**	**595 163**	**993 238**	**374 491**	**184 883**
49 283	53 435	34 885	110 601	58 987	21 118
27 224	**86 679**	**55 585**	**47 927**	**20 736**	**－485**
138 961	**210 802**	**157 576**	**402 176**	**169 455**	**91 406**
42 636	85 754	49 372	156 021	47 136	39 624
2 446	4 477	4 082	3 282	5 298	2 364
210	296	928	3 459	1 724	1 860
107 913	**163 098**	**134 148**	**271 503**	**126 597**	**76 582**
86 241	123 712	96 863	211 849	100 701	60 823
33 643	45 005	26 841	61 925	46 124	21 708
28 812	41 029	35 207	65 334	27 952	27 819
2 310	5 076	7 249	9 888	3 944	2 179
16 454	17 821	21 144	41 583	23 594	11 765
5 218	21 565	16 141	18 071	2 302	3 994

10-06 城乡居民储

(1996 年)

县区名称	总计		一、城镇		
			合计		
	本年	为上年%	本年	为上年%	工商银行
总计	**4 638 458**	**134.80**	**3 459 440**	**140.27**	**1 483 845**
市区	2 734 904	146.32	2 371 657	143.26	1 165 196
萧山市	680 188	124.94	346 807	142.83	95 848
桐庐县	151 126	128.12	97 132	134.66	33 171
富阳市	202 643	126.87	125 225	129.83	30 052
临安市	182 471	125.93	110 562	131.45	26 724
余杭市	436 806	107.34	242 143	126.75	74 317
建德市	167 025	127.62	117 643	133.89	41 834
淳安县	83 295	124.48	48 271	132.63	16 703

蓄存款余额

单位:万元

居民储蓄						二、农村居民储蓄	
农业银行	建设银行	中国银行	邮政储蓄	交通银行	城市信用社	本年	为上年%
638 847	**512 493**	**309 502**	**184 025**	**91 234**	**193 990**	**1 179 018**	**120.98**
321 874	343 307	190 969	102 179	56 874	161 154	363 247	170.03
122 944	47 785	27 722	22 420	8 622	9 746	333 381	110.53
20 264	10 523	14 454	10 609	4 563	3 548	53 994	117.82
33 571	25 502	16 640	8 720	4 390	5 090	77 418	122.36
34 585	15 009	13 688	10 476	1 700	7 343	71 909	118.30
62 638	46 274	24 257	18 374	11 657	3 242	194 663	90.16
27 807	18 301	15 528	7 649	3 428	3 096	49 382	114.81
15 164	5 792	6 244	3 598	–	771	35 024	114.76

10-07　保险业务情况

(1996年)

指　标	计量单位	承保数量	承保金额(万元)	保险费收入(万元)	储金收入(万元)	赔案件数(件)	赔款金额(万元)
全市总计	**笔**	**3 889 761**	**18 011 734**	**113 510**	**11 488**	**1 056 363**	**50 833**
为上年	%	72.0	124.0	137.2	125.2	1 419.5	183.1
一、国内业务	笔	803 687	11 019 800	48 343	7 900	32 832	33 784
企业财产险	户	11 218	6 652 088	12 988	–	4 036	11 888
运输工具及责任险	辆	114 484	1 956 178	30 055	–	22 145	19 900
货物运输险	笔	487 590	1 594 412	3 349	–	1 246	912
家庭财产险	户	155 572	330 928	924	7 900	3 495	557
其他产险	笔	34 823	486 194	1 027	–	1 910	527
二、人身险	人	3 042 561	1 934 901	44 877	3 453	1 021 568	5 532
短期人身险	人	1 961 556	1 743 142	5 928	865	29 284	1 968
人寿险	人	1 081 005	191 759	38 949	2 588	992 284	3 564
三、国外业务	笔	43 513	5 057 033	20 290	135	2 063	11 517
市区总计		**2 415 698**	**12 827 349**	**73 534**	**6 706**	**996 808**	**27 881**
为上年	%	57.8	124.6	151.2	154.9	3 254.4	225.1
一、国内业务	笔	556 992	6 570 680	24 566	4 668	12 885	12 634
企业财产险	户	4 152	3 494 975	6 869	–	487	2 670
运输工具及责任险	辆	56 101	1 527 401	14 857	–	10 304	9 200
货物运输险	笔	355 647	1 205 588	1 875	–	558	527
家庭财产险	户	109 371	209 716	576	4 668	814	165
其他产险	笔	31 721	133 000	389	–	722	72
二、人身险	人	1 815 352	1 316 786	28 988	1 903	981 860	3 730
短期人身险	人	935 856	1 191 814	3 062	842	148	399
人寿险	人	879 496	124 972	25 926	1 061	981 712	3 331
三、国外业务	笔	43 354	4 939 883	19 980	135	2 063	11 517

十一、城市建设、环境保护

1996年杭州市城市建设跃上新台阶

1996年，我市城市建设在继“八五”加快城市建设步伐,基础设施日趋完善的基础上,又加大了建设力度,城市建设有了突破性进展。全市基本建设和更新改造投资中用于基础设施投资达到43.24亿元，占两者投资总和比重达到45.8%，一大批道路、桥梁、供水、供气等建设项目相继建成，明显地改善了我市的面貌。

城市道路方面，众所瞩目的投资近六亿的我市第一座斜拉桥钱江三桥胜利建成；省市重点工程杭州三堡二线船闸正式通航；首条全封闭全立交的高等级公路－杭州绕城公路祥符桥至留下段全线竣工;“一隧两桥十路”工城胜利完成，它们是：玉皇山隧道，中山北路桥和德胜运河桥，艮山路（汽车东站__运河立交桥)、清泰街（建国南路__中河路)，德胜路（上塘路__湖墅南路)，天目山路（古荡__留下)，上塘路（大关路__石祥路)，复兴街（三廊庙__钱江一桥)，之江路（钱江一桥__珊湖沙)，莫干山路（和睦支路__石祥路)，湖墅南路（密度桥路__文一路)，教四路（文三路__天目山路)，建成道路总长度34公里，总面积120万平方米。此外，还建成了体育场路延伸工程，西山路拓宽，风起路东段改造工程，这些工程的建设，改善了杭州的道路现状，缓解了我市东西南北道路拥堵状况，为市区路网与外部高速公路和环城公路接转打下了基础，增强了城市道路疏散能力，对于促进全市的经济和社会发展，改观城市面貌，优化环境质量有着非常重要的意义。

公共交通和供水方面，年末市区公共营运线路已增至98条,比上年增加7条,新辟了汽车北站至艮山电厂、六公园至三里亭小区、延安路至宋城、大关小区环线、和睦新村至曲院风荷等线路。营运线路总长974公里，比上年增加61公里；营运公共汽车和电车1087辆，增加24辆；公共汽车和电车客运量4.27亿人次。自来水供水能力进一步增强。全年总制水量31915万吨，比上年增长4.0%，最高日供水105.52万吨，平均日供水86.67万吨，比上年分别增长6.7%和4.0%。日供水10万吨的钱江水厂已建成投人运行。为杭城老百姓啧啧称道的抗咸工程，提前半年赶在咸潮前顺利通水，使得广大居民基本摆脱了因咸潮限产，降压，喝咸水的被动局面，同时，抗咸工城的实施还带动了周边道路、河道等的建设，发挥了很好的社会效益和经济效益。

供气和供电方面，建成了液化石油气第一灌装场迁建工程。市区全社会家庭液化气和管道煤气供气总量分别为41676吨和2923万立方米，比上年增长5.4%和20.2%。用气户数达到33.64万户，比上年增长7.5%，气化率达到84%。市区全年生活用电5.26亿千瓦时，比上年增长29.4%。

园林绿化和环境保护方面，年末市区绿地面积5474公倾，其中公共绿地面积691.55公倾，建成区绿化覆盖率达到19.9%。工业“三废”污染防治继续加强。全市工业废水排放达标率80.1%，工业废气消烟除尘率95.9%，工业固体废物综合利用率85.9%，分别比上年提高2.63、0.99和7.51个百分点。烟尘控制区、噪声达标区逐年扩大、使城市环境和西湖风景得到了有效的保护。

11-01 市区城市公共交通

(1996 年)

指　标	计量单位	1985 年	1990 年	1995 年	1996 年
年末营业线路条数	条	51	62	91	98
年末营业线路总长度	公里	626	813	913	974
年末营业线路网长度	公里	423	445	479	490
年末营运公共汽车	辆	552	638	921	931
其中:铰接车	辆	262	258	337	312
年末营运无轨电车	辆	109	121	142	156
其中:铰接车	辆	108	121	109	123
客运总量	万人次	47 012	39 613	40 937	42 673
客运周转量	万人公里	201 341	438 067	527 807	539 926
全年票款收入	万元	3 403	5 506	13 952	18 499
平均耗油(升/百公里)		24.58	27.66	29.15	28.67
平均耗电(千瓦时/百公里)		89.01	77.83	78.83	72.91

11-02　市区城市供电、供水

(1996 年)

指　标	计量单位	1985 年	1990 年	1995 年	1996 年
一、城市供电					
全年售电总量	万千瓦时	149 362	199 495	314 095	354 059
其中:农业	万千瓦时	9 067	1 614	2 887	3 079
工业	万千瓦时	111 845	148 918	208 941	216 650
生活	万千瓦时	23 355	18 568	40 675	52 648
二、城市供水(自来水)					
总制水量	万吨	17 613	24 303	30 676	31 915
最高日供水	万吨	61	81.7	98.93	105.52
平均日供水	万吨	47.9	66	83.36	86.67
供水能力	万吨／日	48.3	71	80	90
总售水量	万吨	17 484	22 290	27 740	27 216
其中:生产用水	万吨	8 599	8 945	9 380	8 845
生活用水	万吨	8 144	13 301	18 336	18 125
用水普及率	%	98.4	97.5	100	98.71

11-03 市区市政建设及供气

(1996 年)

指标	计量单位	1985 年	1990 年	1995 年	1996 年
一、市政建设					
年末实有道路长度	公里	493	518	626	788
年末实有桥梁数	座	210	246	201	202
年末实有下水道长	公里	373	504	791	993
城市污水量	万吨／日	65	85	88	137
二、城市液化气(系统内)					
储气能力	吨	2 270	2 094	2 332	5 120
液化气钢瓶数	万个	10.09	12.86	19.56	20.50
供气总量	吨	8 987	13 078	24 301	27 194
其中:家庭用气	吨	8 521	12 090	23 217	26 300
家庭用气户数	万户	7.37	10.03	15.5	17.53
家庭用气人数	万人	27.1	34.87	48.36	54.69
三、人工煤气					
供气总量	万立方米	–	–	3 079	12 386
其中:家庭用气	万立方米	–	–	2 432	2 923
家庭用气户数	万户	–	–	4.9	5.85
家庭用气人数	万人	–	–	15.6	18.25
四、全社会气化率	**%**			**81.3**	**85.96**

11-04 市区园林绿化

(1996年)

指 标	计量单位	1985年	1990年	1995年	1996年
一、园市绿化					
园林绿地面积	公顷	756	964	5 432	5 474
其中：公共绿地	公顷	354	417	657	692
建城区绿化覆盖率	%	12.8	17.4	19.7	19.9
公园个数	个	22	33	83	51
公园面积	公顷	200	249	935	418
苗圃面积	公顷	90	77	213	184
花圃面积	公顷	31.9	42	24	21
二、公园、风景点游人量	**万人次**	**2 682**	**2 459**	**1 953**	**1 794**
三、西湖游船售票人次	**万人次**	**463**	**340**	**223**	**189**

注:1995年、199年的数据统计口径为普查口径。

11-05 环保情况

(1996年)

指　标	计量单位	全市	市区
一、废水排放总量	**万吨**		
工业废水排放总量	万吨	25 737	19 753
外排工业废水中:			
直接排入江河湖库的	万吨	11 669	6 535
直接排入污水处理厂的	万吨	5 911	4 424
工业废水排放达标量	万吨	20 630	16 861
外排工业废水中的污染物:	千克		
汞	千克	10	10
镉	千克	100	100
六价铬	千克	500	170
铅	千克	5 630	3 540
砷	千克	1 670	1 320
挥发酚	千克	8 470	5 040
氯化物	千克	3 450	1 800
石油类	吨	800	788
化学耗氧量	吨	54 911	38 985
悬浮物	吨	28 912	20 335
硫化物	吨	46	39
二、废气排放总量	**亿标立米**		
工业废气排放量	亿标立米	735.01	500.42
燃料废气排放量	亿标立米	306.40	229.13
工艺废气排放量	亿标立米	428.61	271.29
工业二氧化硫排放量	万吨	6.69	3.87
三、工业烟尘排放量	**吨**	**42 160**	**24 784**
工业烟尘去除量	吨	554 690	475 798
四、工业粉尘排放量	**吨**	**37 848**	**7 269**
工业粉尘回收量	吨	172 641	35 162
五、工业固体废物产生量	**万吨**	**202.19**	**111.87**
工业固体废物综合利用量	万吨	173.78	115.49
工业固体废物储存量	万吨	29.32	0.15
工业固体废物处置量	万吨	10.91	3.59
工业固体废物排放量	万吨	0.61	0.06
工业固体废物历年累计堆存量	万吨	656.88	92.06
六、工业锅炉: 台数	**台**	**631**	**337**
容量	蒸吨	4 652	3 530

11-06 工业“三废”排放及处理率

(1996年)

指 标	计量单位	全市	市区
工业废水排放达标率	%	80.1	85.3
工业废水处理排放达标率	%	70.9	73.4
工业废水处理率	%	85.4	90.6
工业废水处理回用率	%	47.0	52.0
工业废水治理设施正常运行率	%	90.7	89.7
工业废气燃料燃烧中废气消烟除尘率	%	95.9	97.2
工业废气生产工艺中废气净化处理率	%	57.7	42.6
工业废气二氧化硫去除率	%	23.5	11.6
工业废气烟尘去除率	%	92.9	95.0
工业废气工业粉尘去除率	%	82.0	82.8
工业废气治理设施正常运行率	%	96.3	96.9
工业固体废物综合利用率	%	85.9	103.2
工业固体废物贮存率	%	14.5	0.1
工业固体废物处置率	%	5.4	3.2
工业固体废物排放率	%	0.3	0.0
工业锅炉烟尘排放达标率	%	91.1	93.1
工业炉窑烟尘排放达标率	%	75.2	83.1

十二、教育、科技、文化、体育、卫生

1996年杭州市科技教育文化卫生体育事业取得新进展

1996年，伴随着经济发展的同时，科技、教育、文化、卫生、体育事业又有新的发展，取得明显的成就。

一、科技、教育事业进一步发展

坚持“科教兴市”战略，科技和教育事业放在优先发展的地位。以“兴农工程”、“产业升级工程”、“先导工程”、“城建科技工程”、“人才工程”为主要内容的“钱江科技潮”综合工程得到了较好的实施，科技工作取得了明显成效。1996年全市获国家级科技进步奖1项，省级科技进步奖39项，省星火奖8项；市级科技进步奖90项，市星火奖12项。大力推进科技成果的产业化、商品化，全市开发新产品1227项，新产品产值率达到13.5%。科技队伍进一步扩大，年末全市独立核算的自然科学研究机构82个，国有企事业单位各类专业技术人员24.1万人，比上年增长3.4%，其中中级技术职称以上人员5.27万人，占21.9%。

教育事业有较大发展。教育体制改革不断深化，初步建立了以政府办学为主体、社会各界多方支持的教育投人新体制。幼儿教育得到加强，至年末全市4至6周岁幼儿人园率达77.2%，其中城区、城镇幼儿人园率达97%。义务教育成就显著，普及九年制义务教育进一步巩固，市区平稳渡过持续三年的初中人学高峰，全市小学在校学生52.27万人，初中在校学生22.95万人，比上年增长6.1%。普通高中、中等职业教育都有新的发展，全市初中毕业生升人各类高中的比例达61.5%（市区为90%），高中在校学生4.37万人，比上年增长7.2%；中等职业技术学校在校学生3.48万人，增长2.1%。至年末，全市有8所重点高中被评为省一级重点高中。2所普通高中被评为省特色高中。有5所职业高中被评为省重点职高，其中有2所被评为国家级重点职高，7所职高被评为省示范职高。中等专业学校在校学生4.96万人，比上年增长15.9%。高等教育、成人教育继续发展，全市普通高校在校学生6.6万人，比上年增长4.6%；成人高校在校学生5.17万人，比上年增长12.5%。

二、文化事业日益繁荣

文化艺术领域涌现出一批弘扬时代主旋律的优秀作品，文艺创作、演出硕果累累。1996年市属文艺团体的一批戏剧、舞蹈、杂技、魔术、曲艺等剧种参加全国文艺演出，获一等奖1项、二等奖2项，获省“五个一工程”人选作品奖2项。群众文化活动蓬勃开展，目前已形成一个以市群众艺术馆、市图书馆和市少儿图书馆为龙头，12个县（市）区文化馆和7个县（市）公共图书馆为骨干、288个乡镇、街道文化站为基础的三级群众文化网络。文化市场坚持治标与治本、集中行动与加强经常性管理、堵源与截流、专业管理与社会监督相结合的方法，依法管理，严格执法，逐步走上规范化、科学化、制度化管理的轨道。

三、卫生事业稳步推进

城乡医疗卫生条件进一步改善，农村三级医疗网络日趋健全。乡镇卫生院的建设得到加强，全市已有三分之一的乡镇卫生院达到文明卫生院标准。各种传染病得到严格控制，儿童计划免疫工作全面展开，保质保量地完成了消灭“脊灰”强化免疫活动，并已基本达到国家消灭“脊灰”标准。年末全市有各类医疗机构1712个，医疗病床2.71万张，专业卫生技术人员3.49万人，其中医生1.68万人，比上年增长2%；护士（师）0.98万人，增长3.2%。市级医院医疗设施条件和医疗质量有了进一步改善和提高，全市有32家县以上综合性医院通过省级医疗等级评审验收，其中30家获等级文明双达标，市民的就医环境有了较好的改善。

四、体育事业取得新成绩

1996年杭州运动员在国际比赛中，获金牌3枚、银牌3枚、铜牌3枚。参加全国比赛获金牌19枚、银牌16枚、铜牌15枚。以全民健身为主要内容的群众性体育活动广泛开展。全市市级体育社团组织已有40个；县（市）、区级体育协会已建立140多个；有32个街道全部建立了街道全民健身领导小组；大、中型企业普遍建立了职工体协。自实施全民健身计划以来，经常参加体育锻炼的人数约占全市人口的51%。《国家体育锻炼标准》在杭州中小学普遍实施。全年承办县（市）以上群众体育竞赛活动1011次，参赛人数达43.3万人次，比上年增长46.2%。

12-01　国有经济企事业单位各类专业技术干部人数

(1996 年)　　单位:人

指　标	年末人数		
	全　市	其　中:	
		市　区	市管范围
总计	**191 751**	**132 938**	**131 342**
工程技术人员	44 270	37 340	28 950
农业技术人员	2 220	772	1 882
科学研究人员	3 526	3 490	552
卫生技术人员	27 562	19 253	17 006
教学人员	56 300	26 092	46 697
船舶技术人员	878	878	–
经济人员	23 178	18 544	14 012
会计人员	16 318	12 114	10 952
统计人员	3 435	2 501	2 896
翻　人员	528	510	179
图书.档案.文搏人员	3 464	2 860	1 982
新闻.出版人员	1 709	1 455	609
律师.公证人员	175	132	136
播音人员	156	112	100
工艺美术人员	591	544	429
体育人员	330	297	119
艺术人员	1 495	1 294	714
政工人员	5 616	4 750	4 127

注:未包括部属单位 4.92 万人。

12-02　独立核算自然科学研究机构及人数

(1996 年)　　　　单位:人

指　标	机构数(个)	固定职工人数总计	其　中:科技人员			
			合计		大学毕业以上及高、中级职称	大、中专文化程度及初级职称
			小计	其中:女		
总　计	**88**	**9 810**	**6 873**	**2 228**	**4 740**	**1 472**
一、中央在杭科研机构	19	3 155	2 058	665	1 663	321
二、省在杭科研机构	41	5 548	4 064	1 372	2 600	969
三、市属科研机构	18	979	689	175	458	151
四、县属科研机构	10	128	62	16	19	31

12-03　文化事业单位数

(1996 年)　　　　单位:个

指　标	总 计	市 区	萧山市	桐庐县	富阳市	临安市	余杭市	建德市	淳安县
电　影　院	128	10	19	18	7	18	27	19	10
电影俱乐部	84	33	17	4	–	–	15	7	8
电影放映队	156	9	36	12	30	11	23	11	24
影　剧　院	9	5	–	1	1	–	1	1	–
剧　　场	12	8	1	1	–	2	2	2	–
剧　　团	19	13	1	1	1	1	1	1	–
文　化　馆	12	5	1	1	1	1	1	1	1
文　化　站	232	23	25	25	25	39	27	27	37
图　书　馆	10	3	1	1	1	1	1	1	1
博　物　馆	6	6	–	–	–	–	–	–	–
展　览　馆	1	1	–	–	–	–	–	–	–

12-04 全市剧场、剧团、电影演(映)出情况

(1996 年)

指 标	计量单位	总计 本年	总计 为上年%	市区 本年	市区 为上年%
剧场演出场次	场	759	88.6	554	90.1
剧场演出收入	万元	153.5	103.4	121.6	101.4
剧团演出场次	场	6 698	142.3	5 330	147.6
艹农村	场	2 093	113.0	818	79.1
剧团演出观众人数	万人次	520	154.2	335.2	185.8
剧团演出收入	万元	1 548.1	190.9	1 002.8	155.7
电影放映场次	场	91 897	110.6	33 432	96.8
电影观众人数	万人次	1 270	72.7	456	67.8
电影放映收入	万元	4 579	102.1	2 994	103.1
电影发行收入	万元	2 337	109.9	1 621	108.1

12-05 各县(市)剧场、剧团、电影演(映)出情况

(1996 年)

指 标	计量单位	萧山市	桐庐县	富阳市	临安市	余杭市	建德市	淳安县
剧场演出场次	场	64	11	-	35	64	31	-
剧场演出收入	万元	7.3	0.6	-	9.0	9.0	6.0	-
剧团演出场次	场	79	224	209	208	120	528	-
艹农村	场	45	193	209	208	120	500	-
剧团演出观众人数	万人次	15.8	22.0	31.0	58.0	5.0	53.0	-
剧团演出收入	万元	22.3	45.0	37.0	31.0	15.0	395.0	-
电影放映场次	场	12 331	5 878	11 535	9 244	10 412	6 495	2 570
电影观众人数	万人次	273	63	182	59	75	74	51
电影放映收入	万元	491	131	372	158	238	128	67
电影发行收入	万元	223	56	173	73	105	56	30

12-06 高等学校基本情况

(1996 年)

单位:人

单位名称	在校学生数		本年招生数	本年毕业生数	教职员工数		1996 年预计毕业生
	本年	为上年%			合计	其中:专职教师	
杭州市	**61 086**	**104.3**	**18 306**	**15 156**	**19 693**	**7 824**	**16 448**
市区	**59 964**	**104.3**	**17 980**	**14 888**	**19 260**	**7 640**	**16 102**
1.浙江大学	10 395	96.5	2 619	2 801	4 568	1 489	2 791
2.浙江丝绸工学院	3 122	110.5	1 091	737	753	330	883
3.中国美术学院	426	114.5	120	63	413	176	97
4.杭州电子工业学院	3 563	109.5	1 150	791	956	362	937
5.浙江中医学院	1 456	105	377	307	497	264	344
6.浙江医科大学	3 445	99.4	751	742	1 478	545	823
7.浙江工业大学	6 651	107.9	1 908	1 397	1 807	698	1 734
8.杭州大学	8 738	108.6	2 790	1 999	2 682	1 249	2 310
9.浙江农业大学	3 613	108.8	1 117	794	1 714	755	1 023
10.杭州商学院	4 293	105.2	1 360	1 102	835	363	956
11.中国计量学院	2 195	96.9	600	609	571	240	615
12.浙江水利水电专科学校	675	109	230	172	275	127	227
13.杭州师范学院	3 239	107.3	1 303	1 095	826	357	1 028
14.浙江广播电视专科学校	589	99.7	256	260	150	71	231
15.浙江财经学院	2 853	102.9	850	738	750	244	678
16.浙江公安专科学校	1 097	104.8	400	347	225	83	349
17.浙江医学高等专科学校	1 076	101.2	365	347	315	125	359
18.浙江林学院	1 122	105	326	268	433	184	346
19.杭州应用工程技术学院	1 590	101.6	390	356	368	143	385
20.民办浙江树人学院	948	108.7	312	231	77	19	332

12-07 中等专业学校和技工学校基本情况

(1996年)　　单位:人

指标	总计	市区	萧山市	桐庐县	富阳市	临安市	余杭市	建德市	淳安县
中等专业学校									
学校数(所)	58	52	3	–	–	–	1	2	–
在校学生数	49 593	43 415	2 671	–	–	–	1 538	1 969	–
为上年(%)	115.9	116.7	113.9	–	–	–	128.5	96.1	–
本年招生数	18 690	16 266	1 062	–	–	–	814	548	–
本年毕业生数	11 796	10 028	727	–	–	–	415	626	–
教职员工数	6 789	6 085	286	–	–	–	144	274	–
#专职教师	2 904	2 581	149	–	–	–	63	111	–
技工学校									
学校数(所)	33	23	3	1	1	2	–	2	1
在校学生数	11 705	6 596	532	1 540	708	748	187	894	500
为上年(%)	117.2	117.9	127.3	140.4	143	86.5	82.7	105.1	113.3
本年招生数	4 621	2 595	101	938	194	208	49	355	181
本年毕业生数	3 128	1 735	121	382	159	224	129	262	116
教职员工数	2 716	1 887	96	270	48	173	–	209	33
#专职教师	1 144	749	51	123	29	75	–	97	20

12-08　普通中学、农职业中学、基本情况

(1996 年)

单位:人

指　标	总　计	市　区	萧山市	桐庐县	富阳市	临安市	余杭市	建德市	淳安县
高　中									
学校数(所)	70	35	8	5	6	5	4	3	4
在校学生数	43 692	15 850	6 573	2 538	5 466	3 393	3 582	3 221	3 069
为上年(%)	107.2	118.2	94.8	103.4	105.1	105.3	99.4	110.7	101.2
本年招生数	14 803	5 244	2 401	862	1 721	1 159	1 293	1 062	1 061
本年毕业生数	10 876	4 035	1 425	671	1 309	942	888	668	938
专职教师数	3 135	1 233	432	194	361	225	259	225	206
1996 年预计毕业数	13 283	4 927	1 808	702	1 747	1 082	1 085	988	944
初　中									
学校数(所)	374	53	64	32	51	51	51	31	41
在校学生数	229 466	63 346	37 654	15 887	27 597	20 907	27 779	19 633	16 663
为上年(%)	106.1	127.4	94.5	104.0	102.9	105.5	96.6	104.5	96.6
本年招生数	75 818	21 182	12 606	5 243	9 184	6 954	9 132	6 473	5 044
本年毕业生数	58 975	13 052	11 582	4 240	7 946	5 485	6 252	5 221	5 197
专职教师数	12 810	3 630	2 118	874	1 581	1 022	1 554	1 038	993
1996 年预计毕业数	69 801	19 061	11 725	5 066	8 408	6 227	7 829	6 140	5 345
农职业中学									
学校数	49	20	7	4	2	3	6	5	2
在校学生数	23 126	7 465	4 216	1 167	1 690	1 433	3 486	2 091	1 578
为上年（%）	95.8	87.4	110.8	110.8	93.6	105.9	94.4	86.3	106.6
本年招生数	8 593	2 255	1 798	477	854	577	1 117	888	627
本年毕业数	8 408	3 237	1 313	260	827	389	991	864	527
专任教师数	1 708	681	264	103	134	82	217	127	100
1996 年预计毕业生数	8 833	2 430	1 468	388	807	552	1 476	878	834

12-09 小学、幼儿园及特殊教育基本情况

(1996 年)　　单位:人

指　标	总　计	市　区	萧山市	桐庐县	富阳市	临安市	余杭市	建德市	淳安县
小　学									
学校数(所)	3 006	287	390	304	369	486	321	314	535
班数(班)	14 710	3 051	2 495	1 144	1 863	1 469	1 749	1 518	1 421
在校学生数	525 674	128 640	99 482	39 029	56 052	49 902	62 726	51 162	38 681
本年招生数	87 346	21 114	17 574	6 768	8 992	7 377	9 985	8 861	6 675
本年毕业生数	76 818	21 319	12 927	5 382	9 291	7 050	9 212	6 525	5 112
教职员工数	24 553	7 488	3 983	1 553	2 694	1 866	2 883	2 072	2 014
#专任教师	22 197	6 501	3 648	1 462	2 559	1 701	2 661	1 901	1 764
1996 年预计毕业数	70 923	19 257	13 552	4 934	8 635	6 556	7 304	6 257	4 428
幼儿园									
园数(个)	1 437	316	62	169	15	387	35	283	170
班数(班)	5 291	1 574	1 094	294	550	526	640	406	207
在园幼儿数	150 587	47 722	31 713	7 906	13 710	14 145	16 061	10 668	8 662
专职员工数	10 203	4 811	1 688	446	706	684	998	596	274
#教师	7 625	2 942	1 455	342	650	641	842	523	230
盲聋哑学校									
学校数	7	1	1	–	1	1	1	1	1
在校学生数	691	155	117	–	128	103	85	41	62
为上年(%)	101.8	84.2	110.4	–	109.4	117.1	110.4	71.9	124.0
本年招生数	80	11	14	–	20	15	8	–	12
本年毕业数	57	41	–	–	–	–	–	16	–
专任教师	155	41	23	–	38	19	15	10	9
弱智学校									
学校数	5	5	–	–	–	–	–	–	–
在校学生	324	324	–	–	–	–	–	–	–
为上年(%)	109.5	109.5	–	–	–	–	–	–	–
本年招生数	58	58	–	–	–	–	–	–	–
本年毕业生数	18	18	–	–	–	–	–	–	–
专任教师	80	80	–	–	–	–	–	–	–
工读学校									
学校数	1	1	–	–	–	–	–	–	–
在校学生数	112	112	–	–	–	–	–	–	–
为上年(%)	117.9	117.9	–	–	–	–	–	–	–
本年招生数	61	61	–	–	–	–	–	–	–
本年毕业生数	59	59	–	–	–	–	–	–	–
专任教师	21	21	–	–	–	–	–	–	–

12-10 各级成人教育

(1996 年)

指 标	合 计	成人高等学历教育			
		职工大学	广播电视大学	教育学院	管理干部学院
全 市					
学校数(所)	23	18	1	2	2
在校学生数	51 709	2 523	7 285	4 289	823
为上年(%)	112.5	93.5	101.9	106.7	66.3
本年招生数	20 585	1 079	2 535	1 685	262
本年毕业生数	11 240	1 048	1 828	1 296	656
教职员工数	2 664	906	676	571	511
专任教师	1 333	468	343	300	222
市 区					
学校数(所)	22	17	1	2	2
在校学生数	48 835	2 282	4 652	4 289	823
为上年(%)	113.0	95.3	99.5	106.7	66.3
本年招生数	19 705	1 021	1 713	1 685	262
本年毕业生数	10 606	935	1 307	1 296	656
教职员工数	2 316	768	466	571	511
专任教师	1 134	408	204	300	222

基本情况

单位:人

函大 夜大	成人 脱产班	合计	成人中等学历教育 成人中等专业学校	成人中学	成人技术培训学校	成人初等学校
–	–	3 015	45	71	2 899	353
30 268	6 521	459 223	40 600	13 600	405 023	15 276
118.6	121.9	112.1	107.0	140.6	112.0	76.9
11 436	3 588	473 737	17 538	10 781	445 418	14 393
4 759	1 653	463 891	11 529	3 302	449 060	8 463
–	–	4 569	1 901	482	2 186	371
–	–	1 830	984	267	579	151
–	–	194	32	14	148	10
30 268	6 521	111 100	36 680	6 947	67 473	120
118.6	121.9	222.6	105.3	324.0	522.0	2.4
11 436	3 588	85 824	15 943	6 205	63 676	445
4 759	1 653	68 146	10 859	972	56 315	445
–	–	2 277	1 492	84	701	12
–	–	857	743	22	92	8

12-11 医疗机构数

(1996 年)

单位:个

指 标	总计 本年	总计 为上年%	市区	萧山市	桐庐县	富阳市	临安市	余杭市	建德市	淳安县
总 计	**1 712**	**100.0**	**893**	**192**	**73**	**109**	**105**	**154**	**102**	**84**
一.医院	416	100.5	83	61	41	53	45	49	44	40
(一).县及县以上医院	81	102.5	44	10	4	5	4	5	6	3
1.综合医院	48	104.3	26	5	3	2	3	3	4	2
2.中医医院	15	100.0	6	2	1	2	1	1	1	1
3.医学院附院	5	100.0	5	–	–	–	–	–	–	–
4.传染病医院	1	100.0	1	–	–	–	–	–	–	–
5.精神病医院	5	100.0	1	1	–	1	–	1	1	–
6.结核病医院	1	100.0	1	–	–	–	–	–	–	–
7.妇幼保健院	2	100.0	1	1	–	–	–	–	–	–
8.麻疯病医院	1	100.0	–	1	–	–	–	–	–	–
9.肿瘤医院	1	100.0	1	–	–	–	–	–	–	–
10.其它专科医院	2	100.0	2	–	–	–	–	–	–	–
(二).区镇卫生院	312	99.0	20	49	37	46	41	44	38	37
1.中心卫生院	34	91.9	2	9	7	3	1	1	5	6
2.乡卫生院	278	100.0	18	40	30	43	40	43	33	31
(三).其它医院	23	115.0	19	2	–	2	–	–	–	–
二.疗养院	12	100.0	8	–	–	3	–	–	1	–
三.门诊所	1 211	99.8	763	128	28	47	53	100	52	40
四.专科防治所	3	100.0	1	–	–	–	2	–	–	–
五.卫生防疫站	15	100.0	8	1	1	1	1	1	1	1
六.妇幼保健所	11	100.0	5	–	1	1	1	1	1	1
七.药品检验站	9	100.0	2	1	1	1	1	1	1	1
八.其它卫生事业机构	11	100.0	6	–	–	2	1	1	1	–
九.医药科学研究机构	3	100.0	3	–	–	–	–	–	–	–
十.中等医药学校	18	100.0	11	1	1	1	1	1	1	1
十一.高等医药院校	3	100.0	3	–	–	–	–	–	–	–

12-12 医疗病床数

(1996年)

单位:张

指 标	总计		市 区	萧山市	桐庐县	富阳市	临安市	余杭市	建德市	淳安县
	本 年	为上年%								
总 计	**27 141**	**101.7**	**15 427**	**2 975**	**943**	**2 217**	**1 238**	**2 216**	**1 330**	**795**
一.医院合计	22 217	104.0	12 132	2 779	943	1 519	1 208	1 555	1 316	765
(一).县及县以上医院	18 053	105.7	11 392	2 045	616	850	790	1 095	891	374
1.综合医院	10 822	107.5	6 084	1 246	536	500	690	641	751	374
2.中医医院	1 789	107.3	766	259	80	300	100	204	80	–
3.医学院附院	3 003	102.0	3 003	–	–	–	–	–	–	–
4.传染病医院	400	114.3	400	–	–	–	–	–	–	–
5.精神病医院	1 135	100.9	475	300	–	50	–	250	60	–
6.结核病医院	50	100.0	50	–	–	–	–	–	–	–
7.妇幼保健院	190	135.7	30	160	–	–	–	–	–	–
8.麻疯病医院	80	100.0	–	80	–	–	–	–	–	–
9.肿瘤医院	460	95.8	460	–	–	–	–	–	–	–
10.其它专科医院	124	73.8	124	–	–	–	–	–	–	–
(二).区镇卫生院	3 634	95.8	414	734	327	465	418	460	425	391
1.中心卫生院	993	86.1	58	278	147	115	35	10	165	185
2.乡卫生院	2 641	100.0	356	456	180	350	383	450	260	206
(三).其它医院	530	108.2	326	–	–	204	–	–	–	–
二.疗养院	3 404	91.9	2 714	–	–	690	–	–	–	–
三.门诊所	1 010	91.0	541	196	–	8	–	221	14	30
四.专科防治所	70	100.0	40	–	–	–	30	–	–	–
五.卫生防疫站	–	–	–	–	–	–	–	–	–	–
六.妇幼保健所	20	100.0	–	–	–	–	–	20	–	–
七.药品检验站	–	–	–	–	–	–	–	–	–	–
八.其它卫生事业机构	420	100.0	–	–	–	–	–	420	–	–
九.医药科学研究机构	–	–	–	–	–	–	–	–	–	–
十.中等医药学校	–	–	–	–	–	–	–	–	–	–
十一.高等医药院校	–	–	–	–	–	–	–	–	–	–

12-13 卫生技术

(1996年)

指 标	总计 本年	总计 为上年%	市区 本年	市区 为上年%
总 计	**34 946**	**102.0**	**20 695**	**103.8**
卫生部门	20 380	102.8	12 835	102.7
工业及其他部门	8 203	101.9	6 167	103.2
集体所有制	5 804	99.5	1 582	116.6
个体开业	559	104.5	111	98.2
在总计中:				
医生	16 789	102.0	9 889	102.9
中医师	2 076	101.1	1 271	102.6
西医师	11 523	101.4	7 497	102.5
中西医结合高级医师	87	94.6	57	87.7
中医士	350	101.2	84	100.0
西医士	2 525	106.4	956	112.2
其他中医	228	97.0	24	44.4
护师	4 837	98.5	3 366	99.3
中药师	723	99.2	372	103.9
西药师	1 242	99.8	834	102.8
检验技师	819	99.3	506	101.4
护士	4 957	107.3	3 142	109.9

人 员 数

人

萧山市	桐庐县	富阳市	临安市	余杭市	建德市	淳安县
3 702	**1 272**	**1 981**	**1 569**	**2 734**	**1 955**	**1 038**
1 946	746	1 204	960	1 154	907	628
257	163	240	101	625	292	88
1 131	304	501	450	900	655	281
98	59	36	58	55	101	41
1 841	552	1 057	765	1 275	905	505
184	65	149	83	152	86	86
1 076	372	562	443	749	565	259
14	1	2	4	4	5	–
51	13	73	15	65	33	16
470	95	231	201	285	163	124
46	6	40	19	20	53	20
288	135	223	201	287	205	132
58	29	35	44	59	55	71
92	38	73	34	71	74	26
78	28	59	35	56	32	25
535	150	193	204	380	244	109

12-14 杭州市妇幼卫生健康情况

(1996年)

指标	计量单位	全市		市区	
		1996年	1995年	1996年	1995年
0--3岁儿童健康管理复盖率	%	91.50	89.09	93.50	89.58
孕产妇保健复盖率	%	95.94	95.47	95.44	84.16
产妇住院分娩率	%	97.22	96.94	99.64	100.0
产妇新法接生率	%	99.80	99.96	100.0	100.0
妇女病筛查数	人	73 998	89 099	21 481	21 451
其中:妇女病检出率	%	39.45	28.18	29.43	20.02
婚前健康检查率	%	77.90	81.08	85.09	94.15
四项节育手术数	人	239 164	236 355	83 624	79 663
其中:节育手术并发症	‰	0.55	0.47	0.29	0.28

12-15 体育运动情况

(1996 年)

指　标	计量单位	本　年	上　年	为上年%
一、体委工作人员数	**人**	**751**	**565**	**132.9**
#教练员	人	109	111	98.2
二、等级裁判员人数	**人**	**53**	**19**	**278.9**
#女	人	4	1	400.0
一级裁判员	人	2	–	–
二级裁判员	人	34	3	1 133.3
三级裁判员	人	17	16	106.3
三、等级运动员人数	**人**	**282**	**251**	**112.4**
#女	人	145	135	107.4
一级运动员	人	1	–	–
二级运动员	人	37	46	80.4
三级运动员	人	120	76	157.9
少年级运动员	人	124	129	96.1
四、《国家体育锻炼标准》达标人数	**人**	**552 968**	**489 267**	**113.0**
及格级	人	172 875	164 456	105.1
良好级	人	205 159	188 056	109.1
优秀级	人	174 934	136 755	127.9
五、县级以上运动竞赛次数	**次**	**844**	**809**	**104.3**
参加运动会人数	人	557 230	295 535	188.5

十三、人民生活、物价、民政

1996年杭州市人民生活水平和质量稳步提高

一、城市居民生活费收入继续增加

1996年，全市职工工资总额达到97.36亿元，比上年增长9.3%；人均职工工资7966元，增长11.3%。市区人均职工工资8751元，增长12.4%，扣除物价上升因素实际增长1.7%。据抽样调查，1996年市区居民人均生活费收入6869元，增长12.7%，扣除物价上升因素实际增长2%。居民生活费收入的构成主要有以下特点：一是工资性收入仍是住户家庭收入的主要来源。在生活费收入中，工资性收入所占比重为78.6%，比上年提高2.6个百分点。工资性收入中，国有和集体单位职工收入比上年增长16.5%，其中职工基本工资（包括计时工资和计件工资）增长21.4%，奖金增长17.9%，津贴和补贴下降3.2%。二是个体劳动者收入增长迅速，个体经营者净收入比上年增长33.7%。三是转移性收入增长9.9%，其中离退休金收入增长9.1%，赡养收入增长31.7%。四是从单位得到的其他收入增长14%。

收入水平的提高使居民家庭储蓄存款进一步增加，年末全市城镇居民储蓄存款余额345.95亿元，比年初增加99.31亿元，增长40.3%。由于不同地区经济发展情况的差异，以及各企事业单位经济效益和行业收入的差距，导致人均收入的不平衡，有的家庭人均收入大大超过平均线，但也有不少居民家庭收入偏低。在抽样调查的200户住户家庭中，年人均生活费收入高于8000元的52户，低于5000元的有43户，个别家庭收入有所下降。

二、农民纯收入稳步增长

随着农村经济体制改革的不断深化，农业和农村经济保持了良好的发展态势，农村经济开始全面向市场经济接轨，，农业增长方式发生了可喜的变化，走农业市场化、集约化、现代化道路已成为现代农业的发展方向，农村经济的发展使农民收入不断增加。全市农民人均纯收入3482元，比上年增长15.6%，扣除物价上升因素实际增长5.1%。从收入增长来源看，一是农民从事各种劳务活动得到的报酬收入人均1394元，增长25.5%，其中从企业直接得到的劳动收入人均1055元，增长25.3%；二是家庭经营纯收入人均1887元，增长10.7%；三是转移性和财产性收入201元，增长2.6%。

农民家庭储蓄存款增多，年末全市农村居民存款117.90亿元，比年初增加20.44亿元，增长21%。

三、城乡人民消费水平和生活质量不断提高

社会主义市场经济的发展，市场商品资源日趋丰富，伴随着价格涨幅的回落，市民消费心理稳定，消费需求更趋实际，市区居民1996年人均消费支出6095元，比上年增长9.7%，扣除物价上升因素实际消费水平略低于上年，但消费构成和生活质量都有明显的变化和提高。

吃的消费继续增长，食品消费档次提高。居民家庭购买食品支出年人均3061元，增长10.3%。食品支出占消费支出的比重为50.2%，与上年基本持平。主要食品除油脂和奶制品

消费量比上年减少外，其余都有不同程度的增加。肉禽及制品、蛋类、水产品分别增长8.1%、15.3%、22.2%，蔬菜、酒和饮料分别增长10.3%、8.2%。各种精美食品、小包装食品、快餐食品等受到居民的青睐。

穿讲时尚、款式和个性化已成为衣着消费的新潮流。居民衣着消费支出人均743元，增长11.8%。服装的需求明显大于购买衣着材料的支出，服装年人均消费456元，增长17.7%，其中男士服装196元，增长28.2%；女士服装228元，增长8%。从需求增幅看，男士服装比女士服装大20.2个百分点。购买衣着材料支出75.6元，下降10.3%。

大件家用电器等耐用消费品处于更新换代期，需求旺盛。随着居民生活水平的提高，对享受性、文娱性的家用电器需求欲望进一步提高，不少住户家庭多年前添置的一些耐用消费品已步人更新换代阶段，新一代的彩电、冰箱、组合音响、空调器、洗衣机、电炊具等耐用品纷纷进人居民家庭。年末市区居民平均每百户家庭拥有彩电105台、冰箱104台、洗衣机95台，录放像机44.5台、空调器61台、组合音响17台、立体声收录机39.5台、照相机62架、电话机70部，部分家庭已开始拥有摄像机、VCD影碟机和家用电脑。

文化娱乐日趋丰富，智力投资进一步增长。居民在物资生活不断提高的同时，越来越重视精神文化生活的需求，居民家庭文化娱乐年人均支出比上年增长32.8%。人们对智力投资舍得化钱，人均教育费用支出增长31.9%。“双休日”的实行，为居民更好地休息和外出旅游提供了条件，人均旅游费用支出增长40.9%。

居民对交通和通讯追求方便和快捷已成趋势。近几年来，交通和通讯事业发展迅速，交通和通讯条件不断改善，居民家庭对这类支出有较大增长，1996年用于出租车等交通费的支出比上年增长50.5%，用于电话等通讯支出增长32.6%。

居民保健意识增强，医疗保健支出明显上升。居民购买补药等保健用品增多，年人均用于保健费支出比上年增长49.1%。1996年大部分企业和行政事业单位对医疗制度进行不同形式的改革，个人负担的医疗费用增加，年人均医疗费支出增长75.7%。

全市农民随着收人的增加，生活消费也有明显提高。据农村住户调查，1996年人均生活消费支出2772元，扣除物价上升的因素实际增长6.2%。农民的吃、穿、用、行及精神文化娱乐消费等方面的需求也发生引人注目的变化，消费构成的变动与城市的趋向基本一致，但在消费水平上还有差距。农民家庭耐用消费品拥有量进一步增加，从质量和档次上看还滞后于城市。年末平均百户农民家庭拥有电视机110台（其中黑白电视机71台)、冰箱30台、洗衣机19台、电风扇222台，只有少数家庭开始拥有录放像机、空调器、摩托车、电话机。

四、居民居住条件和环境日趋改善

随着城市建设步伐的加快，居民住宅建设进一步得到加强。全市城镇新建住宅354.55平方米，其中市区228.97万平方米，比上年增加76.87万平方米。在新建的居民住宅中，重视安居工程的建设，1996年市区安居工程新开工20万平方米，当年竣工10万平方米，另有30万平方米的安居房已进人前期准备工作。在住宅建设中，有关部门认真落实拆迁户的回迁安置。据统计，1996 年市区回迁安置的拆迁户就达 10625 户。在各级政府的关怀下，居民住房条件日趋改善，1996 年市区居民人均居住面积已达 8.97 平方米，住房的质量和设施配套水平有新的提高。农民住房面积又有增加，据抽样调查，农民人均住房面积已达到 42.22 平方米，钢筋混凝土和砖木结构的住房比重进一步扩大。

13-01 城镇居民、农村居民家庭基本情况

项　　目	单位	1985年	1990年	1995年	1996年
城镇居民家庭					
调查户数	户	150	200	200	200
平均每户人口	人	3.53	3.36	3.20	3.2
平均每户就业人口	人	2.26	2.15	2.05	2.00
平均每一就业者负担人口	人	1.56	1.56	1.56	1.56
人均年生活费收入	元	969.58	1 884.60	6 095.88	6 869.01
人均年消费性支出	元	908.08	1 685.28	5 558.62	6 095.34
农村居民家庭					
调查户数	户	420	620	630	630
平均每户人口	人	4.40	4.16	3.87	3.81
平均每户劳动力	人	2.88	2.89	2.30	2.77
平均每一劳动力负担人口	人	1.54	1.44	1.68	1.38
平均每人年均纯收入	元	624	1 171	3 012	3 482
平均每人年均生活费支出	元	541.53	922.70	2 373.00	2 772.01
消费品支出	元	529.59	865.47	2 096.53	2 256.40
非消费品支出	元	11.94	57.23	276.47	515.61

注：13-01至13-07表列数据均为抽样调查资料。

13-02 城镇居民家庭平均每人全年现金收支

单位:元

项　　目	1993 年	1994	1995 年	1996 年
现金收入	**4 134.29**	**6 143.16**	**7 993.52**	**8 234.16**
实际收入	3 535.26	5 258.39	6 313.39	7 214.52
全民集体所有制职工工资收入	2 545.06	3 702.32	4 641.01	5 409.24
#奖金	762.44	1 054.01	1 251.39	1 474.80
津贴、补贴	724.71	987.16	1 026.27	993.84
全民、集体职工从单位得到的其他收入	294.85	346.54	297.00	337.80
其他所有制职工全部收入	130.25	210.92	164.23	184.32
#奖金	28 386	38.36	28.34	34.92
个体经营者净收入	8.24	21.61	24.61	32.88
个体被雇者收入	14.93	20.74	33.52	51.36
离退休再就业收入	38.64	73.68	103.48	68.40
其他就业者收入	1.65	0.15	0.16	0
其他劳动收入	113.46	103.34	116.35	128.76
财产性收入	48.67	75.64	135.49	122.40
转移性收入	338.58	703.44	797.53	879.36
特别收入	0.93			
储蓄借贷收入	599.03	884.73	1 680.13	1 019.52
#提取储蓄存款	539.55	709.55	1 464.73	900.24
借入款	18.17	37.36	85.35	36.24
为购买房屋从银行贷款	–	–		
现金支出	**3 988.72**	**5 979.74**	**7 851.38**	**7 905.36**
实际支出	3 314.95	4 807.14	6 531.96	6 513.36
消费性支出	3 183.25	4 559.49	5 558.62	6 095.34
非消费性支出	131.69	247.66	973.34	417.96
#赡养支出	36.28	50.79	54.52	81.96
各种非储蓄性保险支出	3.09	3.57	4.99	14.52
赠送支出	77.96	161.37	123.79	202.56
购买商品住宅支出	–	–	731.72	70.80
储蓄借贷支出	673.77	1 172.61	1 319.42	1 392.12
#存入储蓄款	470.66	896.50	1 007.63	1 147.32
借出款	38.66	6.46	54.89	17.76
储蓄性保险支出	7.57	10.57	25.99	36.60
期末手存现金	385.73	421.66	512.68	691.44

13-03　城镇居民家庭平均每人全年生活费支出

单位:元

项　　目	1993 年	1994 年	1995 年	1996 年
消费性支出	**3 183.25**	**4 559.39**	**5 558.62**	**6 095.34**
食品	1 506.12	2 168.35	2 774.32	3 060.72
粮食	119.06	195.62	235.38	266.28
油脂类	31.19	42.34	49.08	43.32
肉禽及制品	313.11	443.95	554.87	599.88
蛋类	38.35	49.52	57.23	65.76
水产品类	174.02	279.65	395.19	482.88
菜类	145.84	200.30	266.63	294.00
酒和饮料	77.04	111.67	146.63	158.64
干鲜瓜果类	105.36	159.35	211.93	216.96
在外用餐	215.64	287.93	368.60	384.96
衣着类	443.89	609.01	665.02	743.40
设备用品及服务	292.79	459.06	491.46	507.48
医疗保健	57.17	110.76	145.11	216.24
交通和通讯	264.88	260.76	280.01	296.28
娱乐文教服务	251.19	420.60	433.13	590.28
居住	212.41	336.60	488.03	359.16
杂项商品和服务	154.81	194.28	281.53	321.72

13-04 城镇居民家庭平均每百户耐用消费品拥有量

(1996年)

项　　目	单　位	1985年	1990年	1995年	1996年
毛皮大衣	件	16.0	18.5	39.5	44.0
呢大衣	件	152.0	195.0	240.5	233.5
毛毯	条	100.7	132.0	166.5	165.0
大衣柜	个	112.7	108.5	111.5	113.0
沙发	个	132.7	131.5	133.5	120.5
写字台	个	111.3	105.0	114.5	112.0
组合家具	套	2.7	9.0	30.5	34.0
沙发床	个	10.7	12.0	28.0	25.5
自行车	辆	212	271.5	289.5	265.5
缝纫机	架	85.3	90.5	85.5	78.5
电风扇	台	172.7	262.0	296.5	274.5
家用冷风机	台			8.5	7.5
洗衣机	台	37.3	76.0	93.5	95.0
电冰箱	台	38.7	91.5	103.5	104.0
电炊具	个	15.3	30.5	79.5	88.0
中高档乐器	件	10.0	16.5	14.0	10.5
彩色电视机	架	14.0	62.5	102.5	105.0
黑白电视机	架	87.3	80.5	47.5	33.0
立体声录音机	架	26.7	41.0	46.0	39.5
普通收录机	架	22.7	47.0	69.5	73.5
组合音响	台		1.0	12.0	17.0
录像机	台		5.5	30.5	44.5
照相机	架	13.3	36.5	54.5	62.0
空调器	台		0.5	43.0	61.0

13-05 农村居民家庭人均总支出

单位:元

项目	1985年	1990年	1995年	1996年
全年总支出	**735.48**	**1 224.28**	**3 457.32**	**3 523.72**
生活消费支出	**541.53**	**922.70**	**2 373.00**	**2 772.01**
食品	293.63	525.42	1 212.66	1 387.11
主食	84.39	117.40	288.60	400.53
副食	133.65	254.11	577.50	601.93
其他食品	66.52	134.51	290.74	322.47
在外饮食	9.07	13.35	42.65	48.63
食品加工费		6.05	13.18	13.56
衣着	47.09	61.31	169.19	185.57
居住	109.65	174.12	395.77	382.21
住房	86.96	142.17	284.49	283.99
电费	2.57	7.52	21.99	29.99
燃料	20.12	24.43	53.12	48.70
家庭设备、用品及服	51.97	68.40	154.52	166.54
医疗保健	9.63	29.72	99.06	134.97
医药卫生保健用品	7.29	20.57	39.21	40.25
医疗保健服务费	2.34	9.15	58.45	90.77
交通和通讯	3.01	8.19	102.24	140.71
交通工具			66.93	79.37
交通费		7.86	17.91	23.97
邮电费		0.33	4.43	9.19
文教娱乐用品及服务	22.68	32.44	155.83	171.29
文化教育娱乐用品	17.65	15.65	42.60	33.86
文化教育娱乐服务	5.03	16.79	113.23	137.43

13-05 农村居民家庭人均总支出

续表一 单位:元

项　　目	1985年	1990年	1995年	1996年
学杂费	3.04	12.62	93.59	123.54
技术培训费	1.32	1.33	5.29	3.80
文娱费	0.64	1.06	10.88	6.07
其他商品和服务	3.87	23.10	83.73	203.60
家庭经营费用支出	**154.23**	**236.69**	**680.56**	**601.45**
种植业生产支出	49.47	88.99	198.70	198.68
林业生产支出	17.58	0.62	2.76	3.99
牧业生产支出	59.85	83.62	266.83	215.65
渔业生产支出	3.29	4.88	3.83	5.52
手工业生产支出	12.65	5.61	19.47	5.18
工业生产支出		10.56	61.98	116.14
建筑业支出	0.04	0.37	2.98	3.75
运输业支出	3.45	29.10	63.60	33.74
商业支出			52.50	2.88
饮食业支出	0.85	1.27	0.19	5.27
服务业支出	1.04	8.01	5.06	7.74
其他经营支出	6.01	3.06	2.66	2.91
购置生产用固定资产支出	**11.92**	**13.65**	**134.66**	**130.74**
缴纳税金	**8.55**	**10.67**	**18.82**	**18.46**
上交集体承包任务	**4.02**	**7.15**	**14.50**	**20.16**
其他非借贷性支出	**15.20**	**34.02**	**235.30**	**93.07**
寄给和带给在	1.72	2.47	6.26	7.74
赠送农村外部亲友	2.88	3.17	7.12	6.28
附:生产用固定资产折旧	**9.14**	**18.87**	**63.46**	**73.22**

13-06 农村居民家庭平均每百户耐用消费品拥有量

项 目	单 位	1985年	1990年	1995年	1996年
自行车	辆	137	199	209	204
缝纫机	架	62	69	79	81
钟	只	54.5	76.7	113	120
手表	只	211.4	246.5	257	254
#电子表	只		14	33	38
电风扇	台	54.3	143.4	211	222
洗衣机	台	0.2	6.8	14	19
电冰箱	台	0.2	12.3	23	30
摩托车	辆	0.7	1.8	13	15
收音机	架	35	22	27	24
黑白电视机	台	10.6	60.8	73	71
彩色电视机	台	1.7	11.3	34	39
录像机	台			3	3
收录机	台	42.3	47.7	26	29
照相机	架		1.0	4	4
抽油烟机	台			4	4
吸尘器	台			2	3
空调机	台			0.5	1

13-07 农村居民家庭人均总收入和纯收入

单位:元

项　　目	1985年	1990年	1995年	1996年
全年总收入	**806**	**1 451**	**3 734**	**4 218**
全年纯收入	**624**	**1 171**	**3 012**	**3 482**
产生产性纯收入	559	1 008	2 695	3 247
基本收入	767	1 330	3 541	4 048
劳动者的报酬收入	123	255	1 111	1 482
集体组织中劳动	29	32	189	223
企业劳动得到报	94	223	842	1 156
乡村企业得到	89	221	601	846
个体企业得到			129	190
其他企业得到	5	2	112	120
其他单位劳动得			81	103
家庭经营收入	644	1 075	2 430	2 566
种植业收入	267	412	841	1 044
林业收入	46	27	176	84
牧业收入	133	240	472	410
渔业收入	16	31	30	21
手工业收入	40	23	43	38
采集捕猎收入	13	15	20	52
工业收入	2	26	139	225
建筑业收入	8	9	96	120
运输业收入	30	71	168	153
商业收入	6	21	142	84
饮食业收入			4	14
服务业收入	9	34	73	99
其他家庭经营收	74	165	225	221
转移性收入	32	100	102	137
产在外人口	5	2	6	12
农村外部亲友赠	2	3	11	9
土地征用补偿收	–	–	8	12
财产性收入	8	21	90	33

13-08 乡办企事业单位人员工资

(1996 年)　　　　单位:万元

行　业	全　市		市　区	
	工资总额	平均工资(元)	工资总额	平均工资(元)
总计	**192 808.5**	**5 851**	**46 030.5**	**6 877**
农林牧渔业	555.1	5 995	348.4	6 674
工业	154 645.3	5 597	32 129.0	6 611
采掘业	3 226.0	5 830	–	–
制造业	150 636.3	5 593	32 123.0	6 611
电力、煤气及水生产和供应业	783.0	5 453	6.0	8 571
建筑业	26 242.0	7 559	6 627.0	7 177
地质勘查、水利管理业	3.0	7 500	3.0	7 500
交通运输、仓储及邮电通信业	2 309.9	4 606	954.0	6 690
批发和零售贸易、餐饮业	5 366.1	6 900	4 268.0	8 846
金融保险业	31.0	7 949	–	–
房地产业	–	–	–	–
社会服务业	862.5	7 378	233.0	4 507
卫生、体育和社会福利业	248.8	7 211	148.8	7 440
教育、文化艺术和广播电视业	945.2	8 072	577.2	7 769
科学研究和综合技术服务业	20.0	8 333	20.0	8 333
国家机关、政党机关和社会团体	–	–	–	–
其他行业	1 579.6	7 668	722.1	8 556

13-09　全市城镇以上各种经济类型

(1996 年)

地区 行业	从业人员劳动				
	本年合计	1.职工工资总额	为上年(%)	计时和计件标准工资	奖金和计件超额工资
全市总计	**993 311.4**	**973 591.8**	**109.3**	**448 962.9**	**260 451.0**
国有经济单位	656 782.8	647 326.5	108.1	283 863.9	168 931.6
城镇集体经济单位	176 199.3	171 227.3	100.3	92 900.5	39 012.8
其它各种经济单位	160 329.3	155 038.0	127.8	72 198.5	52 506.6
市区总计	**698 353.5**	**683 243.5**	**111.0**	**309 175.6**	**195 421.4**
国有经济单位	469 189.6	462 364.1	109.5	200 140.7	128 092.0
城镇集体经济单位	97 646.7	94 060.7	101.1	50 939.3	23 298.5
其它各种经济单位	131 517.2	126 818.7	126.3	58 095.6	44 030.9
#上城区总计	21 790.1	21 059.2	108.1	10 179.0	6 763.3
国有经济单位	10 466.9	10 294.4	121.9	3 475.0	4 408.3
城镇集体经济单位	9 099.2	8 662.1	85.5	5 299.7	1 962.0
其它各种经济单位	2 224.0	2 102.7	232.5	1 404.3	393.0
#下城区总计	16 270.2	15 448.3	95.4	9 087.3	2 999.1
国有经济单位	5 852.3	5 755.6	104.9	2 459.6	1 509.3
城镇集体经济单位	8 731.9	8 098.2	89.8	5 312.2	1 353.9
其它各种经济单位	1 686.0	1 594.5	94.7	1 315.5	135.9
#江干区总计	14 331.8	13 817.6	105.6	8 896.5	2 283.7
国有经济单位	5 449.6	5 373.9	130.3	2 699.3	1 096.0
城镇集体经济单位	8 249.3	7 818.1	97.1	5 670.3	1 149.1
其它各种经济单位	632.9	625.6	69.3	526.9	38.6
#西湖区总计	14 802.2	14 235.3	112.9	7 623.5	3 247.2
国有经济单位	5 856.4	5 820.8	109.4	2 713.5	1 175.5
城镇集体经济单位	7 275.4	6 866.6	112.5	4 016.0	1 652.6
其它各种经济单位	1 670.4	1 547.9	131.3	894.0	419.1
#拱墅区	16 173.3	15 825.1	103.9	9 017.3	3 316.7
国有经济单位	6 166.4	6 086.0	91.6	2 460.4	1 560.2
城镇集体经济单位	8 985.4	8 719.8	128.1	5 560.6	1 745.4
其它各种经济单位	1 021.5	1 019.3	57.6	996.3	11.1
萧山市总计	**88 725.9**	**85 941.7**	**108.6**	**40 498.1**	**23 124.2**
国有经济单位	51 172.4	49 798.6	108.7	22 119.7	13 699.8
城镇集体经济单位	29 229.2	28 167.0	106.0	14 439.9	6 700.8
其它各种经济单位	8 324.3	7 976.1	117.8	3 938.5	2 723.6
桐庐县总计	**22 984.0**	**22 612.2**	**107.6**	**11 327.8**	**4 404.7**
国有经济单位	16 060.1	15 784.4	103.8	7 624.6	3 035.0
城镇集体经济单位	4 509.8	4 468.1	97.6	2 398.2	816.8
其它各种经济单位	2 414.1	2 359.7	191.6	1 305.0	552.9

单位从业人员劳动报酬

单位：万元

报酬		从业人员平均劳动报酬(元／人)			
津贴和补贴	2.其他从业人员报酬	本年	1.职工平均工资	为上年(%)	2.其他从业人员平均报酬
238 249.6	**19 719.6**	**7 926**	**7 966**	**111.3**	**6 369**
177 880.2	9 456.3	8 277	8 336	110.5	5 574
34 801.9	4 972.0	6 145	6 178	110.2	5 201
25 567.5	5 291.3	9 269	9 199	111.3	11 923
160 136.7	**15 110.0**	**8 694**	**8 751**	**112.4**	**6 726**
122 359.9	6 825.5	8 963	9 032	110.8	5 887
17 276.9	3 586.0	6 601	6 689	112.8	4 910
20 499.9	4 698.5	9 977	9 888	114.2	13 165
3 787.1	730.9	7 111	7 230	116.7	4 831
2 221.3	172.5	8 705	8 837	119.5	4 600
1 263.6	437.1	5 748	5 844	108.3	4 332
302.2	121.3	7 983	7 914	111.4	9 403
2 862.1	821.9	6 386	6 430	106.9	5 653
1 504.9	96.7	7 839	7 927	110.5	4 740
1 280.0	633.7	5 547	5 544	102.0	5 578
77.2	91.5	7 424	7 392	117.4	8 026
2 415.4	514.2	6 323	6 499	115.7	3 660
1 544.8	75.7	7 388	7 492	114.8	3 729
811.3	431.2	5 737	5 926	114.7	3 636
59.3	7.3	6 947	6 990	106.8	4 562
3 157.0	566.9	6 645	6 701	114.4	5 493
1 880.7	35.6	7 613	7 625	114.4	6 138
1 081.6	408.8	5 916	5 999	112.1	4 809
194.7	122.5	7 301	7 153	128.7	9 879
2 842.4	348.2	6 682	6 727	113.5	5 128
1 858.0	80.4	8 254	8 347	115.2	4 467
973.2	265.6	5 907	5 925	121.1	5 366
11.2	2.2	6 716	6 719	99.1	5 500
20 349.1	**2 784.2**	**7 345**	**7 393**	**107.5**	**6 119**
12 912.4	1 373.8	7 758	7 834	110.1	5 750
6 284.4	1 062.2	6 640	6 639	104.3	6 659
1 152.3	348.2	7 691	7 776	102.7	6 152
6 152.7	**371.8**	**6 354**	**6 392**	**108.1**	**4 665**
4 630.1	275.7	6 936	7 023	108.3	4 054
1 088.7	41.7	4 964	4 968	105.4	4 532
433.9	54.4	6 141	6 041	117.0	21 760

13-09 全市城镇以上各种经济类型

续表一

(1996年)

地区 行业	从业人员劳动 本年合计	①职工工资总额	为上年(%)	计时和计件标准工资	奖金和计件超额工资
富阳市总计	**40 444.6**	**40 163.9**	**108.3**	**21 465.9**	**21 465.9**
国有经济单位	25 324.9	25 147.2	105.4	11 698.6	11 698.6
城镇集体经济单位	11 966.0	11 874.3	97.2	7 671.7	7 671.7
其它各种经济单位	3 513.7	3 142.4	310.5	2 095.6	2 095.6
临安市总计	**26 677.2**	**26 250.1**	**113.0**	**13 088.5**	**13 088.5**
国有经济单位	17 538.3	17 154.8	103.0	8 223.2	8 223.2
城镇集体经济单位	7 433.5	7 402.9	90.1	3 952.4	3 952.4
其它各种经济单位	1 705.4	1 692.4	123.6	912.9	912.9
余杭市总计	**65 239.4**	**64 710.6**	**98.9**	**28 397.9**	**28 397.9**
国有经济单位	40 837.3	40 566.1	98.5	16 081.3	16 081.3
城镇集体经济单位	16 217.3	16 096.5	97.6	8 459.7	8 459.7
其它各种经济单位	8 184.8	8 048.0	103.3	3 856.9	3 856.9
建德市总计	**31 799.7**	**31 663.2**	**106.1**	**14 260.3**	**14 260.3**
国有经济单位	**22 503.8**	**22 409.8**	**105.5**	**10 261.9**	**10 261.9**
城镇集体经济单位	5 740.5	5 707.0	85.7	2 879.2	2 879.2
其它各种经济单位	3 555.4	3 546.4	182.4	1 119.2	1 119.2
淳安县总计	**19 087.1**	**19 006.6**	**116.8**	**10 748.8**	**10 748.8**
国有经济单位	14 156.4	14 101.5	112.8	7 713.9	7 713.9
城镇集体经济单位	3 456.3	3 450.8	117.8	2 160.1	2 160.1
其它各种经济单位	1 474.4	1 454.3	172.5	874.8	874.8
按国民经济行业分					
农、林、牧、渔业	8 375.8	8 345.1	83.1	4 219.9	4 219.9
采掘业	4 976.5	4 969.1	95.8	2 250.9	2 250.9
制造业	416 378.0	409 678.8	104.8	194 807.2	194 807.2
电力、煤气及水的生产和供应业	18 225.2	18 120.8	107.2	10 826.2	10 826.2
建筑业	58 554.3	57 470.4	109.2	26 839.3	26 839.3
地质勘查、水利管理业	5 624.9	5 590.9	123.1	2 355.0	2 355.0
交通运输、仓储及邮电通讯业	65 625.9	64 233.7	116.5	28 550.0	28 550.0
批发和零售贸易、餐饮业	115 957.7	112 522.3	107.9	48 514.5	48 514.5
金融、保险业	26 375.9	25 804.0	122.7	9 337.1	9 337.1
房地产业	8 191.0	7 691.3	117.7	3 664.8	3 664.8
社会服务业	62 247.4	60 460.9	116.2	26 990.6	26 990.6
卫生、体育和社会福利业	42 666.9	42 055.4	119.4	16 113.7	16 113.7
教育、文化艺术和广播电影电视业	83 013.9	80 562.4	113.8	38 813.4	38 813.4
科学研究和综合技术服务业	23 386.7	22 861.0	107.2	9 919.8	9 919.8
国家、政党机关和社会团体	50 503.4	50 137.2	121.5	24 326.5	24 326.5
其他行业	3 207.9	3 088.5	110.3	1 434	1 434.0

单位从业人员劳动报酬

单位：万元

报酬		从业人员平均劳动报酬(元／人)			
津贴和补贴	②其他从业人员报酬	本年	1.职工平均工资	为上年(%)	2.其他从业人员平均报酬
9 518.8	**280.7**	**6 403**	**6 416**	**109.7**	**5 003**
7 213.4	177.7	6 700	6 718	107.5	4 868
1 791.8	91.7	5 727	5 731	111.5	5 270
513.6	11.3	7 047	7 057	101.9	5 136
7 826.0	**427.1**	**6 031**	**6 077**	**105.5**	**4 111**
5 700.7	383.5	6 333	6 415	104.7	4 020
1 851.2	30.6	5 281	5 284	104.0	4 781
274.1	13.0	6 924	6 930	110.8	6 190
20 118.8	**528.8**	**6 316**	**6 323**	**107.4**	**5 526**
14 191.2	271.2	6 952	6 967	108.9	5 276
4 120.5	120.8	5 096	5 099	106.8	4 664
1 807.1	136.8	6 429	6 414	100.6	7 435
9 015.4	**136.5**	**6 406**	**6 435**	**110.7**	**3 152**
6 716.1	**94.0**	**6 732**	**6 775**	**109.1**	**2 678**
1 693.7	33.5	4 774	4 771	108.7	5 403
605.6	9.0	8 487	8 507	84.9	4 500
5 132.1	**80.5**	**5 854**	**5 858**	**115.2**	**5 031**
4 156.4	54.9	6 103	6 111	116.0	4 652
694.7	5.5	5 028	5 028	112.4	5 000
281.0	20.1	5 811	5 803	118.2	6 484
2 496.7	30.7	5 739	5 735	105.7	6 977
1 284.9	7.4	6 856	6 856	105.5	7 400
80 868.8	6 699.2	7 552	7 535	111.9	8 780
3 062.5	104.4	10 786	10 806	103.4	8 156
8 453.4	1 083.9	9 280	9 318	111.9	7 622
2 358.1	34.0	7 992	8 006	115.7	6 182
19 065.3	1 392.2	9 074	9 188	110.9	5 762
25 313.0	3 435.4	6 989	7 038	109.5	5 674
11 568.9	571.9	9 285	9 358	106.6	6 865
1 924.5	499.7	9 345	9 595	111.1	6 671
12 645.1	1 786.5	8 229	8 301	111.4	6 346
13 591.9	611.5	9 380	9 502	110.0	4 992
29 045.3	2 451.5	7 942	8 080	110.6	5 081
8 014.0	525.7	9 274	9 450	112.3	5 124
17 701.7	366.2	8 345	8 407	112.4	4 157
855.5	119.4	8 004	8 767	98.3	2 462

13-10 全市国有经济单位

(1996 年)

分类行业	从业人员劳动				
	本年合计	①职工工资总额	为上年(%)	计时和计件标准工资	奖金和计件超额工资
合　　计	**656 782.8**	**647 326.5**	**108.1**	**283 863.9**	**168 931.6**
按隶属关系分					
中央属	135 559.1	133 408.8	112.5	62 798.7	30 192.7
#市区	115 113.4	113 114.9	111.6	54 279.9	25 255.8
省　属	144 431.7	142 016.6	106.8	60 394.8	43 645.1
#市区	137 911.9	135 509.6	110.0	57 199.7	42 688.7
市　属	209 387.1	207 310.4	106.0	87 010.3	57 460.3
县及县以下	167 404.9	164 590.7	108.7	73 660.1	37 633.5
其　他					
按企业、事业、机关分					
企　业	435 535.2	429 729.6	106.2	184 430.1	132 126.5
事　业	167 182.8	163 818.2	112.8	72 697.8	30 023.6
机　关	54 064.8	53 778.7	110.8	26 736.0	6 781.5
按国民经济行业分					
农、林、牧、渔业	8 156.2	8 125.5	81.3	4 016.3	1 485.8
采掘业	4 307.3	4 306.0	89.5	1 854.0	1 122.7
制造业	206 154.7	204 998.5	102.8	91 944.6	62 607.9
电力、煤气及水的生产和供应业	16 496.9	16 421.0	105.2	9 702.7	3 418.3
建筑业	39 500.2	38 865.6	106.5	15 650.3	15 333.2
地质勘查、水利管理业	5 592.5	5 558.5	123.5	2 338.1	746.3
交通运输、仓储及邮电通讯业	59 896.1	58 565.1	116.6	25 367.5	14 671.9
批发和零售贸易、餐饮业	61 072.2	59 880.3	101.1	22 803.8	21 390.2
金融、保险业	18 124.1	17 719.8	120.2	6 579.6	1 926.1
房地产业	6 317.7	6 055.2	111.8	2 658.7	1 721.0
社会服务业	38 615.3	37 845.5	105.8	15 081.3	11 479.8
卫生、体育和社会福利业	36 162.0	35 636.5	118.5	13 117.6	10 554.9
教育、文化艺术和广播电影电视业	81 390.6	79 116.3	114.4	38 042.6	11 027.3
科学研究和综合技术服务业	22 397.9	22 032.3	107.4	9 446.0	4 423.8
国家、政党机关和社会团体	50 182.1	49 819.5	121.7	24 182.3	6 494.6
其他行业	2 417.0	2 380.9	138.0	1 078.5	527.8

从业人员劳动报酬

单位：万元

报酬		从业人员平均劳动报酬(元／人)			
津贴和补贴	②其他从业人员报酬	本年	1.职工平均工资	为上年(%)	2.其他从业人员平均报酬
177 880.2	**9 456.3**	**8 277**	**8 336**	**110.5**	**5 574**
37 648.7	2 150.3	10 726	10 872	112.1	5 862
31 552.6	1 998.5	10 864	11 029	113.2	5 878
34 174.9	2 415.1	9 921	9 981	110.8	7 354
32 175.8	2 402.3	10 037	10 102	109.7	7 385
56 637.0	2 076.7	7 531	7 574	108.4	4 813
49 419.6	2 814.2	6 875	6 922	111.2	4 939
101 435.6	5 805.6	8 170	8 211	109.4	5 970
58 040.7	3 364.6	8 461	8 573	111.9	5 178
18 403.9	286.1	8 611	8 668	114.0	3 856
2 490.7	30.7	5 645	5 640	104.0	7 139
1 196.3	1.3	6 903	6 905	108.6	3 250
45 311.7	1 156.2	7 513	7 527	109.6	5 602
2 868.0	75.9	10 849	10 905	103.7	5 163
5 986.7	634.6	10 271	10 333	106.6	7 528
2 349.1	34.0	7 957	7 968	115.2	6 538
17 664.5	1 331.0	9 669	9 796	111.9	6 153
14 078.4	1 191.9	7 557	7 616	105.1	5 455
8 519.3	404.3	9 232	9 353	107.6	5 893
1 588.2	262.5	9 445	9 673	110.8	6 119
9 295.6	769.8	8 508	8 592	110.5	5 753
11 628.5	525.5	9 753	9 871	111.5	5 395
28 749.7	2 274.3	8 079	8 216	112.3	5 109
7 866.3	365.6	9 336	9 457	112.1	5 283
17 595.3	362.6	8 560	8 618	115.2	4 444
691.9	36.1	8 675	8 792	107.9	4 628

13-11 全市城镇集体经济单位

(1996 年)

分类行业	从业人员劳动 本年合计	①职工工资总额	为上年(%)	计时和计件标准工资	奖金和计件超额工资
合　计	**176 199.3**	**171 227.3**	**100.3**	**92 900.5**	**39 012.8**
按企业、事业、机关分					
企　业	166 597.5	161 862.4	99.9	88 579.3	36 999.8
事　业	9 164.9	8 933.2	107.7	4 128.9	1 913.2
机　关	436.9	431.7	115.5	192.3	99.8
按国民经济行业分					
农、林、牧、渔业	196.6	196.6	889.6	183.6	7.3
采掘业	274.6	274.6	73.3	233.5	40.5
制造业	93 251.7	91 205.0	94.6	50 520.5	21 946.1
电力、煤气及水的生产和供应业	413.7	411.2	160.9	385.9	17.5
建筑业	16 282.1	15 928.3	112.4	8 994.5	4 029.7
地质勘查、水利管理业	32.4	32.4	80.4	16.9	5.4
交通运输、仓储及邮电通讯业	4 767.8	4 721.8	111.8	2 585.1	842.8
批发和零售贸易、餐饮业	37 022.2	35 454.8	109.2	19 128.7	7 289.1
金融、保险业	5 477.7	5 470.0	101.3	1 630.5	1 124.5
房地产业	514.9	483.3	151.0	263.7	92.6
社会服务业	8 427.3	7 906.7	93.9	4 542.1	1 668.3
卫生、体育和社会福利业	6 407.0	6 321.0	122.5	2 945.4	1 319.7
教育、文化艺术和广播电影电视业	1 183.0	1 105.9	77.0	603.3	202.9
科学研究和综合技术服务业	857.7	712.0	112.9	381.6	194.4
国家、政党机关和社会团体	321.3	317.7	98.8	144.2	63.0
其他行业	769.3	686.0	65.7	341.0	169.0

从业人员劳动报酬

单位：万元

报酬		从业人员平均劳动报酬(元／人)			
津贴和补贴	②其他从业人员报酬	本年	1.职工平均工资	为上年(%)	2.其他从业人员平均报酬
34 801.9	**4 972.0**	**6 145**	**6 178**	**110.2**	**5 201**
31 935.9	4 735.1	6 062	6 091	109.9	5 212
2 732.6	231.7	8 022	8 148	115.0	5 026
133.4	5.2	9 178	9 364	116.5	3 467
5.5	–	8 474	8 474	164.9	–
0.6	–	5 416	5 416	60.4	–
16 488.4	2 046.7	6 034	6 035	108.1	6 016
7.8	2.5	10 017	10 005	93.6	12 500
2 232.5	353.8	6 951	6 981	115.6	5 829
9.0	–	7 043	7 043	96.1	–
1 218.0	46.0	5 559	5 573	73.3	4 423
8 209.1	1 567.4	5 610	5 656	114.5	4 740
2 313.4	7.7	9 332	9 339	107.2	5 923
118.0	31.6	7 345	7 671	112.4	4 451
1 553.6	520.6	5 979	6 026	112.2	5 356
1 963.4	86.0	8 257	8 368	110.3	4 195
282.2	77.1	6 296	6 513	98.7	4 260
130.7	145.7	7 524	8 045	110.6	5 714
106.4	3.6	8 900	9 103	122.3	3 000
163.3	83.3	6 427	8 932	83.6	1 942

13-12 全市其他经济单位

(1996 年)

分类行业	从业人员劳动				
	本年合计	①职工工资总额	为上年(%)	计时和计件标准工资	奖金和计件超额工资
合　计	**160 329.3**	**155 038.0**	**127.8**	**72 198.5**	**52 506.6**
按经济类型分					
联营经济	9 498.1	9 359.7	131.2	4 726.2	2 098.9
股份制经济	42 558.8	41 507.1	172.3	16 971.0	16 325.3
外商投资经济	54 690.8	51 718.8	115.3	27 007.7	15 204.6
港、澳、台投资经济	53 347.2	52 224.5	115.8	23 322.8	18 850.8
其他经济	234.4	227.9	141.1	170.8	27.0
按企业、事业分					
企　　业	160 025.2	154 809.5	127.7	72 100.3	52 398.5
事　　业	304.1	228.5	152.5	98.2	108.1
按国民经济行业分					
农、林、牧、渔业	23.0	23.0	89.1	20.0	1.0
采掘业	394.6	388.5	–	163.4	126.7
制造业	116 971.6	113 475.3	119.3	52 342.1	38 349.5
电力、煤气及水的生产和供应业	1 314.6	1 288.6	124.9	737.6	337.3
建筑业	2 772.0	2 676.5	137.0	2 194.5	228.6
地质勘查、水利管理业	–	–	–	–	–
交通运输、仓储及邮电通讯业	962.0	946.8	134.7	597.4	157.1
批发和零售贸易、餐饮业	17 863.3	17 187.2	137.1	6 582.0	7 155.6
金融、保险业	2 774.1	2 614.2	293.1	1 127.0	550.8
房地产业	1 358.4	1 152.8	144.3	742.4	160.7
社会服务业	15 204.8	14 708.7	187.6	7 367.2	5 223.0
卫生、体育和会福利业	97.9	97.9	–	50.7	47.2
教育、文化艺术和广播电影电视业	440.3	340.2	140.8	167.5	154.8
科学研究和综合技术服务业	131.1	116.7	71.1	92.2	7.5
国家、政党机关和社会团体	–	–	–	–	–
其他行业	21.6	21.6	70.8	14.5	6.8

从业人员劳动报酬

单位：万元

报酬		从业人员平均劳动报酬(元／人)			
津贴和补贴	②其他从业人员报酬	本年	1.职工平均工资	为上年(%)	2.其他从业人员平均报酬
25 567.5	**5 291.3**	**9 269**	**9 199**	**111.3**	**1 192**
2 339.5	138.4	6 296	6 318	109.7	5 088
7 353.0	1 051.7	8 891	8 952	109.8	6 997
7 523.8	2 972.0	17 132	9 861	108.3	19 591
8 325.5	1 122.7	9 570	9 564	117.5	9 891
25.7	6.5	7 465	7 521	95.0	5 909
25 549.7	5 215.7	9 262	9 192	111.3	11 973
17.8	75.6	14 762	18 427	88.6	9 219
0.5	–	5 349	5 349	93.3	–
88.0	6.1	6 469	6 464		6 778
19 068.7	3 496.3	9 100	9 002	111.4	14 058
186.7	26.0	11 207	11 424	119.9	5 778
234.2	95.5	8 472	8 406	89.2	10 852
–	–	–	–	–	–
182.8	15.2	8 551	8 607	96.8	6 080
3 025.5	676.1	9 211	9 189	108.5	9 813
736.2	159.9	9 975	10 020	91.1	9 296
218.3	205.6	11 415	11 540	129.2	10 764
1 795.9	496.1	10 614	10 712	110.9	8 352
–	–	13 053	13 053	372.9	–
13.4	100.1	14 436	18 489	187.6	8 273
17.0	14.4	10 658	11 009	95.9	8 470
–	–	–	–	–	–
0.3	–	13 500	13 500	190.3	–

13-13 市属国有经济单位

(1996 年)

分类行业	从业人员劳动				
	本年合计	①职工工资总额	为上年%	计时和计件标准工资	奖金和计件超额工资
合　　计	**207 414.0**	**205 342.1**	**105.0**	**86 090.5**	**57 049.5**
按企业、事业、机关分					
企　　业	164 773.1	163 220.9	102.5	68 012.6	50 447.5
事　　业	31 980.9	31 551.2	114.9	12 783.2	5 771.9
机　　关	10 660.0	10 570.0	119.4	5 294.7	830.1
市属合计					
建材冶金工业公司	11 073.9	10 957.3	109.5	4 805.2	3 131.3
机械工业局	28 073.2	27 973.9	101.5	12 676.7	8 908.6
电子仪表工业公司	4 358.0	4 347.6	88.2	1 933.7	1 042.2
化学工业公司	12 485.8	12 434.9	134.0	4 490.8	4 776.3
医药管理局	4 485.4	4 439.2	108.4	1 554.8	1 982.9
轻工业局	12 833.3	12 743.1	103.4	5 152.4	4 648.5
纺织化纤工业公司	14 209.9	14 166.3	98.7	7 008.7	2 808.6
丝绸工业公司	14 235.9	14 145.4	92.7	5 843.6	3 904.8
二轻工业总公司	2 334.5	2 326.9	100.8	1 004.3	555.1
商业局	13 651.6	13 436.6	105.1	4 906.5	5 090.9
粮食局	2 561.8	2 539.1	95.9	1 127.3	646.4
交通管理局	13 118.9	13 059.3	103.7	5 691.5	1 972.4
市政公用事业管理局	14 333.2	14 269.4	109.8	5 050.4	4 275.0
建筑业管理局	4 356.3	4 241.5	109.0	1 247.5	2 160.8
房地产管理局	1 018.4	958.4	87.6	349.6	224.1
园林文物管理局	5 809.9	5 724.4	108.2	2 749.9	1 108.4
农业局	2 148.5	2 147.4	107.8	1 175.2	396.2
林业水利局	173.6	157.7	118.9	63.7	8.9
水产局	634.0	619.5	108.0	301.7	145.0
物资局	3 217.8	3 164.5	91.2	1 339.6	1 001.4

从业人员劳动报酬

单位：万元

报酬		从业人员平均劳动报酬(元／人)			
津贴和补贴	②其他从业人员报酬	本年	1.职工平均工资	为上年%	2.其他从业人员平均报酬
56 034.7	**2 071.9**	**7 545**	**7 588**	**108.6**	**4 813**
40 090.6	1 552.2	7 281	7 317	106.8	4 814
12 095.9	429.7	8 544	8 635	113.1	4 801
3 848.2	90.0	9 531	9 611	123.4	4 839
2 721.5	116.6	7 214	7 324	105.6	2 997
5 860.4	99.3	9 045	9 079	104.4	4 374
1 290.8	10.4	5 676	5 683	105.0	3 714
2 510.4	50.9	8 943	8 985	111.0	4 172
874.6	46.2	7 815	7 844	118.7	5 775
2 744.3	90.2	7 293	7 332	109.7	4 176
4 116.1	43.6	6 211	6 216	110.6	5 011
4 247.1	90.5	5 592	5 592	101.9	5 586
716.0	7.6	5 891	5 906	104.5	3 304
2 970.4	215.0	7 211	7 303	103.5	4 026
699.1	22.7	6 517	6 566	100.8	3 547
5 137.1	59.6	6 576	6 593	104.4	4 288
3 871.2	63.8	8 563	8 585	110.1	5 500
749.1	114.8	8 941	9 055	102.6	6 106
335.4	59.7	8 300	8 605	85.2	5 283
1 387.4	85.5	8 766	8 882	112.3	4 672
532.6	1.1	6 227	6 233	113.0	2 200
75.4	15.9	7 294	7 301	115.6	7 227
154.6	14.5	7 132	7 129	109.3	7 250
717.8	53.3	7 387	7 479	105.5	4 264

13-13 市属国有经济单位

续表一 (1996 年)

分类行业	从业人员劳动				
	本年合计	①职工工资总额	为上年%	计时和计件标准工资	奖金和计件超额工资
文化局	1 338.1	1 273.7	109.1	484.5	187.0
教育委员会	6 792.7	6 746.9	114.1	2 764.3	517.0
卫生局	7 643.4	7 619.2	117.8	2 305.9	2 366.1
民政局	2 012.6	2 009.3	83.9	915.7	336.8
杭州高新技术产业开发区	1 854.1	1 751.4	58.8	857.7	481.3
杭州经济技术开发区	929.7	853.4	389.3	383.6	242.4
杭州之江国家旅游渡假区	107.6	104.1	136.3	50.0	21.5
市属按国民经济行业分					
农、林、牧、渔业	2 192.2	2 185.9	110.6	1 150.1	366.4
采掘业	3 092.6	3 091.3	109.3	1 278.8	849.3
制造业	112 591.3	111 941.0	101.0	48 089.0	34 549.6
电力、煤气及水的生产和供应业	4 103.6	4 045.7	109.4	1 741.0	963.6
建筑业	4 744.8	4 706.4	105.8	1 605.4	1 981.8
地质勘查、水利管理业	155.3	152.1	111.6	65.7	14.0
交通运输、仓储及邮电通讯业	11 351.9	11 337.3	99.8	5 001.8	1 879.9
批发和零售贸易、餐饮业	16 482.0	16 124.3	103.5	6 234.5	5 428.2
金融、保险业	107.1	104.1	156.5	21.2	40.6
房地产业	1 306.9	1 215.1	113.0	481.9	388.9
社会服务业	19 108.2	18 800.5	112.8	6 993.9	5 670.1
卫生、体育和社会福利业	7 924.3	7 902.5	117.8	2 488.1	2 375.7
教育、文化艺术和广播电影电视业	11 238.1	10 961.9	119.3	4 573.8	1 308.1
科学研究和综合技术服务业	3 253.0	3 115.5	107.6	1 336.9	602.8
国家、政党机关和社会团体	9 434.9	9 339.6	117.7	4 890.6	584.5
其他行业	327.8	318.9	129.0	137.8	46.0

从业人员劳动报酬

单位：万元

报酬		从业人员平均劳动报酬(元／人)			
津贴和补贴	②其他从业人员报酬	本年	1.职工平均工资	为上年%	2.其他从业人员平均报酬
558.5	64.4	8 075	8 102	107.1	7 576
3 241.7	45.8	7 457	7 516	109.9	3 470
2 944.0	24.2	10 287	10 464	117.4	1 624
688.5	3.3	6 002	5 998	99.6	11 000
360.8	102.7	7 428	7 529	106.9	6 042
214.7	76.3	8 148	8 112	118.1	8 573
31.5	3.5	8 892	8 972	117.4	7 000
594.6	6.3	6 448	6 444	115.6	7 875
842.7	1.3	8 158	8 163	109.4	3 250
26 798.0	650.3	7 185	7 211	107.3	4 488
1 106.8	57.9	8 619	8 727	106.6	4 632
998.6	38.4	8 172	8 222	100.9	4 683
64.6	3.2	7 726	7 721	108.2	8 000
4 237.2	14.6	6 497	6 510	102.5	2 474
3 989.1	357.7	7 056	7 151	103.9	4 416
42.3	3.0	10 604	10 622	158.1	10 000
322.2	91.8	8 695	9 027	94.6	5 847
4 723.7	307.7	8 701	8 782	111.1	5 574
3 009.7	21.8	10 188	10 344	116.6	1 580
4 728.3	276.2	8 035	8 116	113.3	5 754
1 089.0	137.5	8 716	8 874	120.0	6 222
3 370.2	95.3	9 474	9 566	123.2	4 862
117.7	8.9	8 236	8 370	100.6	5 235

13-14 在职职工保险福利

(1996 年)

分类行业	总计	医疗卫生费	丧葬抚恤救济费
总计	**135 016.6**	**71 268.5**	**1 082.4**
国有经济单位	**105 484.8**	**55 279.1**	**841.8**
农、林、牧、渔业	2 212.6	1 285.8	34.9
工业	31 720.5	17 779.5	286.2
采掘业	801.6	543.4	19.0
制造业	28 195.3	15 679.5	255.2
电力、煤气及水的生产和供应业	2 723.6	1 556.6	12.0
建筑业	5 029.0	2 808.5	33.9
地质勘查、水利管理业	983.4	626.8	6.4
交通运输、仓储及邮电通讯业	7 987.2	3 879.6	81.3
批发和零售贸易、餐饮业	10 543.1	5 925.6	49.5
金融、保险业	5 016.9	2 270.0	10.4
房地产业	1 775.9	827.7	5.0
社会服务业	5 952.3	3 525.6	34.3
卫生、体育和社会福利业	8 176.3	4 391.6	37.7
教育、文化艺术和广播电影电视业	13 046.6	5 532.0	149.2
科学研究和综合技术服务业	4 161.9	1 673.4	29.8
国家、政党机关和社会团体	7 450.2	4 068.4	64.8
其他行业	1 428.9	684.6	18.4
城镇集体经济单位	**15 812.7**	**8 646.8**	**121.0**
其他各种经济类型单位	**13 719.1**	**7 342.6**	**119.6**

费用构成情况

单位：万元

生活困难补助	文娱体育宣传费	集体福利事业布贴	计划生育补贴	其他
1 662.4	**4 275.0**	**27 354.4**	**2 769.1**	**26 604.8**
1 284.3	**3 489.5**	**21 982.3**	**2 032.2**	**20 575.6**
36.0	49.2	459.7	52.0	295.0
578.6	656.1	6 072.5	708.0	5 639.6
17.6	37.3	56.4	18.0	109.9
529.8	521.0	5 578.8	626.1	5 004.9
31.2	97.8	437.3	63.9	524.8
73.0	181.3	1 135.0	86.2	711.1
10.4	46.6	125.7	19.9	147.6
88.1	200.8	2 097.8	118.8	1 520.8
79.8	196.6	1 911.5	258.1	2 122.0
36.7	392.6	548.2	89.9	1 669.1
11.0	38.3	364.0	25.3	504.6
41.9	128.3	742.4	118.8	1 361.0
29.4	371.4	2 180.3	75.6	1 090.3
118.2	703.1	3 448.3	217.8	2 878.0
68.6	222.0	1 174.9	82.6	910.6
88.8	263.0	1 323.4	148.4	1 493.4
23.8	40.2	398.6	30.8	232.5
231.6	**406.2**	**2 614.5**	**436.4**	**3 356.2**
146.5	**379.3**	**2 757.6**	**300.5**	**2 673.0**

13-15 市区职工保险

(1996年)

分类行业	合计	集体保险福利费	集体福利设施及事业补贴费	文体宣传费
总　　计	**100 050.7**	**85 437.1**	**20 639.6**	**3 027.2**
一、国有经济单位合计	**77 943.0**	**66 675.8**	**16 892.0**	**2 474.3**
(一) 按隶属关系分组				
中央属	19 108.9	16 118.8	4 157.5	646.8
省、自治区、直辖市	23 252.7	20 351.4	6 402.6	811.2
地　区	35 526.7	30 160.3	6 328.8	1 013.9
县及县以下	54.7	45.3	3.1	2.4
其　他				
(二) 按企业、事业、机关分组				
企　业	51 770.3	44 001.5	9 626.8	1 126.9
亡中央	15 445.0	12 781.7	3 291.2	430.9
事　业	21 474.6	18 777.9	6 259.6	1 129.5
亡中央	3 399.7	3 083.6	842.1	178.6
机　关	4 698.1	3 896.4	1 005.6	217.9
亡中央	264.2	253.5	24.2	37.3
(三) 按国民经济行业分组	**243.6**	**174.3**	**32.3**	**7.0**
农、林、牧、渔业	341.8	253.9	10.5	17.6
采掘业	20 976.3	17 984.7	4 448.4	405.2
制造业	2 318.9	1 998.4	371.1	78.6
电力、煤气及水的生产和供应业	4 813.5	4 131.2	1 077.8	175.6
建筑业	597.4	542.0	96.5	13.6
地质勘查、水利管理业	6 531.8	5 601.5	1 797.3	164.0
交通运输、仓储及邮电通讯业	7 755.6	6 751.9	1 436.8	146.2
批发和零售贸易、餐饮业	3 583.6	2 163.6	255.2	93.7
金融、保险业	1 363.2	1 176.0	240.7	29.4
房地产业	5 046.9	4 658.2	566.9	95.4
社会服务业	6 342.4	6 059.9	1 789.7	281.8
卫生、体育和社会福利业	9 182.6	7 773.3	2 607.6	536.6
教育、文化艺术和广播电影电视业	3 731.8	3 150.0	1 078.0	211.1
科学研究和综合技术服务业	4 696.9	3 901.7	970.2	212.6
国家、政党机关和社会团体	416.7	355.2	113.0	5.9
其他行业	9 651.8	7 961.3	1 448.0	231.2
二、城镇集体经济单位合计	**8 350.5**	**6 797.6**	**1 148.4**	**173.6**
亡企　业	12 455.9	10 800.0	2 299.6	321.7
三、其他各种经济类型单位合计	**12 425.4**	**10 769.5**	**2 295.9**	**313.9**
亡外商投资单位	3 385.2	2 930.6	724.5	111.6
港澳台投资单位	5 302.2	4 656.5	797.6	109.7

福利费构成情况

单位：万元

医疗卫生费	其他	个人保险福利费	丧葬抚恤救济费	生活困难补助	计划生育补贴	其他
51 478.6	**10 291.7**	**14 613.6**	**685.5**	**1 094.7**	**1 814.5**	**11 018.9**
39 478.9	**7 830.6**	**11 267.2**	**518.3**	**854.8**	**1 346.3**	**8 547.8**
10 397.1	917.4	2 990.1	137.2	134.9	291.1	2 426.9
9 759.2	3 378.4	2 901.3	171.4	261.5	317.4	2 151.0
19 298.7	3 518.9	5 366.4	209.1	458.4	736.6	3 962.3
23.9	15.9	9.4	0.6		1.2	7.6
28 758.8	4 489.0	7 768.8	301.2	647.6	939.6	5 880.4
8 292.1	767.5	2 663.3	94.1	116.0	236.2	2 217.0
8 597.2	2 791.6	2 696.7	175.5	152.3	315.9	2 053.0
1 931.7	131.2	316.1	40.7	18.6	51.4	205.4
2 122.9	550.0	801.7	41.6	54.9	90.8	614.4
173.3	18.7	10.7	2.4	0.3	3.5	4.5
96.9	**38.1**	**69.3**	**11.6**	**0.5**	**8.2**	**49.0**
225.8		87.9	3.6	7.4	4.6	72.3
11 279.3	1 851.8	2 991.6	150.4	398.5	434.5	2 008.2
1 377.6	171.1	320.5	6.7	21.1	40.5	252.2
2 709.7	168.1	682.3	30.5	69.8	76.7	505.3
382.8	49.1	55.4	2.4	7.1	8.3	37.6
3 047.4	592.8	930.3	67.0	75.5	87.2	700.6
4 304.6	864.3	1 003.7	32.6	51.3	153.9	765.9
1 638.7	176.0	1 420.0	3.7	6.4	60.8	1 349.1
665.0	240.9	187.2	2.1	6.9	17.2	161.0
3 052.5	943.4	388.7	21.6	24.8	97.9	244.4
3 523.8	464.6	282.5	26.9	13.9	46.2	195.5
3 373.5	1 255.6	1 409.3	91.1	87.0	133.0	1 098.2
1 452.0	408.9	581.8	25.5	20.8	71.2	464.3
2 138.0	580.9	795.2	40.8	62.4	100.0	592.0
211.3	25.0	61.5	1.8	1.4	6.1	52.2
5 197.9	1 084.2	1 690.5	62.3	111.9	203.0	1 313.3
4 522.1	**953.5**	**1 552.9**	**54.6**	**101.6**	**176.8**	**1 219.9**
6 801.8	1 376.9	1 655.9	104.9	128.0	265.2	1 157.8
6 790.6	**1 369.1**	**1 655.9**	**104.9**	**128.0**	**265.2**	**1 157.8**
1 732.3	362.2	454.6	58.8	33.9	98.3	263.6
3 064.5	684.7	645.7	38.9	66.9	97.7	442.2

13-16 全市离、退休、退职人员人数

(1996年)

项　目	离退休、退职人员数合计	离休人员	退休人员	领取定期生活费的退职人员
总　　计	**345 372**	**13 190**	**324 043**	**8 139**
一、国有经济单位合计	**256 401**	**12 270**	**239 008**	**5 123**
(一) 按隶属关系分组				
中央属	29 016	1 885	26 753	378
省、自治区、直辖市	35 125	4 017	30 299	809
地　　区	155 905	4 641	148 690	2 574
县及县以下	36 355	1 727	33 266	1 362
(二) 按企业、事业、机关分组				
企　　业	196 435	5 091	187 645	3 699
#中央	22 306	1 171	20 886	249
事　　业	44 312	3 979	39 324	1 009
#中央	6 456	655	5 673	128
机　　关	15 654	3 200	12 039	415
#中央	254	59	194	1
二、城镇集体经济单位合计	**69 158**	**410**	**66 186**	**2 562**
#企　　业	65 811	295	63 019	2 497
三、其他各种经济类型单位合计	**19 813**	**510**	**18 849**	**454**
#外商投资单位	3 675	44	3 546	85
港澳台投资单位	7 087	361	6 567	159

及保险福利费用构成情况

单位：万元

保险福利费用合计	离休金	退休金	退职生活费	医疗卫生费	丧葬抚恤救济费	交通费补贴	其他
260 091	**124 467**	**170 286**	**2 603**	**58 750**	**3 010**	**1 887**	**11 110**
205 778	**11 656**	**130 788**	**1 610**	**47 628**	**2 218**	**1 834**	**10 044**
28 012	1 736	14 684	143	6 735	342	1 177	3 196
33 558	4 162	19 659	281	7 071	316	112	1 958
115 052	4 260	77 296	823	27 505	1 164	400	3 603
29 156	1 499	19 150	364	6 317	396	145	1 287
147 097	4 676	95 050	1 196	36 792	1 735	1 446	6 203
20 398	1 001	10 206	112	4 760	261	1 133	2 925
42 622	3 762	27 482	313	7 497	386	240	2 944
7 187	642	4 315	30	1 819	77	43	262
16 059	3 219	8 256	101	3 339	97	149	898
417	83	162	…	157	4	1	10
40 196	**499**	**30 109**	**847**	**7 287**	**671**	**44**	**739**
37 489	382	28 311	819	6 682	613	21	663
14 117	**291**	**9 389**	**146**	**3 835**	**120**	**9**	**326**
2 723	29	1 747	40	830	22	2	54
5 420	167	3 497	40	1 850	36	5	95

13-17 市区离、退休、退职人员人数

(1996年)

项　目	离退休、退职人员数合计	离休人员	退休人员	领取定期生活费的退职人员
总　计	**257 796**	**10 595**	**241 766**	**5 435**
一、国有经济单位合计	**200 006**	**9 848**	**186 771**	**3 387**
(一) 按隶属关系分组				
中央属	24 194	1 645	22 273	276
省、自治区、直辖市	32 748	3 846	28 146	756
地　区	143 064	4 357	136 352	2 355
县及县以下	–	–	–	–
其　他	–	–	–	–
(二) 按企业、事业、机关分组				
企　业	158 657	4 060	151 999	2 598
卝中央	18 511	996	17 312	203
事　业	31 987	3 351	27 999	637
卝中央	5 429	590	4 767	72
机　关	9 362	2 437	6 773	152
卝中央	254	59	194	1
二、城镇集体经济单位合计	**38 798**	**252**	**36 914**	**1 632**
卝企　业	36 548	152	34 818	1 578
三、其他各种经济类型单位合计	**18 992**	**495**	**18 081**	**416**
卝外商投资单位	3 556	42	3 430	84
港澳台投资单位	6 984	361	6 464	159

及保险福利费用构成情况

单位：万元

保险福利费用合计	离休金	退休金	退职生活费	医疗卫生费	丧葬抚恤救济费	交通费补贴	其他
199 977	**10 174**	**127 576**	**1 823**	**47 618**	**2 661**	**1 561**	**9 165**
162 185	**9 555**	**101 515**	**1 123**	**38 456**	**1 633**	**1 525**	**8 378**
23 625	1 529	11 797	94	5 844	244	1 126	2 991
31 568	3 986	18 407	269	6 593	289	109	1 914
106 992	4 040	71 311	760	26 019	1 101	289	3 473
—	—	—	—	—	—	—	—
—	—	—	—	—	—	—	—
120 583	3 791	76 200	890	31 573	1 352	1 271	5 507
17 007	855	7 944	76	4 064	211	1 086	2 771
31 643	3 234	20 339	194	5 218	234	149	2 275
6 201	591	3 690	18	1 624	29	40	210
9 959	2 530	4 976	39	1 665	47	105	597
417	83	162		157	4	1	10
24 177	**340**	**17 026**	**568**	**5 438**	**310**	**28**	**467**
22 308	234	15 853	544	4 983	266	13	416
13 615	**279**	**9 036**	**132**	**3 724**	**118**	**8**	**319**
2 659	28	1 695	39	822	21	2	52
5 366	167	3 453	39	1 571	36	5	94

13－18　消费价格类指数

(1996年,以上年同期价格为100)　　单位:%

项　　目	指　　数	项　　目	指　　数
居民消费价格总指数	**110.5**	3. 床上用品	104.0
一. 食品	**110.1**	4. 家庭日用杂品	109.4
1. 粮食	114.1	5. 其他日用品	100.5
2. 淀粉及茹类	109.9	**四. 医疗保健**	**111.0**
3. 干豆类及豆制品	135.4	1. 医疗器具及保健用品	104.5
4. 油脂类	94.4	2. 中药	110.5
5. 肉禽及其制品	111.0	3. 西药	112.1
6. 蛋类	116.2	**五. 交通和通讯工具**	**102.9**
7. 水产品类	113.3	1. 交通工具	104.9
8. 菜类	108.9	2. 通讯工具	100.1
9. 调味品	109.9	**六. 娱乐教育文化用品**	**118.1**
10. 糖类	101.0	1. 文娱用耐用消费品	98.4
11. 烟草类	95.3	2. 教材及参考书	155.7
12. 酒和饮料	113.5	3. 文化娱乐用品	107.2
13. 干鲜瓜果类	108.9	**七. 居住**	**121.3**
14. 糕点类	117.5	1. 住房	111.7
15. 奶及奶制品	108.5	2. 水电燃料	134.8
16. 其他食品	105.3	**八. 服务项目**	**111.9**
17. 饮食业	107.0	1. 电讯费	108.8
二. 衣着类	**110.7**	2. 邮费	110.4
1. 服装	105.7	3. 交通费	107.6
2. 衣着材料	123.3	4. 洗理美容费	123.6
3. 鞋袜帽及其它衣着	116.1	5. 文娱费	112.5
三. 家庭设备及用品	**101.8**	6. 学杂保育费	113.8
1. 耐用消费品	99.6	7. 修理及其他服务费	113.3
2. 室内装饰品	102.6	8. 医疗保健服务	100.0

13-19 零售价格类指数

(1996年,以上年同期价格为100)　　单位:%

项　　目	指　　数	项　　目	指　　数
商品零售价格总指数	**107.2**	3. 化纤布	150.7
一. 食品类	**110.3**	4. 呢绒	119.4
1. 粮食	114.0	5. 绸缎	101.5
2. 油脂类	95.0	6. 其它纺织品	118.5
3. 肉禽蛋	110.5	**五. 中西药品类**	**109.7**
4. 水产品	112.4	1. 中药	108.5
5. 鲜菜	108.9	2. 西药	112.8
6. 干菜	122.6	3. 医疗用品	103.5
7. 鲜果	106.6	**六. 化妆品类**	**105.6**
8. 干果	118.6	**七. 书报杂志类**	**131.1**
9. 其他食品	109.0	**八. 文化体育用品类**	**106.5**
10. 饮食业	106.8	1. 文化用品	107.2
二. 饮料烟酒类	**99.6**	2. 体育用品	104.8
1. 饮料	114.0	**九. 日用品类**	**108.3**
2. 烟酒	97.1	1. 一般日用品	107.2
三. 服装鞋帽类	**111.8**	2. 家具类	108.3
1. 服装	105.5	3. 日用杂品	114.3
2. 鞋	114.1	**十. 家用电器类**	**98.7**
3. 其他衣着	126.5	**十一. 首饰类**	**97.1**
四. 纺织品	**115.8**	**十二. 燃料类**	**106.0**
1. 棉布	108.9	**十三. 建筑装璜材料类**	**106.7**
2. 棉花化纤混纺布	102.8	**十四. 机电产品类**	**97.0**

13-20 优抚对象

(1996 年)

指 标	全 市	市 区	萧 山
优抚对象总人数	**166 306**	**22 151**	**33 488**
革命伤残人员	**4 383**	**1 545**	**612**
烈军属人数	**51 155**	**12 677**	**10 602**
其中：烈士家属	1 568	845	81
牺牲病故军人家属	1 003	426	85
现役军人家属	48 584	11 406	10 436
在乡复员军人	**9 266**	**438**	**988**
在乡退伍军人	**101 502**	**7 491**	**21 286**
其中：带病还乡	13 264	23	795
优抚对象中孤老人数	**1 029**	**6**	**91**

13-21 优抚对象享受定期

(1996 年)

指 标	全 市	市 区	萧 山
总人数	**10 259**	**389**	**1 197**
在乡复员军人数	**8 140**	**355**	**864**
其中：非农业人数	1 154	109	61
农业人数	6 986	246	803
在乡退伍军人数	**1 968**	**34**	**333**
其中：非农业人数	178	1	5
农业人数	1 790	33	328
其他人员	**144**	–	–
其中：非农业人数	45	–	–
农业人数	99	–	–
产红军失散人员	55	–	–

人员情况

单位:人

桐庐县	富阳市	临安市	余杭市	建德市	淳安县
19 785	**16 489**	**22 112**	**22 292**	**16 662**	**13 327**
270	**454**	**329**	**385**	**486**	**302**
5 829	**2 322**	**4 370**	**8 023**	**5 952**	**1 380**
85	90	201	78	123	65
64	91	97	98	54	88
5 680	2 141	4 072	7 847	5 775	1 227
1 255	**1 704**	**1 686**	**1 136**	**965**	**1 094**
12 431	**12 009**	**15 727**	**12 748**	**9 259**	**10 551**
1 651	2 862	1 706	2 546	2 785	896
59	**177**	**493**	**76**	**69**	**58**

定量补助人员情况

单位:人

桐庐县	富阳市	临安市	余杭市	建德市	淳安县
1 413	**1 729**	**1 709**	**1 289**	**1 125**	**1 401**
1 255	**1 479**	**1 205**	**1 054**	**834**	**1 094**
5	–	–	924	49	6
1 250	1 479	1 205	130	785	1 088
158	**250**	**481**	**187**	**256**	**269**
–	–	–	168	4	–
158	250	481	19	252	269
–	–	**23**	**48**	**35**	**38**
–	–	–	44	1	–
–	–	23	4	34	38
–	–	23	–	9	23

13-22 农村社会保障、

(1996 年)

指 标	单 位	全 市	市 区	萧 山
建立社会网络的乡镇数	个	53	–	–
社会保障基金会合计	个	110	–	–
其中：扶贫基金会	个	81	–	–
互助储金会	个	29	–	–
社会保障基金会资金额	万元	1 344.5	–	–
参加养老保险人数	人	524 243	77 580	12 754
领取保险金人数	人	861	433	–
本年保险金总收入	万元	3 366.0	751.0	557.0
本年支付保险金总额	万元	32.2	22.3	–
本年新增扶贫户数	户	1 097	5	165
本年新增脱贫户数	户	1 250	10	187
年末在扶户数	户	2 904	102	356

13-23 社会办

(1996 年)

指 标	全 市	市 区	萧 山
有敬老院的乡(镇、街道) 数	238	43	28
敬老院数	284	44	36
职工人数	638	175	98
床位数	3 431	884	634
收养人数	2 625	594	456
其中：老人	2 621	594	456
集体供给金额	327.5	46.4	97.0

养老保险及扶贫情况

桐庐县	富阳市	临安市	余杭市	建德市	淳安县
3	–	–	27	23	–
25	–	1	27	57	–
25	–	1	27	28	–
–	–	–	–	29	–
6.5	–	172.0	85.0	1 081.0	–
108 550	89 570	111 000	18 261	42 428	64 100
23	95	204	26	9	71
406.0	355.0	174.0	380.0	322.0	421.0
2.0	0.6	0.4	5.0	1.0	0.9
222	–	268	12	178	247
219	265	246	22	216	85
414	189	524	65	284	970

敬老院情况

单位:公顷

桐庐县	富阳市	临安市	余杭市	建德市	淳安县
25	25	32	27	26	32
25	27	34	39	47	32
42	59	66	107	51	40
258	275	250	630	320	180
195	275	185	478	274	168
195	275	185	476	272	168
36.1	24.0	23.0	57.0	27.0	17.0

13-24 市、县级社会

(1996年)

指 标	全市地级	市区	全市县级	市区
上年末实有社团机构数	**485**	**485**	**1 642**	**561**
本年申请登记社团筹备组织机构数	**38**	**38**	**145**	**33**
本年准予登记社团机构数	**33**	**33**	**136**	**32**
其中: 13- 会	25	25	117	24
基金会	–	–	–	–
学 会	3	3	8	7
研究会	3	3	1	–
涉港澳台社团	–	–	–	–
涉外社团	–	–	–	–
其 他	2	2	10	1
年末这有社团机构数	**503**	**503**	**1 738**	**577**

13-25 基层政权与

(1996年)

指标	单 位	全市	市区	萧山
镇 数	个	**136**	**17**	**24**
乡 数	个	95	6	4
其中:民族乡数	个	1	–	–
街道办事处	个	32	32	–
居民委员会	个	1 030	751	88
居民委员会人数	人	5 028	3 997	340
村民委员会	个	4 680	305	766
村民委员会人数	人	17 434	1 519	2 830

团体机构情况

单位:个

萧山市	桐庐县	富阳市	临安市	余杭市	建德市	淳安县
149	**96**	**120**	**125**	**150**	**122**	**319**
54	**3**	**8**	**17**	**15**	**11**	**4**
54	**2**	**8**	**13**	**14**	**9**	**4**
52	2	8	13	7	7	4
–	–	–	–	–	–	–
1	–	–	–	–	–	–
–	–	–	–	–	1	–
–	–	–	–	–	–	–
–	–	–	–	–	–	–
1	–	–	–	7	–	–
203	**94**	**121**	**135**	**160**	**128**	**320**

群众性自治组织

桐庐县	富阳市	临安市	余杭市	建德市	淳安县
13	**16**	**16**	**23**	**15**	**12**
12	9	23	4	12	25
1	–	–	–	–	–
–	–	–	–	–	–
18	31	18	73	37	14
76	156	54	322	188	75
408	612	661	512	518	898
1 632	1 808	2 676	1 845	1 628	3 496

中国统计出版社最新统计资料书简目

中国统计年鉴-1997(英汉)
中国统计摘要-1997
中国农村统计年鉴-1997
中国城市统计年鉴-1996
中国市场统计年鉴-1996
中国劳动统计年鉴-1997
中国人口统计年鉴-1997
中国工业统计年鉴-1997
中国对外经济统计年鉴-1997
中国物价及城镇居民家庭
　　收支调查统计年鉴-1996
中国建筑业统计年鉴-1996
中国固定资产投资统计年鉴-1997
国际统计年鉴-1997(英汉)
北京统计年鉴-1997
北京统计摘要-1997(英汉)
天津统计年鉴-1997
河北统计年鉴-1997
山西统计年鉴-1997
内蒙古统计年鉴-1997
辽宁统计年鉴-1997
吉林统计年鉴-1997
黑龙江统计年鉴-1997
上海统计年鉴-1997
江苏统计年鉴-1997
浙江统计年鉴-1997
安徽统计年鉴-1997
福建统计年鉴-1997
江西统计年鉴-1997
山东统计年鉴-1997
河南统计年鉴-1997
湖北统计年鉴-1997
湖南统计年鉴-1997
广东统计年鉴-1997
广西统计年鉴-1997
贵州统计年鉴-1997
云南统计年鉴-1997
重庆统计年鉴-1997
海南统计年鉴-1997
四川统计年鉴-1997
西藏统计年鉴-1997
陕西统计年鉴-1997
甘肃年鉴-1997
青海统计年鉴-1997
宁夏统计年鉴-1997
新疆统计年鉴-1997
新疆生产建设兵团
　　统计年鉴-1997
保定统计年鉴-1997
唐山统计年鉴-1997
邯郸统计年鉴-1997
呼和浩特统计年鉴-1997
长春统计年鉴-1997
沈阳统计年鉴-1997
延吉统计年鉴-1997
哈尔滨统计年鉴-1997
齐齐哈尔统计年鉴-1997
大庆统计年鉴-1997
双鸭山统计年鉴-1997
上海浦东新区
　　统计年鉴-1997(英汉)
苏州统计年鉴-1997
无锡统计年鉴-1997
常州统计年鉴-1997
杭州统计年鉴-1997
绍兴统计年鉴-1997
徐州统计年鉴-1997
宁波统计年鉴-1997
福州年鉴-1997
厦门统计年鉴-1997
厦门经济特区年鉴-1997
南昌统计年鉴-1997
九江统计年鉴-1997
鹰潭社会经济
　　统计年鉴-1997
襄樊统计年鉴-1997
济南统计年鉴-1997
青岛计年鉴-1997
洛阳统计年鉴-1997
三门峡统计年鉴-1997
武汉统计年鉴-1997
长沙统计年鉴-1997
广州统计年鉴-1997
深圳统计年鉴-1997
珠海统计年鉴-1997
海口统计年鉴-1997
惠州统计年鉴-1997
桂林经济社会统计年鉴-1997
南宁统计年鉴-1997
西安统计年鉴-1997
大理统计年鉴-1997
乌鲁木齐统计年鉴-1997
吐鲁番统计年鉴-1997
黑龙江垦区统计年鉴-1997
石家庄统计年鉴-1997
廊房统计年鉴-1997

欲购以上图书，请与中国统计出版社发行部联系。电话：(010) 63262295
通讯地址：北京市西城三里河月坛南街75号　　邮编：100826